"十四五"职业教育国家规划教材

网络营销

微课版 第3版

李光明 黄永春◎主编

雷祺 宫秀双 杨海龙 李弘扬◎副主编

人民邮电出版社

北京

图书在版编目（CIP）数据

网络营销：微课版 / 李光明，黄永春主编.
3 版. -- 北京：人民邮电出版社，2025. --（职业教育
经济管理类新形态系列教材）. -- ISBN 978-7-115
-65894-4

Ⅰ. F713.365.2

中国国家版本馆 CIP 数据核字第 2025PY2052 号

内 容 提 要

本书突出网络营销实践应用，采用项目任务式的形式详细介绍了网络营销的相关知识。全书共 12
个项目，主要内容包括网络营销认知、网络营销市场分析、网络营销策划、搜索引擎营销、软文营销、
音视频营销、直播营销、社交媒体营销、移动营销、精准营销、网店营销和网络营销数据分析等，以帮
助营销人员更好地利用各种渠道和方法开展网络营销活动。

本书提供精美的 PPT 课件、课程标准、电子教案、模拟题库等教学资源，用书教师可以登录人邮教
育社区网站（www.ryjiaoyu.com），搜索本书书名下载使用。

本书可作为职业院校网络营销相关课程的教材，也可作为网店店主及其他网络营销从业者的参考
书，还可作为相关培训课程的培训教材。

◆ 主　　编　李光明　黄永春
　　副主编　雷　祺　宫秀双　杨海龙　李弘扬
　　责任编辑　陆冠彤
　　责任印制　胡　南

◆ 人民邮电出版社出版发行　　北京市丰台区成寿寺路 11 号
　　邮编　100164　　电子邮件　315@ptpress.com.cn
　　网址　https://www.ptpress.com.cn
　　北京天宇星印刷厂印刷

◆ 开本：787×1092　1/16
　　印张：13.5　　　　　　　　　　　　2025 年 1 月第 3 版
　　字数：319 千字　　　　　　　　　 2025 年 7 月北京第 3 次印刷

定价：54.00 元

读者服务热线：（010）81055256　印装质量热线：（010）81055316
反盗版热线：（010）81055315

前　言

党的二十大报告强调："加快发展数字经济，促进数字经济和实体经济深度融合，打造具有国际竞争力的数字产业集群。"网络营销作为数字经济时代的重要营销手段，在推动数字经济发展方面具有重要作用。网络营销不仅可以通过创新性的营销方式推动相关产业的发展，还可以借助网络拓展市场的边界，为数字经济提供广阔的发展空间。

为满足职业院校对电子商务和市场营销等专业"网络营销"课程的需要，培育精准对接市场需求的全面型网络营销人才，我们从网络营销的实际工作内容出发，编写了本书。

本书为"十四五"职业教育国家规划教材，根据教育部发布的高等职业学校专业教学标准中的培养规格、培养目标等要求组织编写内容。本书具有以下特点。

1. 内容全面，结构清晰

本书围绕网络营销活动相关的各项内容展开，首先介绍了网络营销的内涵、职能、策略和AI在网络营销中的应用等基础知识；然后介绍网络营销市场分析和策划的相关知识，帮助读者有序开展市场分析，并制订科学合理的营销策略；接着依次介绍各种实用的营销方法，包括搜索引擎营销、软文营销、音视频营销、直播营销、社交媒体营销、移动营销等；最后介绍网络营销数据分析的相关知识，使读者全面了解从事网络营销工作应该具备的知识储备和操作分析能力。

2. 同步实训，操作明确

本书采用项目任务式结构，通过在书中融入丰富的实训，将网络营销的基础知识和实际操作紧密结合。第一，每个任务的理论知识介绍完毕后，会有相应的"任务实训"，在给出"任务要求"后，通过"操作提示"指导读者进行实践。第二，每个项目末尾安排了"项目实训"，让读者根据"实训背景""实训要求"和"实训思路"完成实训，以进一步巩固本项目所学的知识，并提升实际操作、分析能力。

3. 板块丰富，巩固提升

本书在板块设计上注重培养读者的思考能力和动手能力，努力做到"学思用贯通"与"知信行统一"。本书项目中不仅有实训操作，还有其他多元化的小栏目，分别是"想一想""专家点拨""素养课堂""引导案例"和"案例阅读"。

- **想一想**。每个项目设置了若干"想一想"小栏目，引导读者开拓思维，联系实际生活思考相关内容，引导读者自发学习，深入理解知识点。

- **专家点拨**。本书设置了"专家点拨"小栏目，用于补充与书中所讲内容相关的经验、技巧，以帮助读者更好地理解和吸收知识。

- **素养课堂**。本书设置了"素养课堂"小栏目，与每个项目首页的"素质目标"相呼应，充分融入社会责任感、奋斗精神、诚实守信、遵纪守法、国家情怀等内容，引导读者树立正确的人生观、价值观。

- **引导案例和案例阅读**。本书每个项目开篇均设有"引导案例"小栏目，以案例导入的方式引导读者学习，并在介绍相关知识的过程中通过"案例阅读"小栏目穿插对应的案例。案例选材比较典型，具有较强的可读性和参考性，可以帮助读者快速理解与掌握相关内容。

4. 配套资源，丰富多样

本书提供精美的PPT课件、课程标准、电子教案、模拟题库等教学资源，用书教师可以登录人邮教育社区网站（www.ryjiaoyu.com），搜索本书书名下载使用。

本书由河海大学商学院李光明副教授和黄永春教授担任主编，九江学院雷祺副教授、重庆大学宫秀双副教授、南京财经大学杨海龙副教授、河海大学李弘扬教授担任副主编。编者均具有扎实的理论功底和丰富的教学实践经验，其中两位编者还担任高职院校市场营销技能大赛和商务数据分析技能大赛专家组的专家，熟悉职业教育规律。

尽管编者在本书的编写过程中精益求精，但由于水平有限，书中难免有疏漏和不足之处，恳请广大读者批评指正。

编者

2025年1月

目 录

项目一

网络营销认知

 课前自学

学习目标

- **知识目标：**
1. 掌握网络营销的内涵、职能、策略，以及 AI 在网络营销中的应用。
2. 掌握网络营销的人才需求、岗位职责与组织架构。
- **技能目标：**
1. 能够熟练地使用 AIGC 工具辅助营销。
2. 能够根据企业开展网络营销活动的需要合理组建营销团队。
- **素质目标：**
1. 维护良好的网络营销环境，营造健康的网络市场氛围。
2. 不断学习和提升自己的知识和技能，致力成为复合型网络营销人才。

 引导案例　小米 SU7 营销复盘

2021 年 3 月，小米集团宣布正式进军智能电动汽车行业，并于同年 9 月注册小米汽车有限公司（以下简称"小米汽车"）。2023 年 12 月 28 日，小米汽车召开技术发布会曝光小米 SU7 纯电动轿车的新车实拍照。2024 年 3 月 28 日，小米 SU7 正式上市，官方售价区间为 21.59 万～29.99 万元。小米汽车官方数据显示，截至 2024 年 4 月 24 日，小米 SU7 锁单量超过 75000 台，发布 28 天已交付 5700 余台，颇受市场欢迎。

从小米 SU7 亮相到上市量产，在线上，小米汽车以微博为主阵地，辅以微信、抖音、快手、小红书等多个平台开展了话题营销、互动营销、事件营销、饥饿营销、内容营销等，扩大和提高小米 SU7 相关信息的传播范围和影响力，并塑造品牌形象。

- **话题营销。** 从第一场技术发布会开始到新车上市交付，微博上关于"小米汽车"的话题热度一直居高不下。雷军的个人号、视频号，小米汽车官方微博、小米官方微博等，都是小米 SU7 的信息传播渠道，通过发布新车照片、介绍新车特性、制造工艺等方式，引发了大量用户的关注和讨论。
- **互动营销。** 通过微博、微信等平台，直接与目标用户互动，及时了解市场需求与用户反馈，为其产品研发与营销策略制订提供参考。
- **事件营销。** 投入数百辆道路检测车在全国多个城市进行道路检测（简称"路测"），一时间，各短视频平台上小米SU7路测及网友偶遇的短视频层出不穷，维持了小米SU7的热度。

- **饥饿营销**。通过控制产品生产和供应，在新车发布初期限制产品供应数量，营造供不应求的市场现象，刺激用户的购车欲望。
- **内容营销**。在网络平台上发布产品介绍、用户体验和科技资讯等内容，并与数码科技领域的知名达人（达人指在某一领域很专业，有影响力的人）合作传播小米SU7的信息，吸引大量网友的关注和讨论。

思考

通过阅读上述案例，你认为什么是网络营销？网络营销的职能是什么？

📖**知识掌握**

了解网络营销

任务一 了解网络营销

网络营销的兴起拓展了传统市场营销的方式和渠道，对增强企业核心竞争力、实现企业经营目标具有重要意义。本任务将了解网络营销的内涵、职能和策略及人工智能（Artificial Intelligence，AI）在网络营销中的应用，帮助营销人员建立起对网络营销的基本认知，提高网络营销效率。

（一）网络营销的内涵

网络营销也称网上营销，指以现代营销理论为基础，借助网络、通信和数字媒体技术等实现营销目标的商务活动。简单地讲，凡是基于互联网开展的各种营销活动，都可称为网络营销。但应注意以下3点。

（1）网络营销不等于网络销售。一方面，网络营销不仅可以促进网络销售，也可以促进线下销售，还有助于提升企业品牌价值、加强企业与用户的联系等。另一方面，网络销售的推广手段除了网络营销，还包括传统市场营销，如传统媒体广告、印发宣传册等。

（2）网络营销不等于电子商务。电子商务的核心是电子化交易，强调的是交易方式和交易过程，而网络营销不是一个完整的交易过程，它只是电子商务中的一个重要环节，为促成电子化交易提供服务支持，起到信息传递和吸引用户的作用等。

> **想一想：**
> 传统市场营销的方式有哪些，网络营销与传统市场营销相比有哪些优势？

（3）网络营销是手段而不是目的。网络营销具有明确的目的，但网络营销本身并不是目的。网络营销是综合利用各种网络营销方法、工具、条件并协调它们之间的相互关系，从而更加有效地实现企业营销目的的手段。

🖋**专家点拨**

虽然网络营销的兴起对传统市场营销带来了巨大的影响，但并不等于网络营销可以完全取代传统市场营销。网络营销与传统市场营销是互相补充和互相配合的关系，两者充分整合逐渐走向融合，才是未来市场营销的发展方向。

（二）网络营销的职能

网络营销的职能涵盖了多个方面，这些职能共同构成网络营销的核心框架和目标实现路径。归纳起来，网络营销的职能包括网站推广、品牌推广、信息发布、促进销售、拓展销售渠道、加强客户服务、维护客户关系、网上调研等。

1. 网站推广

企业网站（包括独立网站和基于第三方平台建立的网站）的主要作用是进行品牌推广或销售产品和服务。不管是品牌推广还是产品和服务销售，都需要基于一定的访问量，因此通过各种手段进行网站推广也就成为网络营销的基本职能之一。

2. 品牌推广

网络信息传播速度快、覆盖面广，精心的网络营销策划可以帮助企业快速树立品牌形象，取得公众对品牌的认知和认可。

> **想一想：**
> 互联网中主要有哪些信息发布平台，各有何特点？

3. 信息发布

网络营销的基本思想就是通过各种网络营销方法，将企业的营销信息以高效的手段传递给目标用户等。

4. 促进销售

网络营销方法大都直接或间接具有促进线上销售的效果。事实上，网络营销对促进线下销售同样有效，这也是尚未开展网络销售业务的企业有必要开展网络营销的原因。

5. 拓展销售渠道

网络营销打破了传统销售渠道在时间和空间上的限制。企业可以通过互联网在全球范围内进行产品销售，24小时不间断地提供服务，使用户能够在任何时间、任何地点进行购买。

6. 加强客户服务

从简单的常见问题解答到各种即时信息服务，互联网为网络营销的客户服务提供了便利。在线客户服务具有成本低、效率高的优点，在提高客户服务水平、增加客户的复购率和促进口碑传播等方面具有重要作用。

7. 维护客户关系

企业在开展各种营销活动时也在与客户互动，增进与客户的关系，从而有利于提高客户的满意度和忠诚度，维护良好的客户关系。

8. 网上调研

网络营销承担着网上调研的作用。一方面，企业开展网络营销活动，需要进行网上调研，通过分析目标市场和用户，制订有效的营销策略。另一方面，企业在实施网络营销的过程中，可以获得丰富的市场反馈信息，这为企业进行网上调研提供了支持。

（三）网络营销策略

网络营销策略是指企业根据自身在市场中所处的地位采取的一系列网络营销组合措施，包括产品策略、价格策略、渠道策略、宣传策略等。

1. 产品策略

产品策略是企业在生产、包装、销售产品时所运用的策略。网络营销在一定程度上降低了营销及相关业务管理的成本费用，也为企业制订产品策略提供了更多选择。常见的网络营销产品策略如表 1-1 所示。

表 1-1 产品策略

产品策略类型	策略说明	策略举例
市场渗透策略	通过加大宣传投入或改进营销手段来增加现有产品的市场份额	拼多多初期立足于三、四线城市，与微信合作加大宣传力度，通过裂变式的社交分享和拼团模式，快速抢占市场
市场开发策略	将现有产品推向新的市场或细分市场	定位于一、二线城市电商市场的京东向三、四线城市电商市场扩张
产品延伸策略	在现有产品线上增加新产品或改进现有产品	汽车制造商通过建立 4S 店、汽车维修中心延伸产品线，为用户提供全面的、一站式服务
差异化策略	通过产品外观、包装、功能、性能、质量、服务或价格等方面的差异区别于竞争对手的产品	同为洗衣粉产品，汰渍主打"去污彻底"，立白主打"温和不伤手"，奥妙主打"去污留香"
定制化策略	通过深入了解用户的需求和偏好或与用户直接交流沟通，为用户提供个性化、定制化的产品或服务	海尔推出定制家电服务，包括家电的个性定制和模块化设计，以满足不同用户的个性化需求

2. 价格策略

价格策略是企业设定和调整产品价格所运用的策略。在网络营销环境下，价格是公开透明的，用户可以同时知晓某种产品的多个甚至全部厂家的销售价格。企业要想在价格上取胜，就需要以不同的产品定价吸引用户。常见的网络营销价格策略如表 1-2 所示。

表 1-2 价格策略

价格策略类型	策略说明	策略举例
免费定价策略	利用零价格的产品或服务快速占领市场，从其他渠道获取收益，为企业未来的发展打下基础	适合复制成本几乎为零的数字化产品，如奇虎 360 将旗下 360 安全卫士、360 杀毒等系列安全产品免费提供给用户，通过推出增值服务获取利润
渗透定价策略	在产品刚进入市场时，制定较低的价格，以吸引大量用户，迅速占领市场	适用于购买率高、周转快的产品，如日常生活用品等
撇脂定价策略	在产品刚进入市场时，制定较高的价格，以在短期内获取较多利润	适用于周转慢、销售与储运成本较高的特殊产品、耐用品，如需冷链运输的农产品、大件家具、汽车等
竞争导向定价策略	根据竞品的定价来制定或调整自身产品定价的策略，以保持相对价格优势	适用于市场竞争激烈、同质化程度高的产品，如日用品、服装、鞋子等，产品的品质和功能相似
使用定价策略	企业根据用户使用产品的次数或时长定价，不需要用户完全购买产品，以吸引用户使用产品，扩大市场份额	适合数字产品，如计算机软件、音乐、电影、电子出版物和游戏等
定制定价策略	企业利用网络技术和辅助设计软件，帮助用户自行设计能满足其需求的个性化产品并制定产品价格	用户通过网络平台向企业提交定制服装设计，由企业根据用户指定的服装材料、尺寸等来制作服装，服装的定价由用户选择的材料、尺寸等决定
差别定价策略	企业根据用户、销售区域等方面的差异，对同一种产品或服务设置不同的价格	企业对同一种产品，以较低的价格销售给会员，并提供一对一的售后服务。而普通会员则无法享受这种优惠和待遇

续表

价格策略类型	策略说明	策略举例
自动调价、议价策略	企业根据季节、市场供求关系等因素，在考虑收益的前提下，通过建立自动调价系统来自动调整价格	旅游旺季、淡季，机票的价格会相差较大
特有产品的特殊价格策略	当某种产品足够独特，市场对该产品有很特殊的需求时，企业只需对其制定合理的价格即可	有创意、独特的新产品或有特殊收藏价值的产品

3. 渠道策略

渠道策略是企业将产品转移到用户手中的路径中所运用的策略。网络营销渠道主要有两类：网络直接营销渠道和网络间接营销渠道。网络直接营销渠道是指开展网络营销的企业直接通过网络将产品销售给用户的模式；网络间接营销渠道是指企业以授权、代理等形式通过网络中间商（如代理商、批发商、零售商、分销商）将产品销售给用户的模式。两者的对比如图1-1所示。

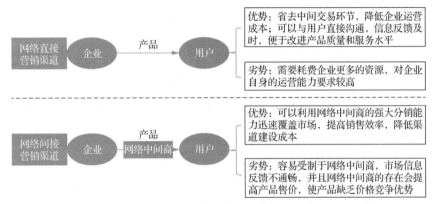

图 1-1　网络直接营销渠道和网络间接营销渠道对比

4. 宣传策略

宣传策略是指企业向用户传递产品或服务信息、吸引他们购买产品或服务时所运用的策略。宣传策略主要包括人员推销、站点推广、社交媒体宣传、网络广告、促销活动推广和网络公关等形式。

（1）人员推销。企业营销人员通过微信等网络通信工具直接向用户推荐企业产品或服务。

（2）站点推广。站点是指企业在网上开展营销活动的网站，站点推广就是对企业的营销活动网站进行宣传推广，提高其知名度，为网站引流，以达到宣传企业、产品或服务的目的。在移动互联网日趋流行的当下，移动端的App推广也可以采用此策略。

（3）社交媒体宣传。企业在社交媒体上注册和运营账号，发布企业产品或服务信息。

（4）网络广告。企业通过在网络平台上发布广告，宣传企业及其产品或服务。

（5）促销活动推广。企业通过各种促销方式刺激用户的购买欲望，如红包促销、优惠券促销、折扣促销、满减促销、满赠促销、跨店联合促销、捆绑销售等，吸引用户关注产品或服务信息，促使用户购买和使用产品或服务。

（6）网络公关。公关是指企业为改善与社会公众的关系，树立和维护良好的企业形象，开展的一系列活动，网络公关即基于互联网开展的公关活动。网络公关的手段主要有新闻报道、事件营销、口碑营销、危机公关等。

- **新闻报道**。通过互联网发布与企业及其产品或服务相关的，对企业有利的新闻信息。
- **事件营销**。企业通过利用或策划、组织具有价值的事件，引起媒体、社会团体和用户的兴趣和关注，从而提高企业的知名度、美誉度。
- **口碑营销**。企业运用各种有效手段引发用户对其产品、服务和形象的交流和传播，并激励用户主动向其周边人群介绍和推荐。
- **危机公关**。当企业自身因管理不善、同行竞争或外界特殊事件引发负面效应时，通过危机公关处置，包括在危机事件发生后，迅速做出反应，如道歉、赔偿、产品召回等，避免拖延导致事态恶化。同时保持信息的公开透明，主动向公众公布事件的调查结果、处理进展及后续措施，以挽回公众对企业的信任，重塑企业形象。

素养课堂

缺乏信任感是网络营销的劣势之一。一些不良商家会借助网络进行虚假宣传，不仅令人诟病和厌恶，也破坏了网络营销环境。作为网络营销中的一员，企业应当诚实守信，共同为构建干净、舒适的网络营销环境而努力。

案例阅读　　瑞幸咖啡推出《黑神话：悟空》联名饮品和周边产品

2024年8月20日，国产3A游戏《黑神话：悟空》一经发售便登上全网热搜，在"西游记IP"的光环加持下，《黑神话：悟空》不仅受到广大游戏玩家的喜爱和追捧，而且也被更多的人所熟知。截至2024年9月12日，《黑神话：悟空》在Steam平台上的销量已达1890万份，该游戏的投资人预计《黑神话：悟空》在其生命周期内有望达到3000万套的销量。

其实，早在一个月前的预售阶段，《黑神话：悟空》就取得了120万销量和近4亿元销售额的"现象级"成绩。瑞幸咖啡抓住这一契机，在2024年8月16日官宣与《黑神话：悟空》合作，8月19日，《黑神话：悟空》正式发售的前一天，瑞幸咖啡正式上线联名饮品和相关周边产品。

本次瑞幸咖啡与《黑神话：悟空》联名的饮品名为"黑神话腾云美式"，周边产品包括联名杯套、联名纸袋以及黑神话3D限定海报。用户于19日当天在瑞幸咖啡App购买"联名套餐"即可获得相关的周边产品。为了获得相关的周边产品，很多用户在19日早早登录瑞幸咖啡App等候下单，但"联名套餐"数量有限，尤其是3D限定海报很快便被一抢而空。不少用户因未能如愿得到心仪的周边产品，便在社交媒体就此事"吐槽"，如"瑞幸黑神话悟空套餐核销券核销不了""花了买海报的钱却未能得到海报"。对此，瑞幸咖啡在微信公众号致歉，并发布通知将就3D限定海报制订补货计划。虽然，瑞幸咖啡与《黑神话：悟空》的联名推广活动有了小小的波折，但本次联名推广活动获得了极大的曝光度，实现了双赢。

（四）AI 在网络营销中的应用

AI 是一种模拟人类智能的技术，使机器能够像人一样学习、思考，从而能够自主地执行各种任务。AI 应用于企业营销领域，是辅助营销人员策划、实施网络营销活动的一把利器。

1. AI 在网络营销中的应用场景

AI 在网络营销中的应用场景十分丰富，主要包括数据分析、产品推荐、内容生成、广告投放和智能客服等。

（1）数据分析。AI 可以帮助企业自动化地收集和分析大量的市场数据，为开展营销活动提供决策参考。相比以往单纯借助人力收集和分析，使用 AI 进行数据分析效率更高、效果更好。

（2）产品推荐。AI 可以智能分析电商平台中用户的购物习惯和行为数据，挖掘用户个性化需求，实现精准和个性化的产品推荐。

（3）内容生成。生成式人工智能（Artificial Intelligence Generated Content，AIGC），即基于 AI 生成相关内容的技术，可以生成文字、图片、音频、视频等。相对来说，生成文字内容的技术最为成熟，如生成营销策划方案、朋友圈文案、微博文案、软文、工作计划和市场调查报告等。

（4）广告投放。企业借助 AI，可以根据用户的基本特征和行为模式进行精准的广告投放，包括广告投放时间、地域和渠道等，以提高广告的曝光度和转化率；还可以通过监测和分析广告效果指标，如点击率、转化率和投资回报率（Return On Investment，ROI），实时调整广告投放参数，包括广告内容、渠道选择和定价策略，以提高广告效果。

（5）智能客服。智能客服的实现基于 AI 创建的聊天机器人，聊天机器人可以 24 小时在线，不仅能够快速回答用户的问题，还能够根据用户的需求和偏好，提供相关产品或服务的推荐，以及收集用户的反馈意见，帮助企业改进产品和提升用户的满意度。

素养课堂

AI 虽然能够自动化处理网络营销中各种烦琐的任务，如数据分析、客户服务、内容创作等，提高营销人员的工作效率，但无法从事创造性的工作，只是辅助营销的工具，营销人员不应过于依赖 AI。同时，AI 生成的内容，其可靠性和准确性难以保证，且可能涉及隐私泄露、侵权等问题。所以，营销人员需注意甄别。

---

2. AIGC 工具

目前，市面上的 AIGC 工具有许多，下面主要介绍文心一言和讯飞星火认知大模型这两款国内主流的 AIGC 工具。

（1）文心一言。文心一言是百度研发的一款 AIGC 工具，可以根据输入的指令与用户对话、答疑解惑、撰写文案等，是获取信息、知识和灵感的有力工具。通过浏览器搜索"文心一言"，可进入文心一言官方网站，其主界面如图 1-2 所示。

图1-2 文心一言的主界面

文心一言主界面左侧侧边栏中的"对话"按钮💬用于查看历史对话和新建对话；"百宝箱"按钮🧰用于打开文心一言的功能集合，方便用户快捷输入指令。主界面中间的上方是推荐问题，下方是输入框，输入框用于输入指令，指令可以是具体的问题，如"帮我解释一下什么是网络营销"，也可以是要求文心一言完成的任务，如"帮我撰写一份节日营销的策划方案"。

（2）讯飞星火认知大模型。讯飞星火认知大模型（以下简称"讯飞星火"）是科大讯飞在其技术积累的基础上自主研发的一款AIGC工具。其功能丰富，可撰写PPT大纲、小红书文案、朋友圈文案、微博文案，进行文本扩写、文章润色，设计Logo及生成图片等，对应用户不同的使用场景。通过浏览器搜索"讯飞星火"，可进入讯飞星火官方网站，其主界面如图1-3所示。左侧侧边栏中的 创建智能体 按钮用于创建智能体，即将常用功能添加到侧边栏中，方便随时调用； 新建对话 按钮用于新建对话；"智能体中心"按钮📱用于打开智能体中心，即讯飞星火的功能集合；"历史记录"按钮🕐用于查看历史对话。主界面中间的上方是常用功能列表，下方是输入框，用于输入指令。

图1-3 讯飞星火的主界面

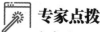 **专家点拨**

　　大部分 AIGC 工具的使用方法相似，操作也都很简单，关键在于输入指令，要获得更准确、有效的回答，指令应明确具体、简明扼要、语言规范，以及避免使用"永远""最好""最适合"等绝对化的词汇。

任务实训　　　　**使用 AIGC 工具辅助制订网络营销策略**

　　悦丽是一个新兴时尚女装品牌，其产品包括商务装、休闲装等，定位为中高端现代知性女装，目标用户是 25~35 岁的都市白领。悦丽正处于大力推广品牌的阶段，将通过网络营销提高品牌知名度和影响力，树立"轻时尚、舒适、环保"的品牌形象。

　　【任务要求】

　　使用文心一言生成网络营销策略，为悦丽开展网络营销活动提供参考。

　　【操作提示】

　　（1）明确使用目的。使用文心一言为悦丽制订可供参考的网络营销策略。

　　（2）明确营销目的。悦丽开展营销活动旨在树立"轻时尚、舒适、环保"的品牌形象，因此，网络营销策略的制订需要围绕这一目的进行。

　　（3）确定指令。根据使用目的、营销目的，结合项目背景中的产品定位、目标用户等关键信息形成具体指令，如"悦丽是一个新兴时尚女装品牌，其产品定位为中高端现代知性女装，目标用户是 25~35 岁的都市白领。悦丽计划开展网络营销活动增强品牌影响力，树立"轻时尚、舒适、环保"的品牌形象。根据这些信息为悦丽制订网络营销策略。"

　　（4）发送指令。打开文心一言主界面，在输入框中输入指令，单击◉按钮或按【Enter】键发送，然后查看返回的结果，如图 1-4 所示。

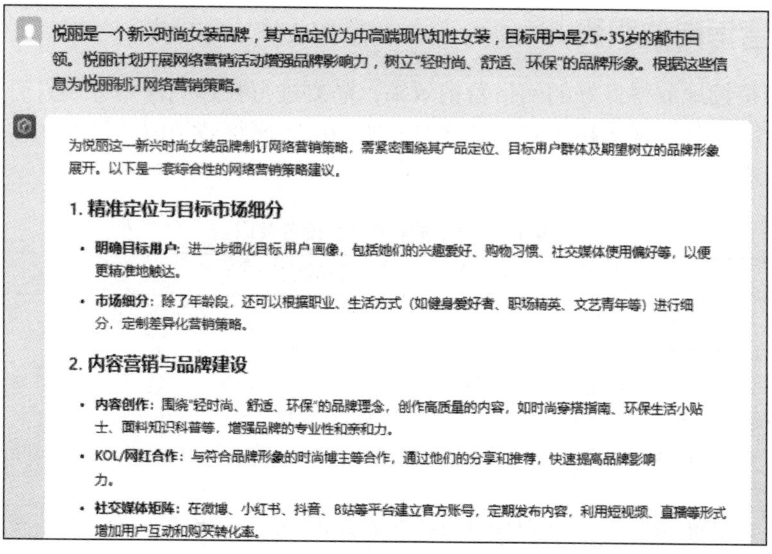

图 1-4　文心一言根据指令生成的网络营销策略

任务二　了解网络营销岗位

了解网络营销岗位

网络营销涉及诸多环节，相应地划分出不同的工作岗位，各岗位人员相互配合形成紧密联系的营销团队，有序开展网络营销活动。本任务主要介绍网络营销人才需求、岗位职责和组织架构，以此帮助大家熟悉网络营销的常见岗位和工作内容等。

（一）网络营销人才需求

随着互联网的飞速发展，网络营销已经成为企业提高品牌知名度和销售业绩的重要手段。随之而来的是对专业网络营销人才的巨大需求。

图 1-5 所示为企业希望网络营销人才具备的能力。

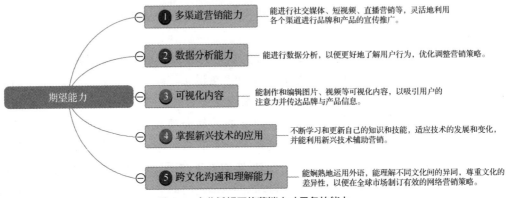

图 1-5　企业希望网络营销人才具备的能力

总之，随着互联网的发展与新技术的应用，网络营销人才需求将继续呈现稳定增长的趋势，而具备更多知识与技能的复合型人才会更受市场青睐。

（二）网络营销岗位职责

企业要想持续地取得良好的网络营销效果，需要进行长远的谋划并制订有效的营销方案和策略，而这一切的实现依赖于专业的网络营销团队。网络营销团队涉及的主要岗位及其职责如表 1-3 所示。

表 1-3　网络营销岗位设置及职责

岗位名称	岗位职责
营销总监/经理	（1）管理团队：传达和执行上级的工作安排，指导、协调、监督下级工作的开展，并制订团队管理措施、规范业务流程等； （2）制订网络营销计划：结合上级指令和营销情况，制订月度、季度、年度营销计划，量化绩效指标； （3）统筹网络营销实施：根据营销计划，统筹工作安排，带领团队实现营销目标； （4）分析网络营销实施效果：监控营销效果，并通过团队成员的数据和信息反馈评估营销活动的实施情况
营销策划	（1）营销方案策划：根据营销需求策划相应的营销方案，撰写策划书并推广落实； （2）优化营销策略：根据团队成员的信息反馈，优化调整营销策略

岗位名称	岗位职责
文案编辑	（1）撰写营销文案：根据营销策划方案，撰写不同的文案，如品牌故事文案、广告文案、产品推广软文、微博文案、微信公众号文章、朋友圈文案、短视频脚本、直播脚本等； （2）评估文案效果：根据团队成员的信息反馈和用户反馈，评估文案效果，提高文案质量
网站编辑	（1）管理网站：维护网站稳定运行，发布网站日常内容； （2）网站推广：进行搜索引擎优化和搜索引擎营销，提升网站在搜索引擎中的排名，提高网站访问量等； （3）网站数据分析：监测与分析网站后台数据，及时调整网站推广策略
新媒体营销专员	（1）账号管理：管理新媒体平台账号，编辑发布新媒体平台的日常信息，以及根据营销计划进行广告投放； （2）粉丝维护：根据营销策略，发起互动话题、开展互动活动等，或通过回复粉丝的评论与粉丝互动； （3）收集用户意见：收集汇总用户的反馈意见，及时反馈给团队成员； （4）新媒体后台数据分析：监测并分析新媒体平台后台的数据
创意设计师	（1）图形设计：设计满足营销需求的图片素材、品牌形象标志、宣传海报等； （2）视频制作：负责拍摄符合营销需求的视频，并完成后期剪辑等
数据分析师	（1）分析用户数据：建立用户数据库，分析用户行为数据； （2）分析营销活动数据：收集整理与分析网络营销活动的数据，评估网络营销效果，撰写分析报告，提出网络营销策略的优化意见

（三）网络营销组织架构

网络营销团队的组织构架是一个复杂而多样化的体系，不同企业根据行业特点、自身规模、业务范围和业务重点组建的营销团队有所差异，包括设置的岗位数量多少不同，同一岗位的在职人数不同。例如，大型企业为了提高工作效率，细化网络营销的工作内容，同一岗位设置多人，以创意设计为例，有专门负责图形设计的，有专门拍摄和制作短视频的，有专门负责直播中的物料设计的。而资源有限的个人品牌、中小型企业，为了节省运营成本，会精简团队。团队成员越少，每个成员承担的工作也就越多，企业对其的职能要求也更高。例如，某小型企业通过创建网站，开设微博、微信公众号账号，开展网络营销活动，其创建的营销团队共5人，其中营销总监1名，下属包括营销策划1名、网站编辑1名、新媒体营销专员1名、创意设计师1名。

任务实训   **组建网络营销团队**

悦丽为推广品牌，在初创期拟组建一个精简的网络营销团队，负责制订和执行网络营销方案，重点通过微博、微信、抖音、小红书等新媒体平台开展网络营销活动，以达到提高品牌知名度、树立品牌形象的目的。

【任务要求】

明确悦丽网络营销团队所需的岗位及其职责与能力要求。

【操作提示】

（1）确定人员组成和岗位职责。悦丽重点以新媒体平台开展网络营销活动，该团队需要完成的内容主要包括管理新媒体平台、策划营销方案、撰写营销文案、数据分析、设计制作宣传物料等。组建一个精简的营销团队，为满足营销需求，可设置 1 名新媒体营销专员，负责管理新媒体账号、信息发布及维护与用户的关系；设置 1 名营销策划，负责策划营销方案和撰写营销文案；设置 1 名创意设计师，负责创作宣传物料。数据分析工作可由新媒体营销专员承担，再设置 1 名营销团队的管理人员即营销总监，组成该团队。

（2）明确岗位能力要求。根据岗位职责明确岗位能力要求。例如，就营销总监而言，其作为团队负责人，应当具有全局观，对新媒体营销和女装市场较为了解，且能把握好策略制订的总方向。就营销策划而言，应具备创新能力，能够策划具有创意和差异化的营销方案，增强品牌竞争力，并能创作具有吸引力的营销文案，同时要有良好的沟通能力。

（3）汇总信息。汇总所有信息，填写至表 1-4 中，完成团队架构。

表 1-4　悦丽营销团队

岗位设定	人数	岗位职责	岗位能力要求

📖实训练习

项目实训——使用 AIGC 工具辅助搭建网络营销团队

1. 实训背景

华捷科技是一家专注于 IT 产品研发、生产和销售的企业。随着市场环境的变化和企业的发展，华捷科技决定拓展业务领域，进军智能家居市场。该市场的潜在用户主要为"80 后"和"90 后"，他们注重生活品质，追求便捷和舒适的生活方式，在新媒体平台上非常活跃。为此，华捷科技需要组建一个专业的网络营销团队，主要通过新媒体平台来提高品牌知名度、提高产品销量。团队要求如下。

（1）对智能家居行业有一定了解。

（2）能够产出多种形式的营销内容，如图文、短视频、直播等，能够进行多平台营销。

（3）能够准确分析营销数据，为开展网络营销活动提供数据支撑。

（4）能够根据网络营销需求策划和执行营销活动。

（5）人数为 5～7 人。

2. 实训要求

（1）使用文心一言获取组建营销团队的参考信息。

（2）明确营销团队的成员构成及岗位职责与能力要求。

3. 实训思路

（1）编辑指令。根据项目背景形成具体指令，指令一是要说明华捷科技组建 5～7 人的网络营销团队，通过新媒体平台开展网络营销活动；二是要指出该网络营销团队需要完成的工作内容；三是要明确网络营销团队可能涉及的岗位，让文心一言明确华捷科技网络营销团队的成员构成。示例如下。

华捷科技进军智能家居市场，计划通过新媒体平台开展网络营销活动，以提高品牌知名度、提高产品销量。为此需组建专业的网络营销团队，完成以下工作内容。

① 能够产出多种形式的营销内容，如图文、短视频、直播等，能够进行多平台营销。

② 能够准确分析营销数据，为开展网络营销活动提供数据支撑。

③ 能够根据网络营销需求策划和执行营销活动。

网络营销团队的岗位划分为营销总监、营销策划、文案编辑、网站编辑、新媒体营销专员、创意设计师和数据分析师等。根据以上信息，组建一个 5～7 人的网络营销团队，说明团队成员、岗位职责与能力要求。

（2）使用文心一言获取参考信息。在文心一言主界面的输入框中输入指令，单击按钮，获得的参考信息如图 1-6 所示。

1. 营销总监（1人）

岗位职责：

- 制订网络营销战略规划和年度营销计划。
- 监督和管理网络营销团队的整体运作，确保各项目标和KPI的达成。
- 评估营销效果，调整策略以适应市场变化。
- 与其他部门（如产品开发、销售等）紧密合作，确保营销策略与公司整体战略一致。

能力要求：

- 丰富的网络营销经验和成功案例。
- 强大的战略规划能力和团队领导力。
- 敏锐的市场洞察力和数据分析能力。
- 出色的沟通协调能力。

2. 营销策划（1人）

岗位职责：

- 根据营销总监的指导，策划并执行具体的网络营销活动。
- 制订活动方案，包括目标设定、预算规划、执行流程等。
- 协调各岗位工作，确保活动顺利进行。

能力要求：

- 良好的创意策划能力和项目管理经验。
- 熟悉各种网络营销渠道和工具。
- 优秀的沟通协调能力，能够跨部门合作。
- 一定的数据分析能力，以评估活动效果。

3. 文案编辑与新媒体营销专员（2人，可兼任）

岗位职责：

- 撰写各类营销文案，包括图文、短视频脚本、直播话术等。
- 在各大新媒体平台（如微信公众号、抖音、小红书等）发布内容，运营官方账号。
- 监测并回应用户评论，维护品牌形象。

能力要求：

- 出色的文字表达能力和创意能力。
- 熟悉新媒体平台规则和用户习惯。
- 具备良好的沟通能力和用户服务意识。
- 了解短视频制作或直播技巧者优先。

4. 数据分析师（1人）

岗位职责：

- 收集、整理和分析网络营销数据，包括流量、转化率、用户行为等。
- 提供数据报告，为营销策略的调整和优化提供数据支持。
- 监控营销活动效果，评估ROI。

能力要求：

- 精通数据分析工具和软件（如Excel、SQL、SPSS、Tableau等）。
- 强大的数据敏感度和逻辑思维能力。
- 良好的沟通能力和数据可视化能力。
- 有电商或互联网营销领域数据分析经验者优先。

5. 创意设计师（可选，1人）

图 1-6　文心一言根据指令生成的营销团队组建信息

（3）明确团队岗位需求。根据获取的信息，优化、总结内容，明确团队构成人员（包括岗位设定和该岗位的人数）及岗位职责与能力要求。例如，组成一个基本的 5 人团队，岗位设定为营销总监、营销策划、新媒体营销专员（兼文案编辑）、数据分析师、创意设计师。如果预算允许且对视觉设计有较高要求，可分别设置新媒体营销专员和文案编辑的岗位，并增加 1 名创意设计师，形成 7 人团队。这样的配置能够确保团队在策略规划、内容创作、数据分析等方面都具备高效的执行力。

课后练习

1. 名词解释
（1）网络营销　　　（2）产品策略　　　（3）渠道策略

2. 单项选择题

（1）下面的表述中，对网络营销描述错误的是（　　　）。

    A. 网络营销不等于网上销售　　　　B. 网上营销不等于电子商务

    C. 网络营销是手段而不是目的　　　　D. 网上营销完全取代传统营销

（2）将企业营销信息以高效的手段传递给目标用户是指网络营销的（　　　）职能。

    A. 网站推广　　　B. 品牌推广　　　C. 信息发布　　　　D. 客户服务

（3）某企业开发了一款图形设计软件，其按月、季度和年度对用户收费。该企业采用的策略是（　　　）。

    A. 渗透定价策略　B. 撇脂定价策略　　C. 使用定价策略　　D. 定制定价策略

（4）对 AI 在网络营销中的应用描述正确的是（　　　）。

    A. AI 能够替代营销人员的所有工作

    B. 运用 AI 生成内容时应具备辩证性思维，辨别信息真伪

    C. 运用 AI 生成的内容不用进行二次编辑，能直接应用到网络营销活动中

    D. 使用 AI 辅助企业开展营销活动时，不用考虑是否侵权的问题

3. 操作题

（1）某校学生小陈的职业意向是网络营销中的创意设计师，为此，小陈要了解创意设计师的工作内容、能力要求和晋升路线，以便为自己制订学习计划。请使用 AIGC 工具获取相关信息，为其提供职业规划参考。

（2）绮梦是某品牌旗下的服装定制网站，为中青年用户提供服装定制服务。绮梦计划开展网络营销活动推广网站，提高网站流量。请为其制订网络营销策略。

（3）逸足是一个新兴时尚鞋子品牌，计划组建一个 6～8 人的营销团队，通过运营该品牌旗下的官方网站和微博、微信、抖音等新媒体账号，开展网络营销活动，提升品牌知名度和促进产品销售。请确定该营销团队的组成成员及其岗位职责与能力要求。

项目二

网络营销市场分析

📖 课前自学

学习目标

- **知识目标：**
1. 掌握网络市场调查的步骤和方法。
2. 熟悉网络营销环境分析与消费者分析的内容。
- **技能目标：**
1. 能根据网络市场调查目的采用不同的方法获取所需资料。
2. 能根据网络市场调查目的设计调查问卷。
3. 能进行网络营销环境分析与消费者分析。
- **素质目标：**
1. 培养保护调查资料、保护调查对象隐私信息的意识。
2. 合理、合法开展市场分析活动。

引导案例　小米手机在印度市场的快速崛起

小米手机是较早进入印度市场的中国手机品牌之一，享有较高的品牌美誉度和客户满意度，是印度消费者心目中高性价比的智能手机品牌之一。然而，在印度这样一个竞争激烈、多元化、复杂化的市场，小米手机能够快速打开市场并取得成功，其中一个关键因素在于小米手机进入印度市场之前，进行了深入的市场调研，了解了印度消费者对智能手机的需求、功能偏好、购买行为和使用习惯，以及印度市场的竞争格局、法律法规、文化差异和社会变化。基于市场调研的分析结果，小米手机制订了一系列有针对性的营销策略。

（1）产品策略。在当地成立产品研发中心，推出符合印度消费者需求和功能的智能手机，如增加电池容量、适应不同网络制式、融合本地语言和应用等，并且提供多样化的颜色、款式和尺寸选择。

（2）价格策略。根据不同城市和地区的消费水平和购买力，制订合理的价格区间和折扣优惠。

（3）渠道策略。线上线下相结合，线上的直营模式降低运营成本和中间环节，提高了价格竞争力。线下实体店选择适合印度消费者生活方式和消费场合的店铺位置和设计，并且提供便捷、高效、贴心的服务，打造智能手机销售中心的概念。

（4）宣传策略。利用社交媒体、移动支付、会员制等方式，与印度消费者建立互动和沟通，提升品牌知名度和客户忠诚度，并且推出针对印度节日和文化特色的主题活动和产品，增加品牌吸引力。

思考

通过阅读上述案例，您认为市场分析对企业的营销策略有何影响？小米手机进军印度市场的营销策略为何能取得成功？

📖知识掌握

任务一　网络市场调查

网络市场调查

网络市场调查是基于互联网，收集、整理市场信息，分析市场现状和发展趋势的调查研究活动。简单来讲，市场调查就是指为了解和分析市场情况而做的考查。企业进行网络市场调查的最终目的是为企业制订营销方案和策略提供依据。

（一）网络市场调查的步骤

不同的网络市场调查，由于调查的目的、范围、内容和要求不同，调查的过程也不尽相同。但一般来说，网络市场调查可分为以下 5 个步骤。

1. 明确调查目的

明确调查目的主要是提出企业经营过程中要解决的问题或要达成的目标。例如，调查某款产品的市场需求状况，为产品的研发提供参考依据；调查产品销量下降的原因，为调整营销策略提供参考依据；调查客户满意度，为改进产品和服务质量提供参考依据等。明确调查目的是整个网络市场调查工作的起点，后续工作将围绕调查目的展开。

2. 设计调查方案

明确调查目的后，接下来根据调查目的设计调查方案。设计调查方案是在实施调查前，对调查工作的各个方面和各个阶段进行通盘考虑和安排，制订合理的工作程序。简单地讲，调查方案就是对调查的对象、内容和方法等的说明。

（1）调查对象。凡是引起市场变化的因素都可作为市场调查的对象，如消费者、竞争对手、产品、市场环境等。调查对象根据调查目的确定，在确定调查对象时需要明确界定调查对象的范围。例如，某运动鞋品牌调查竞争对手时，调查对象是"中国市场的运动鞋品牌"；某企业调查客户满意度时，调查对象是"首次购买企业产品的新客户"。

（2）调查内容。确定调查内容就是明确想要获取哪些资料。例如，调查客户满意度，调查内容包括客户对产品外观、包装、质量、性能、价格、服务、售后等的满意度。在实践中，一项调查可能包含多方面的调查内容，但调查内容过多会增加工作量。因此，调查内容的确定需要考虑

> **想一想：**
> 某咖啡店拟研发一种新口味的咖啡产品，为进一步了解消费者对咖啡的需求，保证产品产销对路，该咖啡店计划实施一次网络市场调查。那么此次的调查目的、对象和内容分别是什么？

调查经费和人力资源等情况。

（3）调查方法。调查方法就是获取资料信息的方法，按照获取资料方式的不同，网络市场调查的方法会有所不同。

3. 实施调查

调查方案设计好后，接下来需要按照设计好的调查方案实施调查，展开市场信息收集工作。调查结果的准确与否，很大程度上取决于这一阶段的工作质量。

4. 整理分析资料

该阶段是对实施调查后获取的分散、零星的调查资料进行整理分析，如审核、归类资料，将有关数据制成统计图表，并进行数据分析。

5. 得出调查结论

得出调查结论是网络市场调查的最后一个阶段，在这一阶段，调查人员需要根据整理分析的调查结果，撰写市场调查报告，提出最终的措施和意见。

（二）网络市场调查的方法

网络市场调查的方法主要有两种，分别是网络市场间接调查和网络市场直接调查。

1. 网络市场间接调查

网络市场间接调查又称网络文案调查法，是利用互联网收集市场信息的调查方法。网络市场间接调查收集的是二手资料。二手资料也叫作次级资料，是指一些已经经过收集整理的现成资料。网络市场间接调查通常是网络市场调查的首选方法，不仅收集的资料丰富，而且操作简单、成本低、灵活性强。网络市场间接调查可通过以下渠道实现。

（1）搜索引擎。利用百度、搜狗等搜索引擎输入关键词，搜索查找资料，然后从中挑选使用。例如，从网上获取有关行业的法律法规的全文、一篇关于某企业的详细报道、某机构对汽车行业的最新调研报告等。

（2）政府部门主导的信息发布平台。政府部门主导的信息发布平台，如中国经济信息网、中国统计信息网、中国互联网络信息中心等，这些平台上的资料不仅具有权威性，而且综合性强、辐射面广。图 2-1 所示为中国互联网络信息中心的网站页面，在其中可查看中国互联网络发展状况的统计报告，该报告涉及互联网基础资源、网民规模、互联网应用、互联网政务等方面的数据。

图 2-1　中国互联网络信息中心

（3）市场调研机构网站。各种综合性的市场调研机构网站公布了丰富的数据报告，访问这些网站并搜索相关关键词即可快速查找报告资料，获得调研结果。常见的市场调研机构网站有 199IT-中文互联网数据资讯网、艾瑞网、艾媒网、前瞻产业研究院等,图 2-2 所示为 199IT-中文互联网数据资讯网的网站页面,其数据资源涉及新兴产业、金融科技、共享经济、移动、电商、社交、营销、服务等领域。

图 2-2　199IT-中文互联网数据资讯网

（4）短视频/直播数据分析平台。在电商时代,随着短视频和直播的火热,许多短视频/直播的数据分析平台出现了,如蝉妈妈、灰豚数据、飞瓜数据等。这些数据分析平台会发布一些短视频/直播领域的行业数据。图 2-3 所示为灰豚数据上发布的各种研究报告。

图 2-3　灰豚数据上发布的各种研究报告

（5）企业官方网站。如果要了解竞争对手的情况,那么可以进入竞争对手的官方网站,收集业务领域介绍、技术资源介绍、产品介绍等信息。

（6）AIGC 工具。使用 AIGC 工具也可以收集、整理、分析市场信息。例如,使用文心一言获取直播电商发展状况的调查信息,如图 2-4 所示。

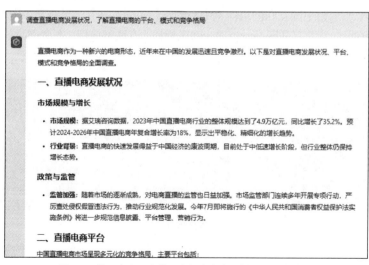

图 2-4　使用文心一言获取直播电商发展状况的调查信息

专家点拨

　　互联网信息容量大、内容覆盖面广，调查人员足不出户就可以收集到世界各地各个方面的资料，使资料的收集时间有效缩短。但调查人员在进行网络市场间接调查时，应确保收集的资料与调查项目相关、资料的时效性满足调查的需要、资料的数据资源准确可靠。

2. 网络市场直接调查

　　在互联网上收集一手资料（或称原始资料，即非既有资料）的过程为网络市场直接调查。当二手资料不足以解决调查问题时，即可实施网络市场直接调查。按调查的思路不同，网络市场直接调查的方法可分为网上观察法、网上实验法和网络问卷调查法等。

　　（1）网上观察法。网上观察法主要利用网络技术或相关软件记录用户的网络行为。如今，大多数的网站、电商平台、手机 App 等的后台都有记录和统计用户网络行为的功能，可以实时了解用户所浏览的网页、点击的广告、关注的产品、付费的金额等信息，调查人员只需对后台的数据进行分析即可。

　　（2）网上实验法。网上实验法是指在网络市场调查中，通过改变某些因素来测试这些因素对其他因素的影响，通过实验对比分析，收集市场信息的一种调查方法。例如，在网络上发布几种内容与形式不同的广告，对比各种广告带来的效果，调查哪种网络广告更受市场欢迎、推广效果更好。

　　（3）网络问卷调查法。网络问卷调查法是通过网络问卷实施调查的一种调查法，常用于以消费者为调查对象的调查，以了解消费者的消费需求、购买行为及市场行情等。企业进行网络问卷调查时，可以委托调查网站实施调查，也可以由企业调查人员设计网络问卷实施调查。自行设计网络问卷时，需要注意以下 3 个方面。

- **发布方式**。根据发布问卷所采用的不同方式，网络问卷调查可以分为主动式调查和被动式调查。主动式调查是指通过电子邮箱、QQ 或微信等网络通信软件向被调查者发送问卷，邀请被调查者填写问卷并提交问卷。被动式调查是指将问卷发布到 QQ 空间、微信公众号、微博等，或将问卷嵌入网站，等待访问者自愿填写问卷。

- **问卷设计**。网络问卷由问卷标题、问卷说明和问卷题目等部分组成。问卷标题用于概括说明调查主题，如"××产品消费者购买行为调查""××电商平台用户满意度调查"；问卷说明一般用于说明调查的目的和意义；问卷题目应与调查目的紧密相关，题目内容应清晰明确、便于回答、逻辑合理，常见题型是单选题和多选题。调查人员可通过问卷星、金数据、腾讯问卷等问卷在线设计工具辅助设计网络问卷，这些工具操作简单，提供有问卷模板，可提高问卷设计效率。图 2-5 所示为问卷星的问卷编辑页面，在左侧的题型设置面板中选择题型，插入对应题型后，在右侧的内容编辑页面编辑题目即可，完成编辑后可直接通过问卷星发布问卷，进行网络问卷调查。

- **提高问卷调查质量的技巧**。为提高问卷反馈率，保证调查质量，企业在设计网络问卷时要保证问卷页面加载效果，可采用自动跳答功能，过滤无效样本。例如，针对年龄为 25～35 岁的消费者开展调查，当消费者回答不符合条件时，结束问卷，停止调查。

图 2-5　问卷星的问卷编辑页面

素养课堂

网络问卷中的题目应清晰明了，不含引导性、误导性内容，以免影响数据的真实性。同时要注意保护被调查者的个人隐私，如果涉及敏感信息，应该尊重被调查者，并遵循相关的法律和伦理规范。

任务实训　整理电商平台入驻条件

宝乐科创是一家生产、销售学生学习桌椅、台灯、书柜的儿童家具科技公司。为拓展销售渠道，宝乐科创计划开设一家网店，备选平台为淘宝、天猫、京东和拼多多这些主流电商平台，准备收集相关资料，比较这些平台各自的特点和入驻条件，以选择合适的电商平台。

【任务要求】

（1）明确获取资料信息的渠道。

（2）根据获取的资料信息归纳各电商平台的特点和入驻条件。

【操作提示】

（1）借助 AIGC 工具收集各电商平台的信息。使用文心一言快速收集淘宝、天猫、京东和拼多多等电商平台的信息，了解它们的特点，如通过输入"归纳淘宝、天猫、京东和拼多多这几个电商平台的特点，为儿童家具科技公司的网络营销提供参考"指令获取。

（2）通过电商平台官方网站查询开店条件。要了解各电商平台的入驻条件，可进入各电商平台的官方网站查看，在其官方网站获取的信息比从其他渠道获取的信息更可靠。例如，打开淘宝网，单击上方导航栏中的"免费开店"超链接，再在打开的页面上方单击"资质与费用"超链接，在"开店主体"栏中选择"企业身份"

选项，在"经营类目"栏中设置经营类目，单击 查询 按钮，查询在淘宝开设企业网店的条件，如图 2-6 所示。

图 2-6　查询在淘宝开设企业网店的条件

（3）归纳各个电商平台的特点和入驻条件。获取资料信息后，归纳各电商平台的特点和入驻条件，填写至表 2-1 中。

表 2-1　不同电商平台的特点与入驻条件

电商平台	平台特点	入驻条件
淘宝		
天猫		
京东		
拼多多		

任务二　网络营销环境分析

网络营销环境是指影响企业生存与发展的，直接或间接与企业网络营销活动有关联的因素的总和。企业营销活动是在复杂的环境中进行的。环境的变化既可以给企业带来市场机会，也可能对企业营销活动造成某种威胁。本任务将从网络营销宏观环境与网络营销微观环境两个层面介绍网络营销环境分析的相关知识。

（一）网络营销宏观环境分析

宏观环境是影响企业网络营销活动的广泛性因素，包括人口、经济、技术、政治法律等方面的因素。这些宏观环境因素相互作用，共同影响企业的市场营销活动。宏观环境分析就是通过市场调查和分析，了解这些环境因素的变化，以制订适应市场变化的网络营销策略。

（1）人口环境。人口环境直接影响市场规模和潜在容量。人口环境分析主要关注目标市场人口的数量、年龄结构、性别分布、职业构成、地理分布及其变化趋势对企业网络营销活动的影响。

（2）经济环境。经济环境对网络营销市场具有广泛而直接的影响，宏观经济直接制约社会购买力，影响消费者的收入水平和产品定价。开展网络营销活动时，企业应重点分析目标市场的经济发展状况、居民购买力水平、对外贸易状况等情况。

（3）技术环境。技术的变革和创新可以缩短产品的生命周期，也可以改变消费者的购物习惯，这可能给某些企业带来新的市场机会，也可能给某些企业带来威胁。企业开展网络营销活动时，应关注行业技术发展趋势和新产品开发动向，并思考对企业自身的影响，确定企业自身有无必要参与研发和引进新技术，有无必要开发新产品等。

（4）政治法律环境。政治法律规定了企业的责任和义务，指导企业能做什么，不能做什么。开展网络营销活动时，企业需了解目标市场的政治制度、政府政策、法律法规等。

（5）社会文化环境。社会文化环境一定程度上影响消费者的消费观念和购买行为，从而对企业的网络营销活动产生影响。企业开展网络营销活动时，需了解目标市场消费者的文化素养、受教育程度、民族与宗教状况、风俗习惯和价值观念等。

> **想一想：**
> 　　一个食品品牌进入国外市场时，是否需要了解目标市场消费者的饮食习惯？为什么？

> ### 素养课堂
> 　　营销人员策划营销活动，必须遵守我国的各项法律法规。同时，随着经济全球化和我国经济的发展，国内很多企业正在走出去，在国际上的影响力日益增强。因此，在企业走向国际市场的过程中，营销人员应积极拓宽视野，了解并遵循出口国或地区颁布的有关经营、贸易、投资等方面的法律法规，如进口限制、税收管制及外汇管理制度等，帮助企业树立正面形象。

（二）网络营销微观环境分析

网络营销微观环境是与企业网络营销活动联系比较密切的各种因素的总称，主要包括企业内部条件以及与企业网络营销活动相关的上下游组织机构，如供应商、营销中介、竞争对手等。

（1）供应商。企业应重点分析供应商提供产品或服务的品种、规格、数量、质量、价格、供货时间等是否满足自身生产的需要，以及供应商的资历，供应商与自身的关系。

（2）营销中介。营销中介是协助企业促销、分销和配销其产品给消费者的企业或个人，中间商（如分销商、代理商）、物流企业（如仓储、运输企业）、金融中介（如银行、保险公司）、营销服务机构（如市场调研机构、广告公司、营销策划企业）等均属于营销中介。企业应重点分析营销中介促进营销的效率与效果、收费情况、发展潜力等。

（3）竞争对手。分析竞争对手时，可以从其官方网站、营销平台、财务报表以及第三方报告等入手，收集竞争对手的产品动态、服务水平、组织机构建设、发展动向等信息，分析竞争对手的整体实力、营销目标和策略、管理水平、资源占有水平等。

任务实训　通过网络市场间接调查收集资料并分析竞争对手

某主营狗粮、猫粮的宠物食品品牌计划通过网络市场调查了解竞争对手麦富迪的网络营销策略，从而为自己的产品开发和网络营销策略制订提供参考。

【任务要求】

使用网络市场间接调查收集竞争对手的网络营销策略资料并进行总结分析。

【操作提示】

（1）获取资料。通过搜索引擎、竞争对手的官方网站和新媒体平台等途径获取竞争对手网络营销策略的资料信息。例如，图 2-7 所示为通过竞争对手的官方网站了解其产品详情。

图 2-7　通过企业官方网站获取资料

（2）分析资料。获取各类资料后从表 2-2 所示的几个维度总结分析资料信息。

表 2-2　竞争对手分析结果统计表

分析维度	分析结果
产品策略	
价格策略	
渠道策略	
宣传策略	

任务三　网络营销消费者分析

消费者是市场营销的目标对象，分析消费者的心理和行为，可以帮助企业更好地进行消费者定位，并制订符合消费者需求的网络营销策略。本任务主要介绍消费者的消费心理、购买行为分析的相关内容，以帮助大家了解影响消费者购物行为的因素，制订精准的网络营销策略。

（一）网络营销消费者消费心理分析

消费心理就是人作为消费者时的所思所想。网络营销环境下，消费者的消费心理表现在以下多个方面。

（1）好奇心理。几乎每个人都会有一定的好奇心，但不同的人好奇心的强烈程度不同。好奇心强的消费者一般喜欢追求新奇的事物，有强烈的求知欲，通常希望企业能够提供更多充满知识性、趣味性、娱乐性的信息。

（2）实惠心理。拥有实惠心理的消费者追求产品的物美价廉，产品功能实用且价格便宜更容易赢得他们的青睐。企业应该注重产品的功能和实用性，通过不断提高产品的性价比，或开展优惠活动来吸引这类消费者。

（3）个性和品牌心理。拥有个性和品牌心理的消费者更注重产品的个性化或品牌价值。针对这类消费者，企业可以为其提供更多个性化服务，或者提升品牌吸引力。

（4）从众心理。从众心理指个人受到外界人群行为的影响，而在自己的知觉、判断、认识上与多数人的行为方式保持一致的心理现象。拥有从众心理的消费者通常喜欢选择热度更高、销量更高的产品，企业可以通过增加产品热度的方法来吸引这类消费者。

（5）习惯心理。很多消费者在购物的过程中都会产生一定的习惯，如偏向于购买某个品牌的产品、只购买价格不超过某个范围的产品等。这一类型的消费者一般会有一个消费心理预期，当产品的实际价格超过预期或功能未达到预期时，就会寻求其他产品。

（二）网络营销消费者购买行为分析

消费者购买行为是受消费心理支配而产生的一切与消费相关的行为，其分析维度通常包括"购买什么""购买者是谁""购买的渠道""影响购买的因素""购买的频率""购买的金额"等。

（1）购买什么。分析消费者购买什么产品、为什么需要这种产品而不是其他产品，企业可以了解不同品牌或产品的销售情况和消费者的购物偏好，以提供能够满足广大目标消费者需求的产品。例如，同为洗衣用品，有的消费者喜欢用洗衣粉，有的消费者喜欢用洗衣液；而喜欢用洗衣液的消费者中，有的消费者偏好 A 品牌，有的消费者偏好 B 品牌。

（2）购买者是谁。分析产品的购买者是谁，可以了解产品消费者群体的基本特征，如购买者的年龄、性别、职业、收入水平和兴趣爱好等。企业掌握了产品消费群体的基本特征，更能有针对性地策划网络营销活动。

（3）购买的渠道。消费者购买产品的渠道往往受消费群体及产品性质等因素的影响。从消费群体方面看，年轻消费者多倾向于在网络平台购物，方便快捷，部分中老年消费者也会尝试通过网络平台购买价值不高的生活日用品。从产品性质方面看，粮食、蔬菜、调味品等日常生活用品，许多消费者会选择到住所附近的商店购买；美妆类产品，有的消费者会选择到实体店试用产品后购买，有的消费者则选择在直播间购买（直播间可以提供更多优惠并且可以看到主播使用产品的效果）。分析消费者购买产品的渠道，有利于企业寻找适销渠道，并针对不同渠道制订不同的推广策略。

（4）影响购买的因素。影响消费者购买产品的因素很多。不同消费者的需求不同。例如，有的消费者追求品质，不在乎产品是否经济实惠；有的消费者因为价格低廉而选择该产品；有的消费者看重产品的功能和实用性，对产品外观、样式不太重视。分析影响消费者购买的因素，可以更好地推出符合消费者预期的产品，制订有针对性的营销策略。

（5）购买的频率。分析消费者的购买频率可以了解消费者对某一产品的需求强度和持续性，以及消费者对品牌的忠诚度。高频次的购买可能意味着消费者对产品或品牌有高度依赖或强烈偏好，这有助于企业识别并满足这些核心需求。

（6）购买的金额。分析消费者的购买金额可以帮助企业判断市场对价格的敏感度，从而合理定价产品或服务，也可以帮助企业识别不同消费群体的购买力和消费习惯，进而实施精准的差异化营销策略。

> **案例阅读　　王老吉从地域性品牌向全国性品牌的转变**
>
> 　　王老吉，原本在广东、浙南地区畅销，主要以"凉茶"的身份被消费者熟知。然而，随着企业规模的扩大和市场的拓展，王老吉面临新的挑战。
>
> 　　（1）地域差异。凉茶起源于岭南地区，其除湿祛热的功能在湿热气候下很受欢迎。然而，两广以外地区，人们对凉茶没有什么概念，甚至认为凉茶就是凉白开。
>
> 　　（2）消费者认知。王老吉凉茶的气味、颜色、包装等与传统凉茶有很大区别，给消费者带来一种"既像是凉茶，又像是饮料"的混乱认知。
>
> 　　（3）广告推广。广告宣传模棱两可，无法体现王老吉的独特价值，宣传效果不佳。
>
> 　　针对上述消费者分析，王老吉进行了以下营销策略的调整。
>
> 　　（1）调整品牌定位。将品牌从"凉茶"重新定位为"预防上火的饮料"，以更贴近消费者的日常需求。这一定位使王老吉在更广泛的市场中找到新的增长点。
>
> 　　（2）广告宣传。利用电视广告、网络广告等多种渠道宣传，提高品牌知名度，强调其"预防上火"的功能，在消费者心中牢固树立品牌形象。
>
> 　　（3）渠道拓展。与火锅店、烧烤店等消费场所合作，提供现场提示和促销活动，刺激消费者的购买欲望。
>
> 　　经过上述营销策略的调整，王老吉迅速被大众熟知，成功实现从地域性品牌向全国性品牌的转变。
>
> 　　**思考：**（1）王老吉为什么要分析消费者？（2）通过消费者分析，可以发现王老吉之前的网络营销策略存在哪些问题？

任务实训　　　　　**分析护肤品牌消费者的购买行为**

雅韵是一个护肤品牌，为了解消费者的购物需求和偏好，雅韵通过网络问卷调查了解消费者的购买行为，网络问卷内容和调查结果如下所示。

1：您的性别是？

○ 男（5%）　　　　　　　○ 女（95%）

2：您的年龄是？

○ 18岁及以下（0%）　　　○ 19~24岁（15%）　　○ 25~29岁（37%）

○ 30~34岁（35%）　　　　○ 35~39岁（10%）　　○ 40岁及以上（3%）

3：您的学历是？

○ 高中及以下（1%）　　　○ 大学专科（10%）　　○ 大学本科（59%）

○ 研究生及以上（30%）

4：您的职业是？

○ 学生（7%）　　　　　　○ 公司职员（27%）　　○ 个体户（3%）

○ 教职工（3%）　　　　　○ 医护人员（22%）　　○ 事业单位工作者（12%）

○ 媒体从业者（24%）　　　○ 其他（2%）

5：您最常购买的雅韵3类产品是？

□ 洗面奶（75%）　　　　　□ 爽肤水（20%）　　　□ 素颜霜（23%）

□ 精华液（23%）　　　　　□ 面膜（70%）　　　　□ 眼霜（65%）

□ 防晒霜（24%）

6：您通常从哪个渠道购买雅韵的产品？

○ 线下实体店（30%）　　　○网络购物平台（70%）

7：您购买雅韵的产品一般比较注重什么（可选1~3项）？

□ 产品质量（100%）　　　□ 产品价格（90%）　　□ 产品气味（20%）

□ 产品包装（10%）　　　　□ 口碑（35%）　　　　□ 服务（45%）

□ 其他（5%）

8：促使您购买雅韵产品的原因是（可选1~3项）？

□ 日常囤货（45%）　　　　□ 产品实用（55%）　　□ 产品精美（35%）

□ 产品新奇（3%）　　　　　□ 价格便宜（90%）　　□ 促销活动（69%）

□ 名人代言（2%）　　　　　□ 其他（1%）

9：您半年内购买雅韵产品的次数是？

○ 0次（0%）　　　　　　　○ 1~2次（35%）　　　○ 3~5次（55%）

○ 6次及以上（10%）

10：购买雅韵的产品时，您每次花费的金额大概是多少？

○ 100元以内（10%）　　　 ○ 100~300元（20%）

○ 301~500元（45%）　　　 ○ 501~800元（20%）

○ 800元及以上（5%）

【任务要求】

根据调查结果，从"购买什么""购买者是谁""购买的渠道""影响购买的因素""购买的频率""购买的金额"等维度分析消费者购买行为。

【操作提示】

（1）分析问卷内容的调查范围。如第 1 题～第 4 题获取的是"购买者是谁"维度的信息，用于了解消费者的性别、年龄、学历、职业；第 5 题获取的是"购买什么"维度的信息，用于了解消费者最常购买的 3 类产品；第 6 题获取的是"购买的渠道"维度的信息，用于了解消费者偏好的购买渠道；第 7 题～第 8 题获取的是"影响购买的因素"维度的信息，用于了解影响消费者做出购买决策的因素；第 9 题获取的是"购买的频率"维度的信息，用于了解消费者对品牌的忠诚度；第 10 题获取的是"购买的金额"维度的信息，用于了解消费者的消费能力。

（2）制作调查报告表。结合问卷调查范围和调查结果，做一份简单的调查报告表，记录消费者购买行为分析结果，如表 2-3 所示。

表 2-3　消费者购买行为调查报告表

分析维度	分析说明
购买者是谁	
购买什么	
购买的渠道	
影响购买的因素	
购买的频率	
购买的金额	

📖实训练习

项目实训——设计网络问卷进行智能手环市场调查

1. 实训背景

设计智能手环市场调查的网络问卷，用于某智能手环厂商实施网络问卷调查，以了解智能手环的消费群体及其市场发展前景。调查内容如下。

（1）消费者的基本信息。

（2）消费者对智能手环的认知情况。

（3）消费者使用智能手环的情况。

（4）消费者购买智能手环的情况。

2. 实训要求

（1）根据调查内容设计问卷，包括问卷标题、问卷说明和问卷题目。

（2）设置问卷题目，排除在调研机构等相关单位工作过的调查对象，以及对智能手环不了解的调查对象。

（3）使用问卷星制作网络问卷，并发布问卷实施调查。

3. 实训思路

（1）明确问卷所需收集的资料。在调查内容的基础上，明确通过问卷需要收集哪些方面的资料，一是为调查内容提供支撑，以实现调查目的；二是为设计问卷题目提供指导。例如，进行智能手环市场调查，需要获取的资料如下。

- 用户的基本信息，如性别、年龄、职业、学历、收入水平、兴趣爱好等。
- 用户对智能手环的认知情况，如对智能手环的了解程度，获取智能手环信息的渠道等。
- 用户使用、购买智能手环的情况，包括用户是否使用过智能手环，从什么渠道获得的智能手环，使用什么品牌的智能手环；没有购买智能手环的原因是什么，如果购买智能手环会考虑哪些因素等。

（2）设计问卷。在 Word 文档中编辑问卷内容。撰写问卷题目如"智能手环市场调查"，问卷说明如"您好，我们希望了解您关于智能手环的一些看法。本次调查为匿名调查，我们承诺将对您提供的所有信息严格保密。请您根据自己的情况放心作答。衷心感谢您的支持与配合！"问卷题目设计说明参见"智能手环市场调查问卷设计说明.docx"文档（配套资源：素材文件/项目二/智能手环市场调查问卷设计说明.docx）。

（3）输入问卷说明。打开问卷星网站，登录账号进入管理后台，单击 +创建问卷 按钮，再在打开的页面中输入问卷标题"智能手环市场调查"，单击 创建调查 按钮。打开问卷编辑页面，在"添加问卷说明"文本框中输入问卷说明，如图 2-8 所示。

图 2-8　输入问卷说明

（4）批量导入问卷题目。单击问卷说明下方的 批量添加题目 按钮，打开"批量添加"对话框，在左侧文本框中输入题目内容，参见"智能手环市场调查问卷题目.docx"文档（配套资源：\素材文件\项目二\智能手环市场调查问卷题目.docx），如图 2-9 所示。确认后，单击 确定导入 按钮，导入问卷题目。

图 2-9 批量导入问卷题目

（5）设置甄选题。选择设置第 5 题，单击下方的"跳题逻辑"超链接，打开"跳题逻辑"对话框，单击选中"按选项跳题"复选框，在"广告公司""电视台/电台/报纸/杂志等媒体机构""市场研究/咨询公司""产品研发/销售部门"这 4 个选项右侧的"跳转到"栏中均选择"跳到问卷末尾结束作答"选项，单击 确定 按钮，如图 2-10 所示。选择设置第 6 题，利用相同的操作方法，将"不了解"选项设置为"跳到问卷末尾结束作答"；选择第 11 题"您是否使用过智能手环"，将"否"选项设置为跳转到 14 题"您目前没有购买智能手环的原因是"，即第 11 题选择"否"选项后跳转至 14 题作答。

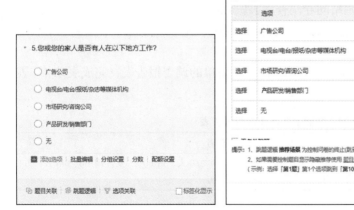

图 2-10 设置第 5 题的跳题逻辑

（6）设置多选题。选择第 9 题，在下方的"至少选"下拉列表中选择"1 项"选项，在"最多选"下拉列表中选择"3 项"选项，如图 2-11 所示。选择第 16 题，将"至少选"设置为"1 项"，"最多选"设置为"3 项"。

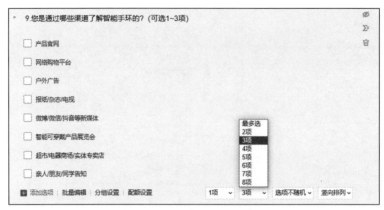

图 2-11 设置第 9 题的多选项

（7）发布问卷。完成问卷内容的设置后，单击问卷编辑页面右上角的 完成编辑 按钮，打开"设计问卷"的"设计向导"页面，在该页面中单击 发布此问卷 按钮，发布问卷，如图 2-12 所示。打开"发送问卷"页面，通过发送问卷链接和二维码的方式邀请调查对象参与问卷填写，或将问卷网页分享到微信朋友圈、QQ 空间或微博等。

图 2-12 发布问卷

（8）查看统计分析资料。完成网络问卷调查后，登录问卷星，在管理后台的问卷列表中，单击已发布问卷的"分析与下载"超链接，在打开的列表中选择对应的选项，查看和下载问卷数据的统计分析结果。

（9）制作调查报告表。整理统计分析结果，做一份简单的调查报告表，完成表 2-4（表格中的数据是虚构的，请根据实际调查情况填写）。

表 2-4 智能手环市场调查报告表

分析维度	分析说明
用户性别分布	如本次网络问卷调查，使用智能手环的男性用户共 210 人，占 60%，女性用户共 140 人，占 40%，使用智能手环的男性用户数高于女性用户数
用户年龄分布	
用户学历分布	
用户职业分布	

续表

分析维度	分析说明
用户的年收入情况	
用户感兴趣的休闲活动	
用户获取产品信息的渠道分布	
用户对智能手环的功能期望	
用户购买智能手环的渠道分布	
用户使用智能手环的品牌分布	
用户未购买智能手环的原因分布	
用户使用智能手环的价格分布	
影响用户购买产品的因素	

课后练习

1. 名词解释
（1）网络市场调查　　（2）网络营销环境　　（3）二手资料

2. 单项选择题
（1）开展营销时，了解出口国或地区颁布的有关进口限制、税收管制及外汇管理制度等政策，属于（　　）分析。

　　A．人口环境　　B．技术环境　　C．社会文化环境　　D．政治法律环境

（2）了解产品消费群体的基本特征，如消费者的年龄、性别、职业，是从（　　）的维度分析消费者的购买行为。

　　A．购买什么　　B．购买者是谁　　C．购买的渠道　　D．购买的频率

（3）容易受外界人群行为的影响，选择购买热度更高的产品，反映了消费者的（　　）心理。

　　A．从众　　B．好奇　　C．习惯　　D．个性和品牌

（4）（　　）属于网络市场间接调查。

 A．网上观察法　　　　　　　　B．网上实验法

 C．网络问卷调查法　　　　　　D．利用搜索引擎查找资料

（5）网络市场调查的最后一个阶段是（　　）。

 A．设计调查方案　B．实施调查　　C．得出调查结论　D．整理分析资料

3．操作题

（1）学生群体作为数量庞大、消费稳定、群体集中的一类消费群体，是任何手机厂商都不可忽视的一类细分市场。而随着中国智能手机市场的不断发展，手机潜在消费群体越来越"低龄化"。请通过网络市场间接调查进行学生手机市场调查（可选择在市场调研机构网站搜索相关调查报告获取资料），以了解青少年学生（15 岁及以上）的手机使用、购买情况，为手机厂商未来的手机生产、销售等提供参考。调查内容如下。

- 学生获取手机相关信息和购买手机的渠道。
- 学生使用的手机品牌及对各手机品牌的评价。
- 学生使用的手机的价格。
- 学生对手机促销方式的选择。
- 学生对手机质量、性能、功能、外观和售后服务的需求。

（2）根据第1题的调查内容设计问卷题目，通过问卷星制作网络问卷，并发布和分享网络问卷实施调查，通过调查结论佐证通过网络市场间接调查获取的学生手机市场资料。问卷参考"学生手机市场调查问卷.docx"文档（配套资源：\效果文件\项目二\学生手机市场调查问卷.docx）。

提示：通过网络市场间接调查获得的信息可作为设计问卷题目的参考资料。例如，针对"您从哪些渠道获取手机信息"的问题，通过网络市场间接调查得到的获取渠道包括电视广告、户外广告、社交媒体平台（如微信、微博）、短视频平台（如抖音、快手）、新闻资讯平台（如腾讯新闻、今日头条）、同学/朋友推荐及其他。那么，可将这些渠道作为该题的答案。

项目三

网络营销策划

课前自学

学习目标

- **知识目标：**
1. 了解网络营销策划的含义、原则与流程。
2. 掌握网站推广策划、节日营销策划与品牌营销策划的步骤。
3. 掌握网络营销策划书的基本结构、撰写流程及写作要领。

- **技能目标：**
1. 能初步进行网络营销的策划。
2. 能以网络营销策划书的形式呈现策划内容。

- **素质目标：**
1. 培养创新思维和团队协作能力。
2. 遵守法律法规和行业规范，树立良好的职业形象。

 引导案例　**某企业的网络营销策划方案**

一、项目背景

"萌宝优享"是一家专注于母婴产品研发和销售的新创企业，为了提升品牌知名度与美誉度、增加销售额，该公司决定在三八妇女节来临之际开展网络促销活动。

二、活动主题

美丽绽放，母爱无界。

三、目标群体

准妈妈、宝妈，以及关心母婴健康的消费者。

四、活动内容

（1）折扣促销：活动期间，全店母婴产品享受 8 折优惠。

（2）满赠促销：单笔消费满 300 元，赠送价值 68 元的母婴用品（如婴儿湿巾、安抚玩具等）。

（3）会员专享：会员在活动期间享受额外折扣或积分加倍。

（4）新品尝鲜：推出母婴新款产品，作为妇女节特惠产品，享受特别优惠价格。

（5）互动抽奖：在社交媒体平台（如微博、微信、抖音等）上发起互动活动，如晒单、分享使用心得等，参与者有机会赢取大奖（如价值较高的母婴产品、购物券等）。

（6）专家讲座：举办母婴健康在线讲座，邀请母婴健康专家在线分享育儿知识和产品使用技巧。讲座开展期间推出与讲座内容相关的优惠产品。

五、宣传推广策略

（1）搜索引擎优化：优化网站内容，提高搜索引擎排名，增加网站流量。

（2）会员通知：向注册会员发送活动邀请函和优惠信息，提醒他们参与活动。

（3）社交媒体推广：在各大社交媒体平台发布活动信息，利用短视频、图文等形式吸引用户关注。

六、活动流程安排

（1）前期准备（2025.2.15—2025.3.1）：确保产品库存充足，物流及时准确送达，网站、App 等在线销售平台系统稳定；制作活动海报、宣传视频、宣传文案等宣传物料。

（2）活动预热（2025.3.2—2025.3.4）：在社交媒体平台发布活动预告，引发用户关注和讨论；向注册会员发送活动邀请函和优惠信息；邀请母婴领域的知名达人进行产品试用，并分享使用体验，扩大宣传范围。

（3）活动开启（2025.3.5—2025.3.11）：在活动开始时间准时开启活动内容，确保用户能够顺利参与折扣促销、满赠促销、会员专享、新品尝鲜、互动抽奖、专家讲座等活动。同时，在活动期间要保持与用户的互动，在社交媒体平台发布活动进展、用户晒单、中奖信息等，提高活动曝光度。

（4）活动收尾（2025.3.12—2025.3.18）：进行订单处理和售后服务，分析活动期间的销售数据、用户参与度等数据，评估活动效果，总结活动经验和教训，为以后的营销活动提供参考。

思考

通过阅读上述案例，您认为网络营销策划有何意义？网络营销策划包含哪些内容？

📖**知识掌握**

任务一　了解网络营销策划

企业为确保顺利开展网络营销活动，井然有序地实施网络营销，达成营销目标，往往需要进行网络营销策划。本任务将了解网络营销策划的含义、原则和流程，以帮助大家对网络营销策划有清晰的认识。

（一）网络营销策划的含义

网络营销策划是指企业在特定的网络营销环境和条件下，为达到一定的营销目标而进行的策略思考和方案规划的过程。其主要目的是制订一个行之有效的营销策划方案，直接用于指导企业的网络营销实践。从现代管理角度出发，策划就是

网络营销策划的含义

计划，因此，简单来说，网络营销策划就是企业对开展网络营销活动所做的计划。"凡事预则立，不预则废"，有妥善的计划将增加成功的砝码。

（二）网络营销策划的原则

为通过网络营销策划达成营销目标，取得好的营销效果，企业可以遵循以下 3 项基本原则进行网络营销策划。

（1）经济性原则。究其根本，企业开展网络营销活动以盈利为最终目的，而网络营销策划和实施网络营销方案会消耗一定的资源。因此，网络营销策划应考虑最大化资源的利用效率，以花费较小的成本取得较大的收益。

（2）可行性原则。企业在进行网络营销策划时要确保网络营销方案是可以实行的，以便各部门相关人员依据营销方案开展行动，各司其职、协调配合，以达成营销目标。

（3）创新性原则。在互联网时代，网络营销以其高效、低成本的特点，成为各类企业开展市场营销活动竞相使用的重要手段。然而，要实现网络营销的最佳效果，需要不断优化、创新网络营销的方式方法，才能在竞争激烈的市场环境中脱颖而出、拔得头筹。

（三）网络营销策划的流程

网络营销策划是一个系统性的过程，需着眼全局，统筹规划。总体上，网络营销策划可以归纳为市场调查分析、设定营销目标和制订营销策划方案 3 个主要环节。

1. 市场调查分析

网络营销策划通常始于市场调查分析，市场调查分析的目的是收集、了解市场需求、企业现状、竞争状况、用户的特点和需求等方面的信息，为网络营销策划提供策划依据。例如，通过市场调查分析，了解市场需求和企业现状，从而设定具体、可衡量、可实现的营销目标；通过市场调查分析，了解用户对宣传推广平台、营销内容形式、产品特点、产品价格等的偏好，用于制订更有效的营销策略；通过市场调查分析获得各费用项目所要花费的金额，以准确预估费用等。

2. 设定营销目标

营销目标是企业期望达成的营销效果，对制订营销策划方案具有指导作用。

营销目标可分为定性目标和定量目标。定性目标是非数值化、非量化表示的目标，设定定性目标时可使用具体的文字描述，如"提高品牌知名度""提高品牌美誉度""提高客户满意度""提高用户忠诚度"等，设定定性目标可以明确营销策划的方向和重点。设定的定性目标通常需要通过市场调研、用户反馈等方式进行评估，如进行客户满意度调查，以评估是否能够达成"提高客户满意度"的目标。

定量目标是用具体数值来表示的目标，如"销售额达到 20 万元""吸引 10 万人观看直播""产品销量比上一个月提高 20%""企业销售额比上一个月提高 20%～40%"等，定量目标可以更具体地、更确切地衡量营销活动的效果和达成程度。

> **想一想：**
> 企业应该依据哪些因素设定定量目标？

在实际操作中，企业可以根据实际情况，设定一个营销目标，或设定多个目标并以一个目标为主，其他目标为辅。例如，设定"销售额提高 20%"为主要目标、设定"提高客户满意度"为次要目标，并在实际执行营销策划方案的过程中实时监测和评估销售额和客户满意度。这样一方面可以保证销售业绩的实现，另一方面也可以关注客户满意度，以利于企业的长远发展。

3. 制订营销策划方案

制订营销策划方案就是围绕营销目标，以市场信息为依据，规划企业营销活动实施方案的过程。营销策划方案是企业实施网络营销活动的行动纲领，其内容包括营销目标、营销策略、费用预算、工作进度安排等。当这些内容明确后，相关人员即可按照方案执行，并在营销活动进行的过程中监测各项数据指标，根据数据分析结果，评估营销活动的效果，以便及时调整和优化营销策略。

任务实训　　　　　　**拟定网络营销策划方案提纲**

某女装品牌为提高产品销量、品牌知名度和美誉度，计划在七夕节开展网络营销活动。在此之前，品牌准备先拟定网络营销策划方案的内容提纲。

【任务要求】

借助 AIGC 工具辅助拟定网络营销策划方案的内容提纲，简要说明策划方案包含的主体内容。

【操作提示】

（1）使用文心一言获取参考信息。打开文心一言主界面，输入相关指令，单击 按钮，获取策划方案的内容提纲，如图 3-1 所示。

> 某女装品牌为促进产品销量、提高品牌知名度和美誉度，计划在七夕节策划网络营销活动。为其撰写一份网络营销策划方案的内容提纲，简要描述该策划方案包含的主体内容。

图 3-1 输入指令获取网络营销策划方案的内容提纲

（2）整理策划方案内容提纲。整理归纳获取的内容，填写至下方的横线上。

① _____

② _____

③ _____

④ _____

⑤ _____

任务二　网络营销策划的应用

网络营销策划的应用

网络营销策划的应用场景非常丰富，涉及企业营销的诸多方面，如网站推广、节日营销、品牌营销、新品发布、促销推广、直播带货等。本任务主要介绍网站推广、节日营销和品牌营销 3 个应用场景下的营销策划，以此梳理网络营销策划的步骤、方法和技巧等。

（一）网站推广策划

网站推广，就是让尽可能多的用户了解并访问网站获得有关产品和服务的信息，进而为企业树立品牌形象、推广和销售产品和服务提供支持。网站推广策划即规划推广网站方案的过程。网站推广是一个较为复杂的项目，下面按照设定网站推广目标、制订网站推广策略、网站推广费用预算、工作进度安排等步骤进行网站推广策划的简要介绍。

1. 设定网站推广目标

网站推广目标可以归纳为增加网站的访问量、提高网站曝光度、增加网站的注册量、提高用户留存率、提高活跃用户数、提高网站转化率和提高品牌知名度这 7 个方面的内容。

不同时期、不同背景，网站推广的目标设定存在一定区别。

（1）网站成立初期。在网站成立初期，网站推广目标主要是增加网站的访问量。网站访问量是网站推广取得成果的基础，其主要衡量指标是访客数（Unique Visitor，UV）。企业可通过了解主要竞争对手网站的访问量，作为衡量标准设定具体的、可衡量的、可实现的推广目标，如"网站正式成立 1 个月后日均访客数达到 5000 人"。

（2）网站增长期。经过网站成立初期的推广，进入网站增长期后，网站不仅拥有一定的访问量，并且用户在网站中的注册、互动、购买等行为为推广目标的设定提供了丰富的参考数据。此时，推广目标应根据网站实际的运营状况而定，如若注册量较低，则需要提高注册量，若活跃用户数较少，则需要提高活跃用户数等。

（3）网站稳定期。网站进入稳定期后，网站运营的中心也从单纯的网站推广向注重用户的价值转换，其重点是由培养新用户转换到维护老用户，针对新用户和老用户提供差异化的服务，对网站及其提供的产品和服务进行针对性的推广。但进入网站稳定期后，并不意味着网站推广工作的结束，事实上，企业前期用于网站推广的一些年度费用仍在持续发挥作用。如果在网站稳定期，访问量没有维持在历史较高水平，甚至出现大量下滑，那么企业就需要根据统计数据找出问题，并调整网站推广策略，以期进入新的增长期。

> **专家点拨**
>
> 不管是自行开发，还是外包给专业服务商开发，企业在网站建设阶段就需要考虑优化网站设计等影响网站推广的因素，保证网站运行的稳定性、视觉效果的美观性、网站功能齐全性和便捷性等。

2. 制订网站推广策略

在网站成立初期，企业可在合理的预算费用下尝试应用各种推广手段，包括搜索引擎营销、友情交换链接、关联企业其他网站、社交媒体宣传、网络广告，或者打造网站良好的口碑进行口碑营销等，然后对比各种推广手段的推广效果，找到合适有效的推广手段。但不同推广手段的推广力度应依据目标用户而定，如网站目标用户活跃于社交媒体平台，可加大在社交媒体平台的推广力度。在网站增长期和稳定期，与网站成立初期的推广具有一定的盲目性相比，企业在网站推广方面已具有一定的经验，此时应分析网站推广效果的监控数据，从中找到有价值的信息，通过合适有效的推广手段，有针对性地推广网站。

3. 网站推广费用预算

费用预算是指企业为支出费用而做的成本预算。一般事先已规定预算，然后严格按预算执行，如果有超出，则需要审批。费用预算可以控制网站推广成本，优化资源配置，提高推广效果，并通过对比费用预算与实际支出，分析推广效果与预定目标的差距，为后续优化调整推广策略提供参考。

企业在进行费用预算时，应首先根据网站推广采用的推广手段列出涉及的费用支出项目，然后根据各推广渠道的市场价格设定各项目的预计费用，制作出费用预算表。表 3-1 所示为网站推广费用预算表的示例，供企业参考。

> **想一想：**
>
> 开展网络营销活动时为什么要拟定费用预算表？

表 3-1　网站推广费用预算表

推广手段	费用项目	费用说明	费用合计
搜索引擎营销	百度竞价排名	投入费用 20000 元/月，投放时间 1 个月	20000 元
内容营销	制作宣传海报	使用在线设计软件制作，会员年度费用 540 元	540 元
	撰写推广软文	外部作者撰写，每篇 500 元，共 8 篇	4000 元
网络广告	微博超级粉丝通广告投放	投入费用 10000 元，投放时间 1 个月	10000 元
	微信朋友圈广告投放	投入费用 10000 元，投放时间 1 个月	10000 元
	合计		44540 元

4. 工作进度安排

当明确网站推广手段和费用预算后，此时就形成了推广方案的雏形，为保证网站推广工作顺利进行，企业还需要进一步完善推广方案，安排工作进度，以确保推广方案的落实。企业进行工作进度安排，首先应明确营销活动的各个环节，然后明确每个环节的具体工作内容、时间进度与人员安排等。在进行人员安排时，既可以将工作内容分配至某个部门，由各部门负责人确定责任人，也可以直接指定各工作内容的负责人。表 3-2 所示为网站推广的工作进度表示例，其中，工作环节分为准备阶段和推广阶段，准备阶段的时间是正式推广的前一个月左右，推广周期为 1 个月。

表 3-2　网站推广工作进度表

准备阶段（2025 年 2 月 1 日—2 月 28 日）			
准备项目	工作内容	时间进度	负责人员
设计宣传海报	根据网站内容设计 2 张宣传海报	2 月 1 日—2 月 7 日	赵某、王某
撰写推广软文	撰写 2 篇用于推广网站的软文	2 月 8 日—2 月 15 日	
制作创意广告	制作 2 条创意广告，用于广告投放	2 月 16 日—2 月 23 日	
洽谈友情链接交换合作	从相关行业网站中寻找合作伙伴，申请免费的友情链接交换	2 月 1 日—2 月 28 日	周某、李某
推广阶段（2025 年 3 月 1 日—3 月 31 日）			
实施项目	工作内容	时间进度	负责人员
友情链接交换	完成友情链接交换	3 月 1 日	周某

续表

推广阶段（2025年3月1日—3月31日）			
实施项目	工作内容	时间进度	负责人员
搜索引擎营销	（1）开通百度的营销账户 （2）在百度中根据目标用户挖掘并确定关键词 （3）在百度中创建竞价排名推广计划	3月2日—3月5日	周某
网络广告	（1）在微博投放广告（包含1条创意广告），完成广告计划的创建，包括设置广告投放时间、地域、人群 （2）在微信朋友圈投放广告（包含1条创意广告），完成广告计划的创建，包括设置广告投放时间、地域、人群	3月1日—3月2日	赵某
内容营销	在社交媒体平台发布网站推广的图文信息，包含2篇推广软文、2张宣传海报	3月3日—3月5日	
效果监测和评估	监测推广数据，评估推广效果	3月1日—3月31日	周某、赵某

需要注意，在表3-2中完成竞价排名推广计划设置和广告投放后，企业根据推广效果监测的实际情况，后续可以更改竞价排名推广计划和广告投放策略。并且，实际中，在社交媒体平台发布的网站推广图文信息通常是持续性的，首轮发布结束后，后续图文信息的制作与发布需要根据推广效果而定。

> **素养课堂**
>
> 网络营销策划应严格遵守国家法律法规和行业规范，注意保护用户隐私和信息安全。

（二）节日营销策划

节日是用户购物的高峰期，也是企业间争夺的关键消费时间点。借助节日自带的高热度和巨大流量策划节日营销活动来促进产品销售和提升品牌形象是企业常用的营销手段。下面按照确定营销目标和主题、制订营销策略、节日营销费用预算、工作进度安排等步骤进行节日营销策划的简要介绍。

1. 确定营销目标和主题

相对而言，节日营销的目标较简单，可以归纳为以下3个方面的内容，企业可根据实际情况设定一个或多个目标。

（1）提高产品销售额。促进产品销售，提高产品销售额。

（2）提升品牌形象。提高品牌知名度和美誉度，塑造品牌形象。

（3）提高用户忠诚度。加强与用户的情感联系，提高用户忠诚度。

除了确定营销目标，对于策划节日营销而言，往往还需要设计符合节日氛围的营销活动主题。一个鲜明有趣、创意十足的主题能够迅速抓住目标人群的眼球，提升品牌形象，并且明确的主题可使营销活动聚焦主题中心思想展开，便于整合营销资源，提高营销效果。主题的设定应结合节日文化元素、节日氛围、营销活动和企业定位。例如，某电器品牌设计的端午节节日营销主题为"'粽'享端午情，家电焕新季"，某食品品牌设计的端午节节日营销主题为"'粽'情端午，味聚团圆"。

> **专家点拨**
>
> 在我国，可以进行节日营销的时间节点有很多，既包括元旦、春节、劳动节、端午节、儿童节、中秋节、七夕节、国庆节、教师节、重阳节等传统节日，也包括"6·18网络购物节""双十一网络购物节"等新兴节日。

2. 制订营销策略

确定营销目标和主题后，就可以以营销目标为导向，围绕营销主题，从产品策略、价格策略、渠道策略、宣传策略4个方面制订节日营销的营销策略。

（1）产品策略。节日营销中常用的产品策略包括：推出与节日应景、具有节日特色、符合营销主题的产品，如在七夕节推出情侣款或定制版的鞋包服饰、珠宝饰品、家居用品，以及花束、香薰、巧克力礼盒、香水、口红等符合七夕节节日需求的产品；与其他品牌进行跨界合作，推出联名产品，利用双方品牌的影响力共同开拓市场。

（2）价格策略。网络营销的价格策略多种多样。在节日营销中，对定制类产品可采用定制定价策略，对具有特殊价值的产品可采用特有产品特殊价格策略，另外，也可采用竞争导向定价策略，形成差异化的竞争优势。

（3）渠道策略。节日营销可综合采用网络直接营销渠道和网络间接营销渠道，既通过企业官方网站、企业在电商平台开设的直营网店等直接销售产品，又通过中间商销售产品。

（4）宣传策略。节日营销采用的线上宣传策略主要有活动促销、网络广告和事件营销等，从而进行品牌曝光、促进产品销售和提升品牌形象。

> **案例阅读** 思念食品的端午节节日营销
>
> 思念食品有限公司（以下简称"思念食品"）是国内大型速冻食品生产企业，其曾在端午节期间策划了一场以"思念就是家的味道"为主题的节日营销活动，主要分为两个阶段。
>
> 第一阶段，思念食品借助微博，以"家的味道是什么"为核心，制造悬念、调动网友展开有关家与家人的动情讨论。随后，思念食品对"家的味道是什么"解密，围绕"思念就是家的味道"这一主题，思念食品携手抖音美食与情感达人推出短视频，展示粽子的花样吃法、畅聊端午回忆，勾起网友的食欲，强势"种草"，"唤醒"网友的温暖感受，达成情感共鸣。同时，也通过微博持续传播"思念就是家的味道"的理念。该阶段，思念食品以品牌官方账号为中心，借助达人在传播中的关键节点作用，通过与网友互动强化端午节情感氛围，为思念食品端午节节日营销后续传播预热。
>
> 随着端午节临近，思念食品顺势进一步解密，围绕"为什么思念就是家的味道"

推出品牌广告短片，开启第二阶段的传播。短片洞察普通大众的真实生活，短片中，三位主人翁午休时在茶水间闲聊端午节期间和家人相处的趣事。长辈虽然闹出了各种令晚辈哭笑不得的事情，但无一不表达出他们对晚辈的疼爱与关怀。同时，短片中出现了粽子、香囊和咸鸭蛋这些经典的节日符号，成为家人表达思念的载体，贴近生活的表达使网友产生强烈的情感共鸣，进一步认可"思念就是家的味道"，这也使短片在社交媒体平台上得到广泛传播。

　　思考：（1）从案例材料中分析思念食品"思念就是家的味道"端午节节日营销的主要目的是什么？（2）思念食品采用了哪些宣传策略，各有何作用？

专家点拨

　　企业在开展节日营销活动的同时，也不能忽视线下的传统营销，可通过电视广告、户外媒体广告、宣传单、节日主题活动等营销策略作为企业开展网络营销活动的辅助手段。

3. 节日营销费用预算

　　企业在预估节日营销费用时，可以先根据节日营销策划方案列出涉及的费用支出项目，然后根据市场价格设定各项目的预计费用，制作出费用预算表。表 3-3 所示为节日营销费用预算表的示例。

表 3-3　节日营销费用预算表

费用项目	费用说明	费用合计
微博广告	投入费用 30000 元，投放时间 2 天	30000 元
微信朋友圈广告	投入费用 30000 元，投放时间 2 天	30000 元
转发微博抽奖奖品	奖品 100 份，每份 100 元	10000 元
分享微信朋友圈抽奖奖品	奖品 100 份，每份 100 元	10000 元
KOL 合作转发推文	1 个 KOL 的 1 条推文转发费用为 10000 元，合作人数 2 人	20000 元
宣传物料制作	使用在线设计软件制作，会员年度费用 480 元	480 元
合计		100480 元

4. 工作进度安排

　　企业对于工作进度的安排应先明确营销活动工作流程的各个阶段，然后明确每个阶段的具体工作内容、时间进度与人员安排等。表 3-4 所示为中秋节节日营销的工作进度表示例。其中，工作环节划分为 4 个阶段：活动准备阶段（活动宣传前一周：2024 年 9 月 5 日—2024 年 9 月 11 日）、活动宣传阶段（中秋节活动前两天：2024 年 9 月 12 日—2024 年 9 月 13 日）、活动进行阶段（中秋节前三天至中秋节后三天：2024 年 9 月 14 日—2024 年 9 月 20 日）、活动评估维护阶段（中秋节活动后一周：2024 年 9 月 21 日—2024 年 9 月 27 日）。

表 3-4　中秋节节日营销工作进度表

营销周期	2024 年 9 月 5 日—2024 年 9 月 27 日			
工作流程	工作内容	时间进度	负责部门	负责人
活动准备阶段	（1）设计制作活动宣传阶段所需的图文资料 （2）与达人洽谈合作事宜 （3）微博、企业微信账号管理	9 月 5 日—9 月 11 日	营销部	秦某
活动宣传阶段	（1）联合达人发布活动预热推文	9 月 12 日	营销部	秦某
	（2）发布活动预热微博，设置转发抽奖，并投放广告推广（每天发布 1 条微博）	9 月 12 日—9 月 13 日		
	（3）企业微信朋友圈发布活动预热信息，并设置分享朋友圈抽奖（每天发布 1 条图文信息）	9 月 12 日—9 月 13 日		
活动进行阶段	（1）启动中秋节会员专享优惠、买一送一、满额赠礼等促销活动	9 月 14 日	营销部	秦某
	（2）活动进行期间继续开展转发微博抽奖活动、分享朋友圈抽奖活动	9 月 14 日—9 月 20 日		
活动评估维护阶段	（1）监测和分析销售数据，评估中秋节营销活动的效果 （2）回访参与活动的用户，提升其满意度和忠诚度 （3）总结中秋节营销活动的经验和教训，为后续的营销活动提供参考	9 月 21 日—9 月 27 日	营销部	秦某

素养课堂

　　不管是网站推广还是节日营销，都会涉及文案撰写、海报设计、视频制作、社交媒体账号管理、数据监测、营销活动复盘等多种工作，各种工作相互交叉、相辅相成，十分讲究团队间的配合。为确保营销活动的顺利进行，营销人员应增强团队协作意识，加强团队合作与沟通，共同推进网络营销工作的顺利进行。

（三）品牌营销策划

　　品牌营销是指企业在市场上建立、推广和管理其品牌形象的一系列活动，旨在提高品牌知名度、美誉度和竞争力，进而促进企业产品或服务的销售。品牌营销策划是一项系统化的工程，下面从品牌定位、品牌形象塑造、品牌传播 3 个维度介绍品牌营销策划的具体内容。

1. 品牌定位

　　品牌定位是建立与目标市场对接的品牌形象的过程和结果，它是企业市场定位的集中表现，也决定着品牌在用户心中的形象。品牌定位的方法主要有以下 5 种。

　　（1）概念定位。概念定位是指对某个现象、说法下定义，以形成一个概念，抢占用户的认知。例如，脑白金的"今年过节不收礼，收礼只收脑白金"、百事可乐的"新一代的选择"都是以概念进行品牌定位。

想一想：

　　步云轩是一个运动鞋品牌，该品牌产品面向 18～35 岁、喜欢运动和健身、追求时尚和个性的青年用户。该品牌可通过哪些方法进行品牌定位？请用一句话简单描述。

（2）功能定位。功能定位是指通过强调产品能满足用户的某种诉求以及产品的某种重要功效来进行品牌定位。例如，同样是洗发水品牌，飘柔的品牌定位是"柔顺"；海飞丝的品牌定位是"去屑"，潘婷的品牌定位是"健康亮泽"。

（3）档次定位。不同档次的品牌带给用户不同的心理感受和情感体验，常用于高档品牌的定位。高档品牌被赋予很强的表现意义和象征意义，如劳力士的"劳力士从来没有改变世界，而是把它留给戴它的人"、江诗丹顿的"你可以轻易地拥有时间，但无法轻易地拥有江诗丹顿"，给用户带来一种精神上的高端体验。

（4）理念定位。理念定位是指使用企业具有鲜明特点的核心理念作为品牌定位的诉求点。例如，抖音以"记录美好生活"这一理念进行品牌定位。

（5）人群定位。人群定位是指以品牌产品的目标用户为诉求对象进行品牌定位。例如，海澜之家的"男人的衣橱"，以目标用户为出发点，将品牌与用户连接起来，可以增加用户的归属感。

2. 品牌形象塑造

品牌形象是指公众对品牌所形成的总体感知及看法。塑造良好的品牌形象可以给用户留下深刻的印象和好感。

品牌形象内涵丰富，包含理念识别系统（Mind Identity System，MIS）、行为识别系统（Behavior Identity System，BIS）、视觉识别系统（Visual Identity System，VIS）3个组成部分。

（1）理念识别系统（MIS）。MIS是企业为增强竞争力、提升品牌形象而构建的一种价值观体系，它为企业的发展提供了方向和指导，是企业内部员工和外部公众对企业理念的共同认知。MIS属于企业文化的意识形态范畴，包括企业宗旨（或企业使命、愿景）、企业精神和经营理念等要素，这些可以通过口号、守则、座右铭以及企业高层的精神讲话等传达。

（2）行为识别系统（BIS）。BIS是企业在实际经营过程中，为体现企业理念，对企业行为、员工操作行为构建的一套系统化、标准化、规范化的行为管理体系。BIS是以明确而完善的企业理念为核心，显现到企业内部的制度、管理、教育和企业外部的产品规划、服务活动和营销活动等行为，它的具体表现可以是回馈社会的公益活动、员工在企业经营活动中的行为规范等。

（3）视觉识别系统（VIS）。VIS是企业品牌形象的视觉传递形式，它是在MIS和BIS的基础上，将企业经营理念、行为规范、服务内容等抽象语义转换为具体视觉符号（非语言符号，借助视觉进行传播的符号），如企业品牌的名称、口号、标志（Logo）、标准字、标准色、象征图案等，通过设计这些视觉符号的形象（如字体、颜色、形状、图案设计），并规范应用到企业的各个方面，实现视觉形象的统一和规范化。VIS是企业品牌形象最直接的表达，一个优秀的VIS可以使人们快速理解企业品牌希望传递的信息。例如，饿了么的Logo（如图3-2所示）设计采用极简风格，代表饿了么"让生活更简单，更开心"的企业愿景。Logo中的"e"字图标稍微向上倾斜，为57°斜角，谐音"我吃"，传递了饿了么的核心服务内容。饿了么的标准色则采用蓝色系，包括Logo底色、外卖员服装、送餐装备的颜色等，蓝色象征高科技、高质量，给人可靠、值得信赖的感受。

图3-2 饿了么Logo

综上所述，MIS、BIS、VIS共同作用形成统一的品牌形象。三者中，MIS居于核心地位，具有导向作用，然后是 BIS、VIS，因此，品牌形象的塑造应先从 MIS 开始，然后设计 BIS，再在 MIS 和 BIS 的基础上设计 VIS。

📖案例阅读　　　　　李宁的品牌形象塑造

李宁是中国著名的运动品牌，秉承"以体育精神服务大众"的价值观，形成"用运动点燃激情"的品牌形象。李宁通过规范员工行为、培养员工团队精神和策划公关活动等手段打造 BIS。

（1）规范员工行为：包括员工仪容仪表规范（如衣着整洁得体，妆容不宜过浓，保持良好的精神状态）、行为规范（如遵守公司各项规章制度）等。

（2）培养员工团队精神：李宁品牌崇尚团队精神，强调一个团队的实力取决于其成员的凝聚力。这种团队精神也体现在李宁品牌的推广和营销策略中，通过团队合作实现品牌价值的最大化。

（3）策划公关活动：策划和组织各类公关活动，如赞助体育赛事、支持青少年体育发展、举办公益活动等，展现企业的社会责任感，提升品牌形象。

在 VIS 方面，李宁通过一系列精心设计的视觉元素，成功提高品牌识别度。

（1）标志设计：李宁品牌的标志采用简洁的"L"大写字母变形设计，这一设计元素既代表公司名字中的"李"，也体现运动与力量的结合。流畅的线条传递出动感与活力，象征着李宁品牌追求运动、进取的精神。

（2）色彩运用：李宁品牌的标准色以红色为主，广泛应用于各种视觉元素中，如标志、海报、广告等。红色不仅符合中国人的审美习惯，也与体育运动的激情、活力和进取精神相契合。

（3）包装设计：李宁一直以来都秉承着创新的精神，在包装设计方面也不例外。李宁的包装设计不断引入新的元素和技术，以满足用户的需求和时尚潮流。例如，李宁在包装设计中融入可持续发展的理念，采用环保材料和可回收包装，体现品牌的社会责任感。此外，李宁还注重与艺术家和设计师的合作，通过他们的创意和想法，为包装设计注入更多的艺术元素和时尚感。

思考：（1）李宁从哪些方面塑造了独特而富有吸引力的品牌形象？（2）李宁品牌形象塑造的成功有何借鉴意义？

---

3. 品牌传播

品牌定位、品牌形象塑造和品牌传播环环相扣、相互影响。所谓"酒香也怕巷子深"，品牌传播过程中的一系列策略既影响品牌形象的塑造，又对品牌形象的传播起到至关重要的作用。

企业进行品牌传播的主要方式是站点推广、广告宣传和公关传播。

（1）站点推广。企业可通过官方网站、App、社交媒体账号、在电商平台开设的直营店等直接展示、传递企业宗旨、文化内涵、品牌故事、品牌口号及品牌形象视觉符号等。

（2）广告宣传。一直以来，广告宣传都是品牌传播的基本方式，企业除了通过微信、微博、抖音等网络平台投放品牌广告，还可通过传统媒体广告促进品牌传播，如电视广告、户外媒体广告，以及报刊广告。

（3）公关传播。企业可通过新闻报道、事件营销、口碑营销、危机公关等网络公关手段进行品牌传播策划。例如，采集有益于企业的信息，借新闻媒体之手报道出来，传播品牌形象；开展公益活动，如为贫困地区捐赠衣服、书籍、食品等，提升品牌形象。

📖**案例阅读**　　　　**饿了么"改名营销"**

近几年，饿了么频繁更换品牌口号，从"叫外卖，上饿了么""饿了，就要饿了么"，到"饿不饿，都上饿了么""好而不贵，有滋有味"，再到"爱什么，来什么"。品牌口号改变的背后，是饿了么根据自身的发展、市场的发展趋势、用户群体的需求变化来不断调整品牌定位。

虽然饿了么为准确调整品牌定位，频繁更换品牌口号，但大众对饿了么品牌口号的变更并没有太大的感触，多数人对饿了么的品牌认知依旧是餐饮外卖平台。想要重塑大众对饿了么的品牌认知，饿了么需要做出有足够冲击力的改变。为此，饿了么策划了"改名营销"活动：在线上，饿了么发布了"饿了么改了一万个名字"的微博话题，并推出同名视频广告、宣传海报（见图3-3），通过一系列问题呼应"饿了么改了一万个名字"这一主题，非常有感染力；在线下，饿了么推出地铁站平面广告（见图3-4），醒目的"××了么"的句式，吸引不少人驻足拍照，进一步提升话题热度，增加了品牌的曝光量。同时，饿了么还为上海上万名外卖员定制印有"××了么"的服装（见图3-5），对应地回答饿了么可以根据用户的不同需求配送不同的物品，不仅引起大众的积极互动，还宣传了饿了么的配送业务范围之大。

图3-4　饿了么"改名营销"地铁站平面广告

图3-3　饿了么"改名营销"宣传海报　　　　图3-5　饿了么外卖员定制服装

饿了么"改名营销"活动一经推出便引发热议，实现了营销创意和营销目标的高度契合，让用户很容易意识到"饿了么什么都可以送"，继而建立起对饿了么的全新品牌认知。

　　思考：（1）饿了么"改名营销"向公众传递了什么信息？（2）饿了么通过什么样的方式来改变公众对它的品牌认知？

任务实训　　　　　**策划味聚缘中秋节网络营销策划方案**

　　味聚缘是一家生产和销售坚果类、烘焙类、休闲类食品的食品公司，中秋节即将来临，为增加产品销售额，提高品牌知名度，味聚缘拟配合天猫旗舰店、企业官方微博、企业微信等资源，以网络营销为主要手段策划中秋节节日营销活动。

　　【任务要求】

　　（1）使用AIGC工具辅助进行网络营销策划。

　　（2）策划方案应明确网络营销的目标和主题、网络营销策略、费用预算和工作进度安排等内容。

　　（3）费用预算设定不超过20万元。

　　【操作提示】

　　（1）使用文心一言获取参考信息。打开文心一言主界面，在输入框中输入相关指令，如输入项目背景并要求其撰写策划方案包含的内容，单击●按钮，生成策划方案的内容框架和设计思路，如图3-6所示。

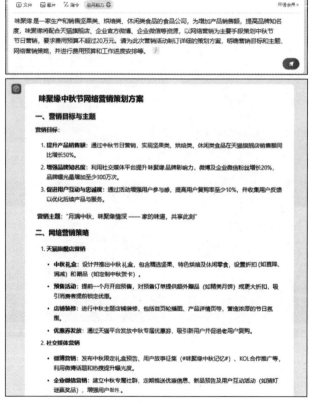

图3-6　输入指令获取内容框架和设计思路

（2）根据项目背景完善策划方案内容。将生成的内容无格式粘贴到 Word 文档中保存，优化调整内容。例如，将图 3-6 中的营销主题修改为"月满中秋，味聚团圆——味聚缘与您共赏美好时光"，使主题融合品牌名称、体现品牌特点的同时朗朗上口。虽然方案策划是很灵活的，但需注意制订营销策略和进行费用预算、工作进度安排是环环相扣的，应保证三者之间逻辑清晰、合理，选择应用哪些营销策略，就要根据这些营销策略选择的渠道、方式进行费用预算，再规划工作流程。策划方案参考"中秋节网络营销策划方案.docx"（配套资源：\效果文件\项目三\中秋节网络营销策划方案.docx）。

任务三 撰写网络营销策划书

在网络营销策划形成具体的策划方案后，企业通常需要将策划方案以书面形式呈现，这就需要撰写网络营销策划书，以呈报给决策者查看。本任务主要了解网络营销策划书的结构、撰写流程和写作要领。

（一）网络营销策划书的结构

根据网络营销活动类型与营销需求的不同，营销策划方案会有一定的区别，而营销策划书的内容和格式也会存在差异。但从网络营销策划活动的一般规律上看，网络营销策划书的内容编排和格式编制具有共同性或相似性，其结构一般都包括封面、前言、目录、正文、结束语等部分。

1. 封面

封面通常单独占一张页面，位于策划书的首页，决定了阅读者对策划书的第一印象，良好的封面视觉效果可以给阅读者留下深刻的印象，建立起对策划书的整体良好形象。通常，封面需要提供以下信息。

（1）策划书的名称。策划书的名称是对策划主题的简要说明，应该遵循简洁、准确的原则，让人一目了然，能快速获取信息。此外，为更好地突出策划的主题或目的，还可以添加副标题。

（2）策划者或策划机构的名称。封面上要明确写出策划书的策划人，其位置一般位于封面的底部。策划者有多个时，应并列写出多个策划者，若策划者为机构，应写出该机构的全称。

（3）策划时间。时间段的不同可能导致市场情况、营销效果等不同，因此策划书上要写出明确的策划时间，一般以正式提交策划书的日期为准。

例如，图 3-7 所示为《××网站成立初期推广策划书》的封面示例，封面的主体内容包括策划书的名称、策划机构的名称及策划时间。策划书封面的格式并没有固定的要求，在保证提供以上信息的基础上可做出适当调整，如有的封面上会添加制作策划书企业的 Logo，有的会同时列出策划者和其所属的策划机构。另外，策划者也可以对策划书的封面进行个性化设计，使其更加美观。

××网站成立初期推广

策

划

书

策划部门：A公司营销部
时间：2025-1-30

图3-7　网站推广策划书封面示例

2. 前言

前言又称引言，一般位于目录之前，类似于写在书前或文章前面的序言或导言，用简短的文字介绍策划书的写作背景和目的，起引导作用。例如，《××网站成立初期推广策划书》的前言示例如下。

随着互联网的飞速发展，网站作为企业或个人品牌宣传、信息发布、服务提供的重要窗口，其影响力日益凸显。为此，生产和销售个性化定制饰品的A公司，特地建立一个具备网上交易功能的网站来宣传和销售公司产品。该网站预定于2025年3月1日正式上线。本策划书旨在指导A公司××网站成立初期的运营，以确保网站能够迅速吸引目标用户，提高知名度，进而实现长期稳定的用户增长和品牌影响力提升。

3. 目录

策划书的内容和页数较多时，应在目录中列出策划书的全部章节的标题及其对应页码，以便阅读者了解策划书的大体内容结构，并快速查找对应的信息。图3-8所示为《××网站成立初期推广策划书》的目录示例。

目　录

图3-8　网站推广策划书目录示例

4. 正文

策划书的正文是对营销策划方案的具体描述，也是营销策划方案的主要部分。虽然不同类型的营销策划方案，其正文包含的内容有所差异，但大体可以从以下6个方面进行构思。

（1）营销目标。对网络营销所要达到的目标的描述。

（2）市场分析。对当前市场状况及市场前景分析、竞争对手分析、消费者分析、产品市场的影响因素分析等内容的描述，为制订营销策略、行动方案等提供决策依据。

（3）营销策略。对营销策划方案中所采用的营销策略的描述。

（4）费用预算。对营销策划方案费用预算的描述。

（5）行动方案。对工作进度及人员安排的描述。

（6）方案控制。对营销过程中可能出现的问题提出解决方案，如预算超支的解决办法、舆情控制等。

图 3-9 所示为《××网站成立初期推广策划书》的正文示例，详情参见"网站成立初期推广策划书.docx"（配套资源：\效果文件\项目三\网站成立初期推广策划书.docx）。

一、推广目标

由于网站刚成立，处于网站成立初期，网站本身缺乏知名度，因此本次网站推广的主要目标是吸引消费者对该网站的关注，提高网站访问量，提高企业品牌的知名度和影响力。

二、市场分析

1. 市场概况

随着消费者对个性化、独特性的追求日益增强，定制饰品的市场需求不断增加。根据市场调研数据，定制饰品市场的规模在过去几年间快速增长，并有望继续保持快速增长。

2. 市场竞争格局

定制饰品市场存在较激烈的竞争。传统珠宝品牌纷纷推出定制服务以吸引更多的消费者，同时一些新兴的定制饰品品牌也涌现出来，它们通过创新的设计和个性化的服务吸引了一大批忠实消费者。为适应竞争激烈的市场环境，品牌需要不断创新和提高服务质量以保持竞争优势，同时关注环保和可持续发展等社会议题，以满足消费者的多元化需求。

3. 目标消费者分析

消费者对个性化、独特性的追求是定制饰品市场快速增长的主要驱动力。经分析得知，定制饰品的目标消费者主要是 18 岁~35 岁的年轻女性消费者，男性消费者对定制饰品的需求也在逐渐增加，这些消费者有一定的经济实力，追求时尚和个性化的生活方式，重视饰品的外观、款式和品质。他们多选择在线上购买定制饰品，方便快捷，并注重购买过程中的服务和体验。另外，部分消费者有特定的场合需求，如婚礼、节庆、生日等以赠送亲友、伴侣等。

三、推广策略

在网站成立初期，尽可能尝试应用各种手段进行网站推广，找到合适的、有效的方法。

（1）搜索引擎营销。向百度、360 等搜索引擎推交企业的网站，使搜索引擎收录网站，并根据消费者的特点和需求，进行搜索引擎优化和搜索引擎营销。

（2）口碑营销。通过注册抽奖、赠送优惠券等促销方式，吸引消费者关注、访问网站或产生购买行为，并以此打造网站良好的口碑，使消费者的口碑相传，达到网站推广的目的。

（3）内容营销。撰写定制饰品的选选、搭配等相关知识的软文，设计与定制饰品相关的图文资料或宣传海报，拍摄与定制饰品相关的短视频等，形成有价值的内容，在微博、微信、抖音上发布吸引目标消费者关注。

（4）网络广告。配合企业的促销活动，在微博、微信等平台上投放广告吸引目标消费者的关注。（5）交换友情链接。寻找合作伙伴建立合作关系进行网站链接交换。

四、费用预算

为控制网站推广成本，减少资金浪费，并合理配置人力、财力、物力资源，提高推广效果，特制订费用预算表，如表 1 所示。

表 1　网站成立初期推广预算表

推广手段	费用项目	单价	数量	总计
搜索引擎营销	百度竞价排名	8000元/月	3个月	24000元
	搜狗竞价排名	5000元/月	3个月	15000元
口碑营销	注册抽送奖品	一等奖、100元/个	300个	30000元
		二等奖、20元/个	600个	12000元
	产品优惠券	5元/张	3000张	15000元
		10元/张	1000张	10000元
		20元/张	500张	10000元
内容营销	使用在线设计软件制作宣传海报	480元/年	1年	480元
	撰写推广软文	2000元/篇	6篇	12000元
网络广告	微博超级粉丝通广告投放	10000元/月	3个月	30000元
	微信朋友圈广告投放	10000元/月	3个月	30000元
				188480元

图 3-9　网站推广策划书正文示例

5. 结束语

结束语用于归纳总结整个策划书，以突出策划要点，并与前文相呼应。例如，《××网站成立初期推广策划书》的结束语示例如下。

本策划书为 A 公司××网站成立初期的推广制订了全面、系统的推广方案，旨在通过搜索引擎推广、口碑营销、内容营销等多种手段，迅速提升网站的知名度和影响力，吸引目标消费者，实现长期稳定的消费者增长和品牌影响力提升。同时，本策划书还详细列出了费用预算和工作进度安排，确保推广活动的顺利进行。

（二）撰写网络营销策划书的流程

撰写网络营销策划书一般涉及确定策划书的主题、拟定提纲、撰写成文和修改定稿 4 个阶段。

（1）确定策划书的主题。通常，网络营销策划的主题就是策划书的主题，如在节日营销策划中，针对中秋节策划微信营销活动，策划书的主题可以定为《中秋节微信营销策划》；进行品牌营销策划，策划书的主题可以定为《××品牌营销策划》。

（2）拟定提纲。拟定提纲是在信息收集整理的基础上，将策划书的主要内容，以大纲的形式罗列。提纲是策划书的框架，应条理清晰、层次分明，可先列出策划书的章节，再列出各章节要表述的主要观点。

（3）撰写成文。根据已经确定的策划书主题和提纲，撰写策划书。

（4）修改定稿。修改定稿即修改和审定撰写好的策划书初稿，确保策划书观点明确、言之有理、表达准确及逻辑合理。修改定稿后，策划书就可以提交给决策者。

（三）网络营销策划书的写作要领

写出有特色、优秀的策划书，需要一定的要领。网络营销策划书的写作要领主要有以下4项。

（1）思路清晰，结构合理。策划书是一份书面文档，涵盖市场分析、策略组合等诸多内容，企业应保证这些内容结构合理、逻辑清晰，确保策划书的可行性。

（2）中心明确，重点突出。策划书的写作应围绕中心（即策划目的），确保重点突出、主题鲜明。例如，某企业要开拓新品市场，可以以提升产品知名度为策划书的中心，并结合多种营销手段来达成该目的，如投放广告、开展促销活动、加大推广力度等。

（3）应用图表，深入分析。与文字相比，图表更加直观、精练，能够给人留下更加深刻的印象。图表在策划书中主要起辅助说明的作用，常以比较分析、概况归纳、辅助说明等形式出现，以帮助决策者理解策划书的内容。为方便理解，图表还应配有必要的分析说明。

（4）注意细节，提升质量。营销策划书的质量直接影响着决策者对它的整体印象，因此一定要注意细节，文中不能出现错别字、漏字、语句不通顺等问题。同时，企业名称、专业术语等不能出错，否则容易给决策者留下知识水平不高的负面印象。

任务实训　　　　　　　**撰写味聚缘中秋节网络营销策划书**

根据味聚缘中秋节网络营销策划方案，撰写策划书。

【任务要求】

（1）使用 AIGC 工具辅助撰写策划书。

（2）完善味聚缘中秋节网络营销策划书，在策划书中添加前言、市场分析和方案总结等内容。

（3）使用 Word 编辑策划书，通过表格展示费用预算与工作进度安排，并设计目录和封面。

【操作提示】

（1）在文心一言中上传文档。打开文心一言主界面，在输入框中单击文件按钮⑬，打开"打开"对话框，选择之前保存的中秋节网络营销策划方案，单击 打开(O) 按钮，上传文档。

（2）输入指令。上传文档后，在输入框中输入相关指令，如"根据上传的文档，撰写味聚缘中秋节网络营销策划书，内容包括前言、市场分析、营销主题和目标、费用预算和工作进度安排、方案总结等。"如图 3-10 所示。

图 3-10　输入指令

（3）生成策划书。单击⑬按钮，生成策划书的内容，如图 3-11 所示。

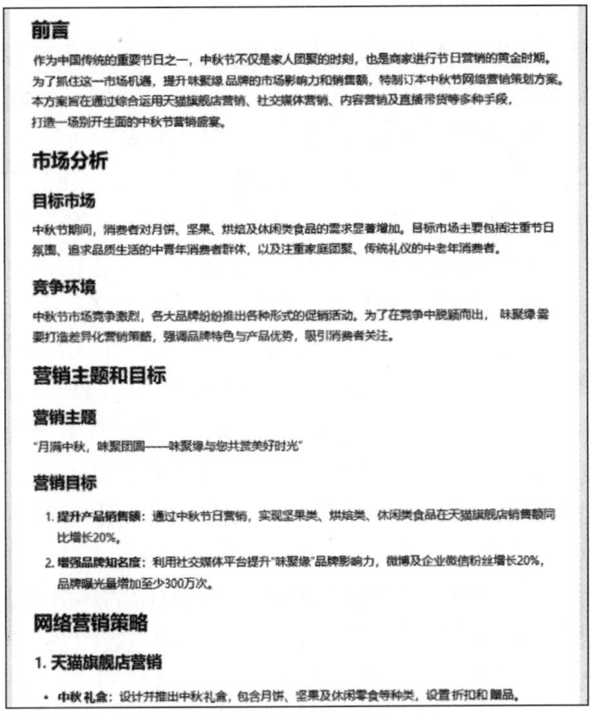

前言

作为中国传统的重要节日之一，中秋节不仅是家人团聚的时刻，也是商家进行节日营销的黄金时期。为了抓住这一市场机遇，提升味聚缘品牌的市场影响力和销售额，特制订本中秋节网络营销策划方案。本方案旨在通过综合运用天猫旗舰店营销、社交媒体营销、内容营销及直播带货等多种手段，打造一场别开生面的中秋节营销盛宴。

市场分析

目标市场

中秋节期间，消费者对月饼、坚果、烘焙及休闲类食品的需求显著增加。目标市场主要包括注重节日氛围、追求品质生活的中青年消费者群体，以及注重家庭团聚、传统礼仪的中老年消费者。

竞争环境

中秋节市场竞争激烈，各大品牌纷纷推出各种形式的促销活动。为了在竞争中脱颖而出，味聚缘需要打造差异化营销策略，强调品牌特色与产品优势，吸引消费者关注。

营销主题和目标

营销主题

"月满中秋，味聚团圆——味聚缘与您共赏美好时光"

营销目标

1. **提升产品销售额**：通过中秋节日营销，实现坚果类、烘焙类、休闲类食品在天猫旗舰店销售额同比增长20%。
2. **增强品牌知名度**：利用社交媒体平台提升"味聚缘"品牌影响力，微博及企业微信粉丝增长20%，品牌曝光量增加至少300万次。

网络营销策略

1. 天猫旗舰店营销

- **中秋礼盒**：设计并推出中秋礼盒，包含月饼、坚果及休闲零食等种类，设置折扣和赠品。

图 3-11　味聚缘中秋节网络营销策划书的内容

（4）使用 Word 编辑策划书。将文心一言生成的策划书内容复制到 Word 文档中，优化调整内容后，制作费用预算表与工作进度表，设置字体和段落格式，并设置目录和封面。策划书效果参考“味聚缘中秋节网络营销策划书.docx”（配套资源：\效果文件\项目三\味聚缘中秋节网络营销策划书.docx）。

🕮实训练习

项目实训

实训一　品牌形象策划与推广

1. 实训背景

某新兴品牌旗下的酸奶产品注重原料的选择，使用来自优质牧场的鲜奶，在制作工艺上精细又独特，同时产品具有丰富的营养价值。为将品牌打造为高端酸奶品牌，将高品质、高品位、高标准的品牌形象传递给注重生活品质和健康饮食的目标用户，该品牌计划围绕品牌形象进行策划推广。

2. 实训要求

（1）通过品牌命名和设定品牌口号，准确反映该酸奶品牌的定位，塑造用户的品牌认知。

（2）通过 Logo 设计、包装设计等，进行品牌形象策划。

（3）制订品牌传播策略。

3. 实训思路

（1）品牌命名和设定品牌口号。为酸奶品牌取名时，需要考虑品牌的定位、产品特色、目标用户等因素。该品牌主攻高端市场，定位为"高端酸奶品牌"，酸奶产品的特点是"原料来自优质牧场""制作工艺精细又独特"，目标用户是"追求生活品质和健康饮食"的人群。为品牌取名时可综合运用"档次定位"和"情感定位"的方法，使品牌名称显得高雅并体现产品特色，如"悠酪坊"，"悠"代表悠闲、舒适的生活状态，"酪"代表乳制品，直接指向产品属性，"坊"则给人一种古色古香、采用传统工艺制作的感觉，传达产品的高品质和自然风味。在设计品牌口号时，仍需要考虑品牌的定位、产品特色、目标用户等因素，因此，可在品牌名称"悠酪坊"上进行拓展，如"悠酪之坊，尊享自然醇香"，该品牌口号直接引用品牌名，同时强调产品源自自然、醇香四溢的高端品质，让用户感受到品牌的独特魅力，或者更直白地彰显品牌的高端定位，如"悠酪坊，每一口都是尊贵之选"。

（2）品牌形象策划。Logo 和包装是展示酸奶品牌形象的重要元素。设计 Logo 时，可直接使用品牌名称，也可融入奶牛、牛奶、草原等自然元素，可采用的颜色有黑、白、绿、蓝等，黑白色源自奶牛，绿色源自草原，蓝色源自天空。设计包装时，一方面可使用高端材质凸显品牌的高端定位，如采用环保、质感上乘的包装材料，如可降解的环保纸盒或玻璃瓶，提升产品的物理触感与视觉档次。另一方面可设计简洁而不失高雅的包装图案，包括融入自然元素（如奶牛、牛奶、草原）、Logo 及独特工艺图标（如作坊、手工场景），彰显产品的独特性与高端感。例如，定位为"高档佐餐饮品"的酸奶品牌卡士，结合产品特色"欧洲酸奶的菌种、工艺更好"，以"一辆马士提夫犬拉着的送奶车，将高山

牧场的鲜奶送至贵族家中"的版画为原型，手绘了一幅马士提夫犬运送新鲜牛奶的场景图案，作为卡士的品牌形象标识，通过差异化的包装彰显卡士品牌高端的形象。图 3-12 所示为卡士品牌的包装。

图 3-12　卡士品牌的包装

（3）品牌传播策划。要将品牌形象传达给用户，需要采取一定的传播策略。就酸奶产品来说，可以通过免费试吃、免费捐赠、抽奖赠送、新品发布等活动进行品牌传播，并借助微博、微信等社交媒体平台提升传播效果。具体策略参考如下。

- **KOL 合作推广**。与健康饮食领域的 KOL 合作，通过他们的亲身体验和分享，传递品牌的高端形象与产品优势。
- **内容营销**。利用微博、微信、抖音等社交媒体平台，发布高质量的营销内容，如品牌故事、产品制作过程、用户评价等，增强品牌与用户的互动与黏性。
- **活动体验**。举办品鉴会、健康讲座、牧场探访等活动，让用户近距离感受品牌的魅力与产品的独特之处。
- **合作伙伴推广**。与相关机构合作，如健身房、美容院等，进行联合促销活动。例如，用户在合作机构消费后，可获得本品牌酸奶的赠品或消费券等，这可进一步提高品牌知名度和影响力。

实训二　促销活动策划

1. 实训背景

智辉电器是一个主要销售燃气灶、抽油烟机、电饭煲、电磁炉、微波炉、电烤箱、洗碗

机、电热水壶、榨汁机等厨房电器产品的电器品牌。该品牌计划整合企业官方网站、企业微博、微信公众号和电商平台旗舰店的资源，在"双十一"期间开展促销活动，以提高品牌知名度、产品销量和销售额。该品牌将以"双十一"为时间节点，策划节日促销活动方案。

2. 实训要求

（1）使用 AIGC 工具获取智辉电器"双十一"促销活动方案的内容框架和创意思路。

（2）根据 AIGC 工具获取的内容，从活动主题、活动目标、活动时间、促销手段、宣传策略等方面策划促销活动方案。

（3）根据策划方案通过 Word 编辑策划书，要求设置标题格式、制作目录和封面等，使策划书规范整洁。

3. 实训思路

（1）使用文心一言获取策划方案内容。在文心一言（或其他 AIGC 工具）中输入指令，如"智辉电器是一个主要销售燃气灶、抽油烟机、电饭煲等厨房电器产品的电器品牌。该品牌计划整合企业官方网站、企业微博、微信公众号和电商平台旗舰店的资源，在'双十一'期间开展促销活动，以提高品牌知名度和产品销售额。请为该品牌策划节日促销活动方案。"如图 3-13 所示，以生成促销活动策划方案的内容框架和创意思路。

智辉电器是一个主要销售燃气灶、抽油烟机、电饭煲等厨房电器产品的电器品牌。该品牌计划整合企业官方网站、企业微博、微信公众号和电商平台旗舰店的资源，在"双十一"期间开展促销活动，以提高品牌知名度和产品销售额。请为该品牌策划节日促销活动方案。

图 3-13　输入生成策划方案的指令

（2）明确促销活动策划方案内容。将文心一言生成的内容复制到 Word 文档中，优化调整内容，明确活动主题、活动目标、活动时间、促销手段、宣传策略等，完成后的效果参考"促销活动策划方案.docx"（配套资源：\效果文件\项目三\促销活动策划方案.docx）。

（3）使用文心一言生成策划书。在文心一言中上传"促销活动策划方案.docx"文档，输入指令如"根据上传的文档，撰写一份详细的智辉电器'双十一'促销活动策划书"，如图 3-14 所示，以根据策划方案内容生成策划书的内容。

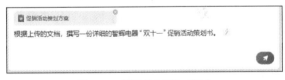

图 3-14　策划书内容生成指令

（4）使用 Word 编辑处理策划书。将文心一言生成的策划书内容复制到 Word 文档中，对内容进行优化调整后，设置字体和段落格式，并制作目录和封面，效果参考"促销活动策划书.docx"（配套资源：\效果文件\项目三\促销活动策划书.docx）。

课后练习

1. 名词解释

（1）网络营销策划　　（2）品牌形象　　（3）视觉识别系统

2. 单项选择题

（1）"确保网络营销方案切实可行"是网络营销策划的（　　）原则。

　　A．经济性　　　　B．可行性　　　　　　C．协同性　　　　　D．创新性

（2）网络营销策划的首要环节是（　　）。

　　A．市场调查分析　B．工作流程安排　　C．设定营销目标　　D．费用预算

（3）网站拥有了一定的访问量，并且访问量仍在快速增长中。该阶段是网站推广的（　　）。

　　A．网站建设期　　B．网站成立初期　　C．网站增长期　　D．网站稳定期

（4）（　　）是指使用企业具有鲜明特点的经营理念和企业精神作为品牌定位的诉求点进行品牌定位。

　　A．概念定位　　　B．理念定位　　　　C．档次定位　　　　D．功能定位

（5）品牌形象内涵丰富，其组成部分中处于核心地位的是（　　）。

　　A．视觉识别系统　B．行为识别系统　　C．理念识别系统　　D．企业识别系统

3. 操作题

（1）请根据以下资料，进行该网站的推广策划，内容包括以网站访问量和注册量为衡量指标设定网站推广目标，并围绕推广目标制订推广策略、进行推广费用预算和工作进度安排等。完成策划方案设计后，据此通过 Word 撰写策划书，要求策划书格式整齐划一，包含目录和封面。

悦居定制是悦居家具公司旗下的定制家具网站，提供木质沙发、桌椅、衣柜等定制家具服务。目前，主要竞争对手的网站日均访问量可达到 12000～15000 人，日均注册量可达到 400～500 人，而悦居定制的日均访问量和注册量不到竞争对手网站的三分之一。为提高网站流量，悦居家居公司将在近期开展网站推广活动，推广周期为 3 个月，开始时间定为 2025 年 6 月 1 日。

（2）请根据以下背景介绍，策划绮梦宝阁七夕节日促销活动方案，内容包括活动主题、活动目标、活动时间、促销手段、宣传策略等。完成策划方案设计后，据此通过 Word 撰写策划书，要求策划书格式整齐划一，包含目录和封面。

绮梦宝阁是一个珠宝饰品品牌，其产品设计追求个性时尚，面向青年消费群体，主要销售产品包括金银戒指、项链、耳环、手镯，翡翠、珍珠以及各类定制珠宝饰品。为促进产品销售、提高销售额，绮梦宝阁将整合官方网站、企业微信、微博和抖音账号资源，在即将到来的七夕节（2025 年 8 月 29 日）开展节日营销。

（3）在分析品牌产品特点和目标人群的基础上，为自己家乡的农产品品牌策划品牌营销方案。

提示：例如，柠檬是四川省安岳县的特色农产品，安岳柠檬的特点包括：产业规模大、公用品牌名声大（"安岳柠檬"是"国家地理标志"产品）、果品质量优、营养价值高等。当地某企业拟成立柠乐源品牌用于推广柠檬加工产品，产品种类包括柠檬饮料、柠檬果酱、柠檬软糖、柠檬即食片、柠檬面膜、柠檬茶、柠檬酒等，根据项目背景，搜集更多有关资料，为柠乐源品牌设计品牌口号、品牌视觉形象并制订品牌传播策略。

项目四

搜索引擎营销

 课前自学

 学习目标

- **知识目标：**
1. 了解搜索引擎营销的概念、特点和方式。
2. 掌握搜索引擎关键词优化的基础知识。
3. 掌握搜索引擎竞价排名推广的操作方法。

- **技能目标：**
1. 能根据网站内容挖掘和确定相关关键词。
2. 能使用百度搜索推广设置推广计划、推广单元和创意。

- **素质目标：**
1. 不进行任何违法违规的推广行为，对投放的广告内容负责。
2. 保持继续学习的心态，探索搜索引擎营销的新方法与新手段。

引导案例　啄木鸟的搜索引擎营销

啄木鸟家庭维修（以下简称"啄木鸟"）是一个生活服务类品牌，专注于家庭维修服务垂直领域。截至 2023 年 10 月，啄木鸟在全国已拥有 50 余家子公司，400 多个家庭维修工程师驿站，覆盖 300 多个城市。基于强大的线下基础设施，啄木鸟能够为周边用户提供家电维修、家电清洗、家电安装、防水补漏、水电维修、管道疏通等多元化的家庭维修服务。为提高品牌曝光度和订单量，降低转化成本，啄木鸟在搜索引擎领域进行了积极的推广尝试。

（1）定向投放广告。啄木鸟推动旗下门店入驻百度基木鱼平台，并使用多个账户投放推广广告，在推广地域上，覆盖门店周边 8～10km 范围，为目标用户提供搜索线索。

（2）广告出价策略。啄木鸟投放搜索引擎广告采用以目标转化为优化方式的点击出价方式（Optimized Cost Per Click，OCPC），这种方式能够根据广告效果（如点击率、转化率）自动竞价。并且，考虑到不同城市的转化目标特征与转化成本差异，啄木鸟根据城市等级（如一线城市、二线城市）分别新建推广计划，并设置不同的目标转化出价，有效控制成本，提高广告投放效益。

（3）创意设计。啄木鸟的创意撰写重点突出"附近均有服务点""就近安排工程师""快速上门"等字眼，并显示位置信息，保证了广告对周边目标用户群体的吸引力。

经过搜索引擎营销推广之后，啄木鸟实现了降低转化成本，提高订单量的目标。良好的营销效果让啄木鸟在该阶段不断提高搜索引擎广告投放预算，助力本地推广。

思考

在啄木鸟的搜索引擎营销中，其选择的出价方式 OCPC 有何特点？在进行搜索引擎营销时，如何挖掘关键词？

📖知识掌握

了解搜索引擎营销

任务一　了解搜索引擎营销

搜索引擎营销（Search Engine Marketing，SEM）由网络营销诞生之初的第一代营销工具——搜索引擎发展而来。直到今天，搜索引擎营销仍然是企业开展网络营销活动的常用方式之一。本任务主要介绍搜索引擎营销的概念、特点和方式，以帮助大家形成对搜索引擎营销的基本认知。

（一）搜索引擎营销概述

搜索引擎是一种自动从互联网搜集信息，并对信息进行整理和排序后，再将其提供给用户进行查询的系统。搜索引擎营销就是基于搜索引擎开展的网络营销，利用人们对搜索引擎的使用习惯，在人们进行信息检索时将企业的营销信息传递给用户。目前，常用的搜索引擎有百度、搜狗搜索、360 搜索等，大多数企业都选择与这些有实力的搜索引擎合作，开展搜索引擎营销，进行网站推广、产品或服务推广和品牌推广。

> **想一想：**
> 你还知道哪些搜索引擎（国内外均可）？

搜索引擎营销的特点主要包括以下几个方面。

（1）用户广泛。搜索引擎用户基数庞大，几乎覆盖所有互联网用户，因此搜索引擎营销具有广泛的用户基础。

（2）精准度高。通过关键词优化和广告定位，搜索引擎营销能够精准地触达目标用户群体，尤其是如果搜索结果页面中的网站关键词与用户检索关键词高度相关，那么营销效果就会极大增强。

（3）可测量性。搜索引擎营销的效果可以通过各种数据指标，如点击率、转化率、投资回报率等进行量化评估，便于企业及时调整营销策略。

（4）资源整合能力强。搜索引擎营销能够整合多种营销渠道，如社交媒体平台、电商平台等，形成多方位、多层次的营销网络，提升整体营销效果。

（二）搜索引擎营销的方式

搜索引擎营销的方式主要有搜索引擎优化（Search Engine Optimization，SEO）与竞价排名等。

1．搜索引擎优化

SEO 是一种免费营销方式，它根据搜索引擎的搜索规则，通过有针对性的网站优化来提高网站在搜索引擎内的排名。例如，一家位于成都的亲子游乐园希望用户通过搜索与"成都亲子游乐园"相关的关键词查找到游乐园的网站，通过网站将用户引导到线下亲子游乐园。通过 SEO，当用户搜索与"成都亲子游乐园"相关的关键词时，该游乐园的网站信息就可能出现在搜索结果的第一页或前面几页。这样用户能够看到并浏览该网站，进而了解这家游乐园。如果该网站没有进行 SEO，那么用户看到它的可能性就非常小。

SEO 成本低，但见效慢，长期执行才可能为网站带来大量稳定的流量。SEO 涉及的内容较多，主要包括网站内容优化、关键词优化、外部链接优化、内部链接优化等。

2．竞价排名

搜索引擎竞价排名是一种付费营销方式，它是指需要推广的网站通过竞价付费的形式被搜索引擎收录，从而获得靠前的排名。搜索引擎竞价排名能够实现广告精准投放，在短期内推广成效立竿见影，但需要一定的成本投入。

搜索引擎一般利用关键词进行竞价，参与竞价的企业可为自己的网站购买相关产品或服务的关键词。竞价广告按用户单击次数付费，在搜索结果中的展示不付费。一般来说，付费越高，获得的排名就可能越靠前。为保持靠前的排名，企业可以根据实际竞价情况调整每次用户点击付费的价格，控制竞价关键词在特定关键词搜索结果中的排名。在企业购买关键词进行竞价广告投放后，当用户通过搜索引擎输入关键词搜索时，搜索结果页将显示企业竞价广告。图 4-1 所示为在百度搜索"直播数据分析软件"后搜索结果页展现的竞价广告，为与其他自然搜索结果相区别，竞价广告会显示"广告"字样。

图 4-1　竞价广告显示效果

任务实训　　　　　　　**明确搜索引擎优化的内容**

某女装批发网站计划重点进行 SEO，以通过较少的成本投入提高网站的流量和曝光度，为此安排营销人员明确 SEO 的内容。

【任务要求】

借助 AIGC 工具和百度等工具，拟定女装批发网站 SEO 的主要内容，从而为后续的营销做好准备工作。

【操作提示】

（1）通过文心一言获取信息。打开文心一言主界面，输入指令如"为女装批发网站拟定SEO的主要内容"，单击 ● 按钮，生成的结果如图4-2所示。

（2）通过百度获取信息。打开百度，在搜索框中输入关键词如"女装批发网站SEO应该怎么做？"并按【Enter】键，搜索结果如图4-3所示。单击相应的标题链接，打开网站查看具体的内容。

（3）整理资料。结合各种途径获取的信息，整理、归纳女装批发网站SEO的主要内容。

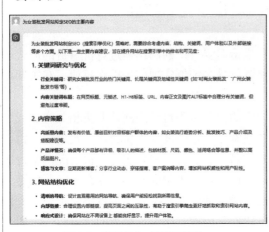

图4-2　利用文心一言获取信息

图4-3　通过百度获取信息

任务二　搜索引擎关键词优化

搜索引擎关键词优化

在搜索引擎营销中，关键词是指用户在搜索引擎中输入的一个词语或短语。关键词优化就是挑选最优关键词，并将关键词合理布局到网站的过程，它是SEO的重要部分。本任务主要介绍关键词优化的相关知识，帮助企业挑选合适的关键词并合理布局。

（一）关键词的分类

通常，关键词按重要程度不同，可以分为核心关键词、次要关键词和长尾关键词。

1. 核心关键词

核心关键词是指对网站而言最重要、能直接表现网站内容的关键词。通俗地讲，用户搜索量较大，能够带来精准用户的产品词就是核心关键词。例如，有旅游出行需求的用户通常会通过搜索与"旅游"相关的关键词来寻找相关网站，如"旅游出行""旅游网站""旅行社"等，这些就可作为提供旅游服务的网站的关键词，这类关键词的竞争虽然比较激烈，但是能够带来大量的流量。

2. 次要关键词

次要关键词也叫作相关关键词，是对核心关键词的扩展，重要程度次于核心关键词。例如，一个提供旅游出行服务的网站，核心关键词是"旅游出行""旅游网站"等，那么次要关键词可以是"旅游目的地""旅游攻略""旅游注意事项"等和核心关键词相关的关键词，这些次要关键词可以帮助网站更具体地描述其提供的服务。

3. 长尾关键词

长尾关键词一般字数多，由多个字、词组成，内容比较具体。长尾关键词具有搜索量小、转化率高的特点。例如，"旅游""旅游目的地""成都旅行社哪家好"3 个关键词中，"成都旅行社哪家好"这个长尾关键词比"旅游""旅游目的地"更能精准吸引有旅游计划且正在寻找旅游公司的用户，更容易促成转化。

> **专家点拨**
>
> 按与企业的相关度进行分类，关键词可以分为品牌词、地域词、产品词和人群词。品牌词是指企业名称或企业的品牌名称，品牌词有利于企业通过网站进行品牌推广；地域词是指与企业及其产品地域特点有关的关键词，如"北京会计培训机构""攀枝花芒果"；产品词是指根据企业网站提供的产品或服务的种类来确定的关键词，如"化妆品""数码相机"；人群词是指针对企业产品目标用户群体的关键词，如"篮球爱好者""灌篮技巧""投三分球技巧"等。

（二）关键词的选择原则

用户在搜索引擎中使用的关键词反映了他们对特定产品或服务的关注度和了解程度。企业通过挑选合适的关键词，可以将网站或产品展示给那些正在寻找相关信息的人群，从而提高营销的精准度和效率。总体上，选择关键词要遵循以下原则。

1. 关键词与网站内容相关

在选择关键词时，一定要考虑该关键词与网站内容的相关性。因为用户在搜索引擎中进行搜索时，都有一定的目的，希望在搜索结果中找到自己所需的内容，如果打开的网页内容与他们搜索的关键词毫无关联，用户也不会再在网站上多做停留。与网站内容无关的关键词即使带来大量的流量，也毫无意义，网站更需要的是能形成转化的有效流量。

2. 核心关键词不能太宽泛

核心关键词不宜选择过于宽泛的词，如"网络广告""电子商务""新媒体"等。宽泛的关键词通常竞争激烈，优化难度大。企业想利用其取得好的营销效果就需要付出较高的成本。另外，过于宽泛的关键词并不能用于获取精准用户，转化率也不高。

例如，一家位于成都的宠物医院，将"宠物"作为其网站的核心关键词。第一，"宠物"过于宽泛，定位不是十分明确。第二，用户搜索"宠物"可能是想找宠物图片或宠物视频，也可能是想购买宠物饲料，总之，搜索这类关键词的用户搜索意图不明确。因此，这种服务范围有明显地域性特点的网站可以在关键词中加上地域标签，如"成都宠物医院"，就可以使关键词快速与目标用户相匹配，获得更精准的流量。

> **想一想：**
> 一家书法艺术培训机构想要开展搜索引擎营销，可以选择哪些关键词作为核心关键词？

3. 选择商业价值高的关键词

不同的关键词有不同的商业价值。例如，搜索"数码相机成像原理"的用户购买意愿较低，所以该关键词的商业价值也较低，因为用户可能只是想了解数码相机的成像原理；而搜索"数码相机价格""数码相机购买"或"数码相机促销"的用户购买意愿明确，因此这些关键词的商业价值更高。

（三）关键词的选择方法

企业选择关键词，需紧紧围绕网站的定位和目标人群，通过思考"我们的网站能够为用户解决什么问题""用户遇到这些问题时，会搜索哪些关键词""如果自己是用户，在寻找这些问题的答案时会怎样搜索"等问题，站在用户的角度初步列出一些（如 10 个左右）核心关键词，在此基础上借助一些方法找到更多的关键词以备挑选，然后确定最终的核心关键词、次要关键词及长尾关键词。常用方法如下所示。

1. 通过搜索引擎挑选关键词

在搜索引擎（如百度）的搜索框中输入备选核心关键词并搜索，在搜索结果页最下方的"相关搜索"栏目中可看到与该关键词相关的用户最近搜索的热门搜索词，如图 4-4 所示。这些搜索词的搜索量大、搜索频率高，可以作为备选关键词，也可以直接作为核心关键词、次要关键词或长尾关键词使用。

另外，还可通过搜索下拉列表选择关键词，在搜索引擎的搜索框中输入关键词后，弹出的下拉列表中会自动显示与该关键词相关的热门搜索词，这些搜索词的搜索量比较大，且搜索频率也比较高，同样可以作为备选关键词，如图 4-5 所示。

图 4-4　通过搜索引擎选择关键词

图 4-5　通过搜索下拉列表选择关键词

2. 通过数据分析工具挑选关键词

在百度指数、360 趋势、站长工具、百度关键词规划师、爱站网等数据分析工具中，可以查询关键词的搜索指数，查询后可根据搜索指数大小筛选出搜索量高的关键词作为备选关键词。例如，使用百度指数查询百度中"家电维修"关键词的搜索指数情况：打开百度指数网站首页，在输入框中输入关键词"家电维修"并按【Enter】键，在打开的页面上方单击"需求图谱"超链接，在"需求图谱"页面的"相关词热度"栏中可查看"家电维修"相关词的搜索热度（搜索热度越强即搜索量越大）排行和搜索变化率的排行，如图 4-6 所示，其中搜索热度排名靠前和搜索变化率呈上升趋势的与网站内容紧密联系的相关词都可作为备选关键词。另外，在图 4-6 中单击"趋势研究"超链接，可在打开的"趋势研究"页面中查看相关关键词的搜索趋势变化；单击"人群画像"超链接，可在打开的"人群画像"页面中查看搜索相关关键词的人群画像。

图 4-6　在百度指数中查看"家电维修"相关词的搜索热度

专家点拨

关键词的搜索量越大，通常关键词的竞争度也越大，关键词的竞争度越大，意味着 SEO 的难度更大，或者进行竞价排名时投入的成本更高。是否选择搜索量特别大的相关词作为关键词需要根据企业的实力和营销目标而定。如果要降低 SEO 的难度、减少成本投入，那么可考虑选择搜索量适中的相关词作为关键词。

---

3. 通过思维拓展挑选关键词

根据初步列出的核心关键词的属性从不同方向进行思维拓展，也可生成若干关键词。以"运动鞋"关键词为例，其拓展思路如下。

- **地域**。地域表示主要的服务区域，可以在关键词前后或中间插入"北京""上海"这样的地域词，组成"北京运动鞋专卖""上海运动鞋专卖店"等关键词。
- **品牌型号**。在关键词中插入品牌或型号等描述词，组成如"特步运动鞋""安踏运动鞋"等关键词。
- **产地**。在关键词中插入产品的产地名，包括国家、地区或省份等，组成如"意大利进口运动鞋""美国进口运动鞋"等关键词。
- **商业模式**。在关键词中插入直营、加盟、批发等商业模式的描述词，组成如"运动鞋批发""运动鞋专卖店加盟"等关键词。
- **特点**。在关键词中插入表示产品特点的描述词，组成如"篮球运动鞋""足球运动鞋""跑步运动鞋"等关键词。
- **人群**。在关键词中插入表示不同人群的描述词，组成如"儿童运动鞋""青少年运动鞋"等关键词。
- **服务方式**。在关键词中插入表示服务方式的描述词，组成如"运动鞋送货上门""买运动鞋货到付款"等关键词。

- **搜索意图**。在关键词中插入"怎么办""为什么""哪里有"等表示搜索意图的描述词，组成如"哪里有运动鞋专卖店""运动鞋批发市场在哪儿"等。

4. 通过不同表达形式和组合方式进行拓展

利用该方法拓展核心关键词时，可以根据用户在搜索场景下可能使用的表达方式或组合方式进行。例如，针对"健康饮食食谱"这个关键词，用户在搜索时可能直接简化为"健康食谱"或"饮食食谱"，或者调换关键词中组成词的顺序，如"饮食健康食谱"，这些不同表达方式或组合方式的关键词同样能传达用户对健康饮食食谱的需求，可作为备选关键词。

专家点拨

营销人员还可以通过分析搜索引擎中排名靠前的竞争对手网站中采用的关键词，作为优化自身网站的关键词。

案例阅读　　　　**某职业教育培训机构的关键词优化**

某职业教育培训机构为了提升机构知名度和在线课程的销售量，深入挖掘与在线课程相关的长尾关键词，如针对用户群体的"职场人士技能提升网课"，体现价格与优惠的"高性价比在线英语课程"等，这些关键词更加具体、精准，能够吸引有明确需求的用户。同时，围绕这些长尾关键词，该机构创作大量高质量的内容，如课程介绍、学习指南、案例分析等，为用户提供有价值的信息，并利用微信、微博等社交媒体平台传播内容，吸引更多潜在用户的关注。

在进行关键词优化的过程中，该机构定期利用数据分析工具（如百度统计）对关键词优化效果进行监测和分析。根据数据分析结果该机构及时调整优化策略，确保关键词排名的稳定性。通过关键词优化和社交媒体推广的综合策略，该机构成功提升了在线课程的销售量，实现了业务的快速增长。

思考：（1）长尾关键词对推广网站有何作用？（2）该职业教育培训机构的关键词优化有何特点？

（四）关键词的布局

一个网站中的关键词可能成百上千，此时企业就需要根据网站内容的划分合理布局。企业进行关键词布局，以提高网站在搜索引擎中的收录量和排名，以及用户的体验度，使用户可以在较短的时间内搜索并浏览到所需内容，进而提高网站流量，留住更多用户。

1. 在网页标题中布局关键词

网页标题是搜索引擎抓取网页内容的重要依据，是影响网站排名的重要因素，通常用来放置核心关键词。在网页标题中放置的核心关键词不宜太多。网页标题的长度一般不超过30个中文字符，以确保关键词的权重和网页标题的可读性。因为关键词越多，相应的每个关键词分到的权重就越少，且超过30个中文字符的多余内容不会显示。

网页标题会在搜索引擎的搜索结果页面中以超链接的形式显示，图4-7所示为某装修网站首页标题在搜索结果页的显示效果。该网站首页标题中，第一组是其网站名称，"家居室内装修设计""全屋家装设计""装修装饰公司"是该网站的3个核心关键词。

图4-7 在搜索结果页中显示的网页标题

2. 在网页描述中布局关键词

网页描述不会显示在网页中，它是搜索结果页中网页标题下方的一段文本，用于概括网页内容。布局时，可在网页描述中尽量融入标题中的核心关键词，也可以布局次要关键词及长尾关键词。但需要注意，网页描述是对整个网页内容的概括，应该是一段通顺且连贯的话，而不是关键词的堆砌。

3. 在网站导航中布局关键词

网站导航的作用是引导用户访问网站的网页，一般设置在网页的顶部，如图4-8所示，其内容主要是网站的各个主栏目及子栏目的名称。其中，主栏目可用于放置核心关键词，子栏目可用于放置次要关键词。

图4-8 网站导航

需要注意，网站导航主要用于引导用户而非优化排名。因此，在网站导航中布局关键词时，更应关注关键词与网站主题的相关性，而非刻意追求设置更多的关键词。同时，网站导航中的关键词应简洁明了，避免使用过长或复杂的词汇，以确保用户迅速理解并找到所需内容。只要网站导航中的关键词能够准确反映网站的主要内容和结构，就是合理的布局。

4. 在网页板块标题和文章标题中布局关键词

一个网站的页面中会分为若干板块，板块中会显示若干文章的标题，布局时可以在各板块标题及文章标题中布局关键词。板块标题中主要布局次要关键词，而文章标题中主要布局长尾关键词，如图4-9所示。

图4-9 网站板块和文章标题

5. 在文章内容中布局关键词

在文章的内容中可以布局很多关键词，章节标题、图片文本描述、文本内容等位置都可以布局关键词，包括核心关键词、次要关键词和长尾关键词。需要注意，文章内容中虽然可以布局关键词，但要保证文章条理清晰、层次分明、语句通顺等。如果想要网站有一个良好的排名，一定要不断更新网站内容，并定期在专门的板块中发布一些文章。

> **专家点拨**
>
> 一个网页上的关键词密度最好控制在 2%～8%（例如，一个网页共有 400 个字符，而关键词是 4 个字符并在其中出现了 5 次，则该关键词的密度为 4×5÷400×100%=5%），关键词密度太低起不到优化效果，太高则有可能会被搜索引擎判定为作弊（如故意堆砌关键词），从而遭受处罚。

任务实训　　　　　　　　**确定会计培训网站的关键词**

确定某会计培训网站的核心关键词、次要关键词和长尾关键词。

【任务要求】

（1）通过创建思维导图、借助搜索引擎、分析竞争对手网站等方式挖掘关键词。

（2）最终至少列出 3 个核心关键词、5 个次要关键词和 10 个长尾关键词。

【操作提示】

（1）创建思维导图。结合会计培训的相关知识，以"会计培训"为核心关键词制作思维导图，拓展关键词，如图 4-10 所示。

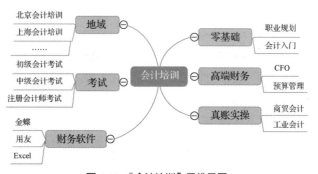

图 4-10 "会计培训"思维导图

（2）通过搜索下拉列表选择关键词。在百度中搜索"会计培训"关键词，在弹出的下拉列表中查看相关的关键词，如图 4-11 所示。

（3）通过"相关搜索"栏查找关键词。单击"百度一下"按钮进行搜索，在搜索结果页下方的"相关搜索"栏中查看相关的关键词，如图 4-12 所示。

（4）通过竞争对手网站查找关键词。在搜索结果中单击排名第 1 的网页标题超链接，打开该网页，在其中查询可用的关键词，主要查看导航栏中各个栏目的名称，各个板块的标题名称，如图 4-13 所示。再打开排名第 2 的网页，查找所需的关键词。

图 4-11　在搜索下拉列表中查看关键词

图 4-12　在"相关搜索"栏中查看关键词

图 4-13　查看网页

（5）重复操作并确定最终关键词。从（1）的思维导图中挑选其他关键词，然后重复（2）～（4），最后整理得到的关键词，确定最终的核心关键词、次要关键词和长尾关键词，填写至表 4-1 中。

表 4-1　**最终的关键词**

关键词类型	关键词
核心关键词	
次要关键词	
长尾关键词	

素养课堂

SEO 是一个不断发展和变化的领域，营销人员需要保持强烈的学习意愿，在竞争激烈的网络营销市场中，不断探索新的优化方法和手段。

任务三　搜索引擎竞价排名推广

SEO 是搜索引擎营销的重要方式，单纯依靠 SEO，在短期内带来的营销效果并不明显。

而搜索引擎竞价排名推广正好弥补了这种缺陷，企业可以通过关键词的定向推广实现精准营销，并且使网站排名更靠前。本任务主要介绍搜索引擎竞价排名原理和操作步骤，帮助营销人员更好地实现搜索引擎竞价排名推广。

（一）搜索引擎竞价排名原理

搜索引擎竞价排名可以简单地理解为关键词竞价排名，即企业出价购买关键词，并按单次付费高者排名靠前的原则排列，付费越多，排名可能越靠前。企业可以通过调整购买关键词的价格，控制企业营销信息在特定关键词搜索结果中的排名，并设置不同的关键词来捕捉不同类型的目标访问者。各搜索引擎的竞价排名原理基本相同，这里以百度为例进行介绍。

百度竞价排名是一种按搜索效果付费的营销方式，它按照给企业带来潜在用户的访问量计费。企业可以根据自身的需要，灵活控制推广成本和投入力度，使企业的营销活动获得预期的回报。百度竞价的基本流程如下。

（1）建立企业自己的网站，或在其他企业平台上建立网页。

（2）通过百度营销推广的企业客户资质审核。

（3）选择推广关键词，在百度发布推广信息。

（4）潜在用户在百度搜索，查看企业推广信息。

（5）用户与企业联系洽谈，达成交易。

百度竞价排名的一大特点就是按效果付费。只有当潜在用户点击营销信息或实现转化后，企业才需要向百度支付费用，费用从企业的营销账户中扣除。

（二）搜索引擎竞价排名的步骤

各搜索引擎的竞价排名操作步骤基本相同，以百度为例，其搜索引擎竞价排名的具体步骤包括开通百度营销账户、新建推广计划、新建单元、新建创意等。

1. 开通百度营销账户

开通百度营销账户前，需要准备企业营业执照等资料。申请开通账户时，可以在百度中通过输入"百度营销"关键词，在相关搜索结果中选择并打开百度营销网站首页，在其中单击 立即体验 按钮，如图4-14所示，在打开的页面中填写姓名、联系电话等信息并提交，待百度营销工作人员审核通过后即可开通账户。

图4-14　百度营销网站首页

另外，也可以在百度中通过输入"百度营销登录"关键词，在相关搜索结果中选择并打开百度营销登录页面，如图4-15所示，单击"注册"超链接，在打开的页面中按照提示输入用户名等信息并提交企业营业执照照片，以在线方式注册百度营销账户。

图 4-15　百度营销登录页面

2. 新建推广计划

要通过百度营销发布竞价广告，需要新建推广计划，具体操作步骤如下。

（1）在百度营销登录页面输入账户信息登录后，进入百度营销管理后台首页，在下方的"搜索推广平台"栏中单击 进入 按钮，如图 4-16 所示。

（2）打开"推广管理"页面，单击左侧的"计划"超链接，进入计划设置页面，单击 新建 按钮，如图 4-17 所示。

图 4-16　单击"进入"按钮

图 4-17　单击"新建"按钮

（3）打开"新建推广计划"页面，分别在"营销目标"和"推广设置"栏中设置营销目标和推广业务，如图 4-18 所示，完成后单击 确定 按钮。

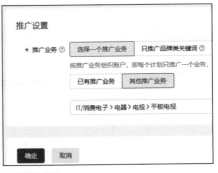

图 4-18　设置营销目标和推广业务

（4）打开"计划设置"页面，在"出价方式"栏中选择出价方式，一种是按点击付费，另一种是按实现转化付费；在"预算"栏中设置预算花费形式，在"日预算"栏中设置每日的广告预算，如图 4-19 所示，限定每日的广告预算，当广告费用总额达到设定的预算值后，广告就会自动下线。

图4-19　设置出价方式和每日预算

（5）在"计划设置"页面的"推广地域"栏中设置推广地域，选择"账户地域"选项会使用默认设置的地域，前提是在设置账户信息时设置过推广地域；选择"自定义计划地域"选项可自定义推广地域，并且可为每个地域单独设置出价系数，如图4-20所示，使广告的投放更精确。

图4-20　设置推广地域

（6）在"计划设置"页面的"推广时段"栏中选择"不限"选项表示全天推广，选择"自定义"选项，可自定义显示广告的时间段；在"人群"栏中选择"不限"选项表示向所有人群展示广告，选择"定向人群"选项可设置只对指定的人群（如18～38岁年龄段的人群）展示广告，选择"排除人群"选项可设置排除一些特定的人群。在"计划名称"文本框中输入推广计划的名称，完成设置后单击 保存并新建单元 按钮，如图4-21所示。

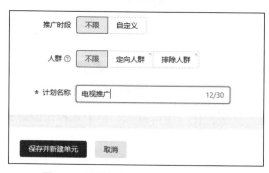

图4-21　设置推广时段、人群和计划名称

3. 新建单元

单击 保存并新建单元 按钮后，系统在保存计划的同时会打开"推广单元"页面，在其中可为计划添加推广单元，具体操作步骤如下。

（1）在"推广单元"页面的"单元设置"栏中设置 PC 端和移动端的最终访问网址、点击出价（该推广单元内所有关键词所设定的点击出价）和品牌信息（默认为注册账户时提交的企业名称），如图 4-22 所示。

图 4-22 单元设置

（2）在"定向设置"栏的"自动定向"栏中设置是否启用自动定向，启用自动定向后，系统会基于单元内的创意和落地页自动定向到与企业业务相关的搜索用户。然后在"设置关键词"文本框中输入关键词，或者单击"展开添加关键词"超链接，如图 4-23 所示。

图 4-23 定向设置

（3）单击"展开添加关键词"超链接后，系统将打开百度关键词规划师的操作页面，该页面显示了系统推荐的关键词及其特色、点击指导价、月均搜索量和竞争激烈度等参数，如图 4-24 所示，根据企业营销目标、费用预算和网站内容选择所需关键词，单击其后的"添加"超链接进行添加，添加的关键词会显示在"关键词"列表框中。

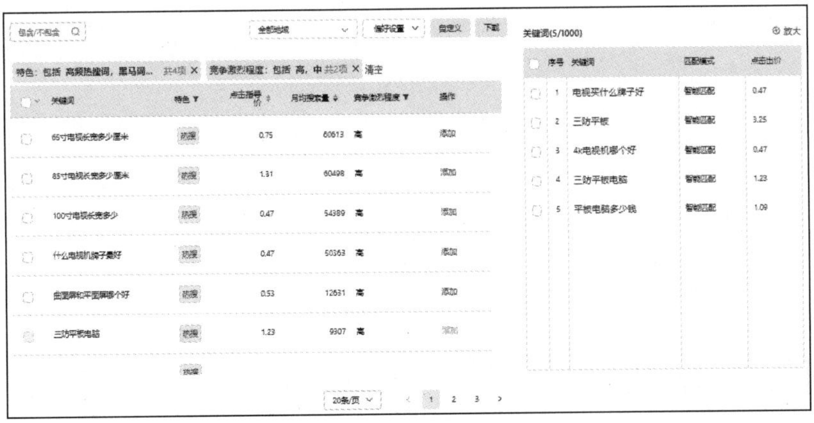

图 4-24 添加关键词

专家点拨

将系统推荐的关键词添加到"关键词"列表框后，在"匹配模式"列的下拉列表框中可设置匹配模式。其中，"精确匹配"指用户搜索的关键词与广告关键词完全一致；"短语匹配"指用户搜索的关键词包含广告关键词；"智能匹配"指用户搜索的关键词与广告关键词是同义词或拼音相同等情况。"关键词"列表框中的"点击出价"列中的价格默认是关键词的指导出价，可以进行修改或删除，删除后则采用在"单元设置"栏中设置价格。

（4）在"单元名称"文本框中输入单元名称，设置完成后，单击 保存 按钮就可保存该单元。如果还要继续新建单元，可以单击 保存并新增一个单元 按钮，或单击 下一步新建创意 按钮继续下一步操作，如图4-25所示。

图4-25　设置单元名称并保存单元

4. 新建创意

在百度搜索推广中，创意是指广告的具体内容和展现形式，有基础创意和高级创意两种形式。基础创意的形式较为简单，只包含标题、描述、图片和网址，高级创意的形式更加多样，除了基础创意的表现形式，还有视频、电话、下载按钮等。下面新建基础创意，具体操作步骤如下。

（1）保存单元并单击 下一步新建创意 按钮后，在打开页面的"创意文案"栏中设置创意标题、创意描述等内容，如图4-26所示。

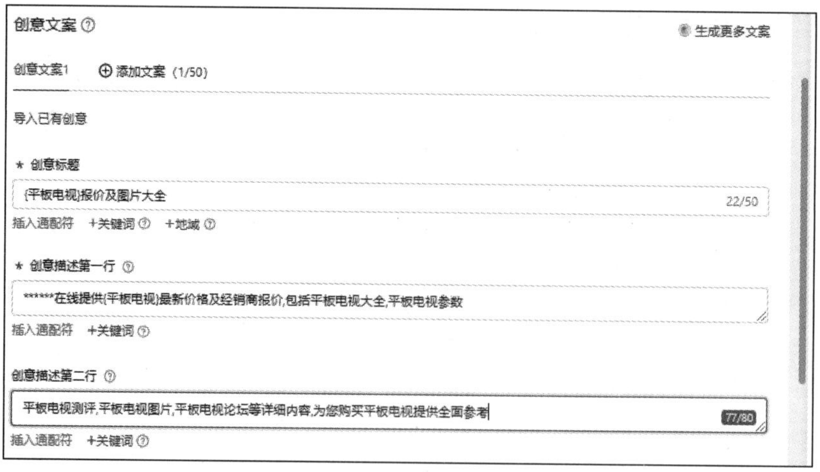

图4-26　设置创意文案

专家点拨

在设置创意标题和创意描述时，可以单击"关键词"或"地域"超链接，将选择的文本使用"{}"括起来，这些文本在最终的广告效果中会以红色的文本突出显示。另外，一行描述文本最多只能有80个字符。

（2）在"创意素材"栏中单击 添加图片 按钮，在打开的页面中上传图片作为广告中的图片，设置图片尺寸比例为1:1或3:1，作为移动端配图，设置图片尺寸比例为3:2或16:9，作为计算机配图，完成后再为图片设置相应的主题，如图4-27所示。

图 4-27　设置创意素材

（3）单击 保存当前创意 按钮，完成基础创意的新建。

任务实训 　　　　　　**在百度中推广会计培训网站**

某会计培训网站提供在线课程培训、会计考试咨询、会计考试资源下载等服务，为增加网站访问量，获取更多目标用户，该网站将通过百度营销进行推广。该会计培训网站目标用户的年龄段为25～35岁，普遍分布在浙江、江苏、福建及北京、上海、广州、深圳、成都、武汉等地，在周六和周日9～12点的搜索频率较高。

【任务要求】

在百度营销中为该网站新建推广计划、推广单元并添加创意。

【操作提示】

（1）新建推广计划。设置营销目标、推广业务、推广地域、推广时段、推广人群和推广计划的名称等内容。这部分内容需要根据用户数据设置，如推广地域主要为用户分布的主要地区，如浙江、江苏、福建及北京、上海、广州、深圳、成都、武汉等地。推广时段主要集中在9～12点。推广人群为25～35岁的用户群。

（2）新建推广单元。根据推广的服务内容，如在线课程培训、会计考试咨询、会计考试资源下载等分类别创建推广单元，对应不同的最终访问网页，并为每个推广单元匹配与服务相关的关键词。图4-28所示为与“在线课程培训”相关的关键词推荐。

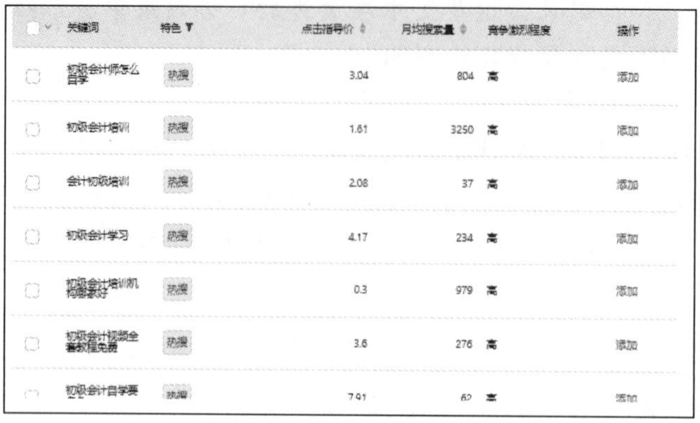

关键词	特色	点击指导价	月均搜索量	竞争激烈程度	操作
初级会计师怎么自学	热搜	3.04	804	高	添加
初级会计培训	热搜	1.61	3250	高	添加
会计初级培训	热搜	2.08	37	高	添加
初级会计学习	热搜	4.17	234	高	添加
初级会计培训机构哪家好	热搜	0.3	979	高	添加
初级会计视频全套教程免费	热搜	3.6	276	高	添加
初级会计自学要	热搜	7.91	62	高	添加

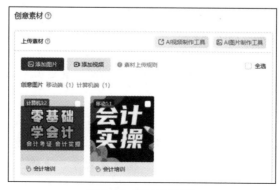

图4-28　关键词推荐

（3）设置创意。为每个推广单元设置基础创意，包括创意文案和创意素材。其中，标题应通顺且与推广单元的关键词相关；描述应体现所推广服务的优势，以增加吸引力；素材图片PC端和移动端使用相同的图片。图4-29、图4-30所示分别为创意文案和创意素材设置示例。

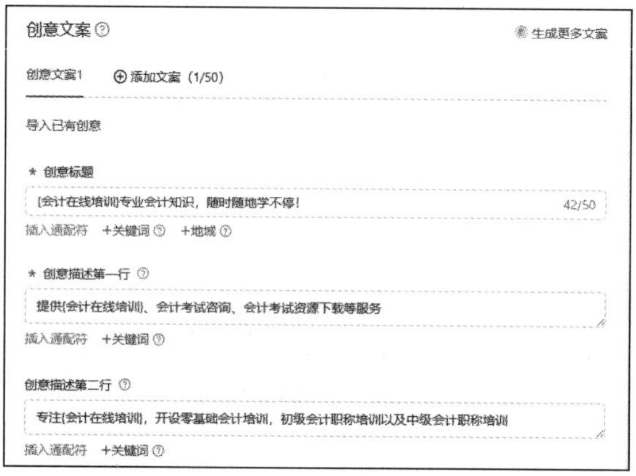

图4-29　创意文案设置

图4-30　创意素材设置

素养课堂

营销人员进行搜索引擎营销时需要遵守相关法律法规和平台规则，不进行任何违法违规的推广行为，并对投放的广告效果负责。

📖实训练习

项目实训——制订百度营销方案

1. 实训背景

宜居云筑是一家互联网房屋装修公司，装修服务范围辐射全国大部分地区，其通过与众多知名建材商建立深度合作，严选每一种材料，可以根据用户的户型特点、风格偏好、预算范围等因素，定制装修方案和推荐装修套餐，实现个性化服务。为提高公司网站在百度中的访问量、品牌曝光度，宜居云筑将对网站的关键词进行优化并投放竞价排名广告。

2. 实训要求

（1）确定宜居云筑装修公司网站的核心关键词、次要关键词和长尾关键词。

（2）通过搜索趋势分析和目标分析制订推广策略，推广策略主要包含推广目标、每日预算、推广时段、推广地域、推广人群等。

3. 实训思路

（1）确定关键词。通过搜索引擎、分析竞争对手网站、创建思维导图、数据分析工具等方式挖掘关键词。例如，通过百度搜索"装修公司"挖掘关键词，据此优化网站关键词，如图 4-31 所示。

图 4-31 利用百度挖掘关键词

（2）搜索趋势分析。利用百度指数分析关键词，如对"装修公司推荐"关键词进行搜索趋势分析，如图 4-32 所示，图中显示 11 月初至次年 4 月底的搜索指数高，搜索需求更强烈。因此，可选择在该时间段投放竞价排名。

（3）目标人群分析。利用百度指数分析关键词（如"装修公司推荐"）的人群画像，图 4-33 所示为目标人群的地域（包括省份和城市）分布情况；图 4-34 所示为目标人群的年龄和性别分布情况。

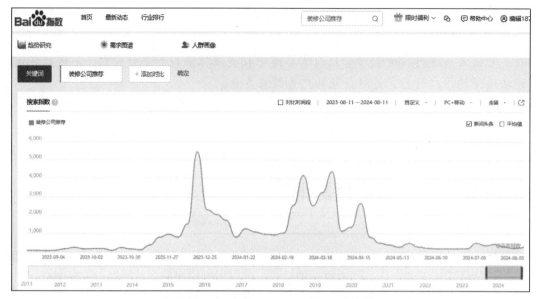

图 4-32　利用百度指数查看关键词的搜索指数

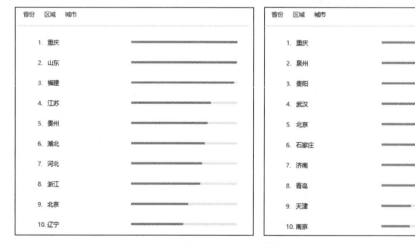

图 4-33　目标人群地域分布情况

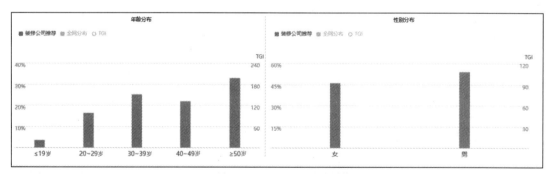

图 4-34　目标人群年龄和性别分布情况

（4）制订推广策略。结合公司信息和分析结果制订推广策略，包括对推广计划、单元、创意等的设置，具体如表 4-2 所示。

表 4-2　推广策略

推广计划					单元		创意
推广目标	每日预算	推广时段	推广地域	推广人群	关键词	目标页面	基础创意

课后练习

1. 名词解释

（1）搜索引擎营销　　　（2）搜索引擎优化　　　（3）关键词

2. 单项选择题

（1）最重要、最能反映网站内容的关键词是（　　）。

　　A. 核心关键词　　B. 次要关键词　　C. 长尾关键词　　D. 以上都不是

（2）网站的专有品牌名称或企业名称属于（　　）。

　　A. 品牌词　　　　B. 地域词　　　　C. 产品词　　　　D. 人群词

（3）下列选项中，对长尾关键词的特点描述错误的是（　　）。

　　A. 搜索量小　　　B. 竞争程度小　　C. 转化率高　　　D. 搜索频率高

（4）在竞价排名中如果要限制广告每天的预算，应该在（　　）里设置预算。

　　A. 推广计划　　　B. 推广单元　　　C. 创意　　　　　D. 以上都不是

3. 操作题

（1）通过思维导图、搜索引擎、竞争对手网站、百度指数等途径挖掘"大码女装"的相关关键词。

（2）某电子企业致力于打造舒适光环境，提供专业咨询、光照产品研发、照明设备安装与维护等业务。该企业的目标用户群体具有明显的地域特征。河南、广东、北京、江苏和湖南等地对电子照明设备的需求较大，搜索的频率较高。该企业将通过百度推广网站，增加网站曝光量，获取更多用户。请通过百度营销新建推广计划、推广单元并设置创意。

项目五

软文营销

📖课前自学

学习目标

- **知识目标：**
1. 了解软文与软文营销的基础知识。
2. 掌握写作软文的方法与技巧。
3. 掌握软文的发布平台与发布时间。
- **技能目标：**
1. 能根据营销目的写作相应软文。
2. 能根据软文类型选择合适的发布平台与发布时间。
- **素质目标：**
1. 培养良好的文字表达能力。
2. 规范商业广告活动，不在营销软文中使用违禁词。

引导案例 京东物流软文营销

2024 年 1 月 11 日，京东物流在其官方网站和微信公众号发布了一篇名为《无锡 001 号快递员金宜财退休，京东物流"老哥家人圈"又多一人》的文章（图 5-1 所示为该文章的节选内容）。金宜财是京东物流无锡"001 号"快递员，在京东物流工作了近 15 年，多次被评选为优秀员工。这篇文章回顾了金宜财的职业生涯，通过讲述其在京东面临的挑战和奋斗故事，展示京东的企业文化和价值观。

> 1 月 10 日，京东快递无锡鸿桥营业部的快递员金宜财照例早到站点开始了一天的配送，不同的是，这是他在京东物流的最后一个工作日。他特意戴上了自己最初的工牌"NO.WXP001"，这串工号代表着他是京东物流在无锡的第一名快递员，也是他一直的骄傲。
>
> 上午送完货，金宜财刚回到站点就收到徒弟祁正年给他的鲜花，瞬间有些"绷不住了"。"我早就和同事们说，不要来送我，我会哭的，因为我对京东的感情太深厚了。"这些年，金宜财带出过好多"徒弟"甚至是"徒孙"，55 岁的祁正年是跟着他时间最长的徒弟，共事 12 年，祁正年和金宜财从师徒变成了真正的家人，"我希望老金安心休息，照顾好自己的身体。"为金宜财开心的同时，祁正年也对自己的退休生活有了期待。
>
> 2009 年，金宜财加入京东物流成为在无锡的第一位快递员，那时候无锡的京东快递员数量用一只手就能数得过来。原先做销售的金宜财对无锡的大街小巷和市场商户都很熟悉，所以他上手很快。在金宜财印象里，十年前送快递远没有今天来得轻松。

图 5-1 文章节选内容

　　此前，金宜财于 1 月 10 日晚通过社交媒体平台发文称，"我是传说的京东物流 001 号员工，今天离开京东，感谢京东给了我这么好的平台，感谢客户们的信任。感谢京东领导的关怀，感谢一起战斗过的兄弟。再见!"随着快递员的发声和《无锡 001 号快递员金宜财退休，京东物流"老哥家人圈"又多一人》一文的发布，#京东物流 001 号员工退休#这一话题迅速在网上发酵和传播，引发网友热议。一时间，"京东物流 001 号员工退休"的相关内容见诸各种新闻媒体报道和自媒体文章，京东物流发布的文章也被多次引用，提高了京东的品牌曝光度，也让用户对京东的好感度有所提升。

　　思考

　　什么是软文和软文营销？京东物流发布的这篇文章是什么类型的软文？该软文为何会得到广泛传播？

📖知识掌握

任务一　了解软文营销

　　随着互联网的不断发展，软文营销已成为企业品牌和产品在市场中获取曝光度的一种重要手段。本任务主要介绍软文营销的基本知识，以便营销人员对软文营销有基本的认识。

（一）软文与软文营销

　　软文，顾名思义，是一种文字广告。广告中涉及文字方面的描述可以统称为文案，如品牌广告语、视频广告中的说明文字、企业的简介等，都是文案。而与广告语这种零散性的文案不同，软文是一篇完整的宣传性文章。

　　软文营销就是指以软文的形式推广企业品牌和产品的营销方式。软文营销是一种技巧性很强的广告形式，软文相对于纯广告类的硬性广告，精妙之处在于一个"软"字，能够巧妙地植入广告，用品牌故事、人物生活等对企业品牌和产品进行"包装"，引起用户的共鸣，达到"润物细无声"的传播效果。有的软文能使用户阅读完后才明白自己看的是广告，而有的软文即使一开始就表露广告的身份，也会让用户有继续阅读下去的兴趣。

> **想一想：**
> 生活中有没有某篇软文让你印象深刻？这篇软文有何特点？

　　简而言之，软文营销的关键是通过提供有阅读价值的内容来吸引用户并间接推广品牌或产品。软文营销是否能达到好的营销效果取决于软文内容是否能引起用户的阅读兴趣。

（二）软文的主要类型

　　软文既可以采用记叙文、议论文和说明文等文章体裁，也可以采用诗歌、小说、戏剧和散文等文学体裁，体裁丰富。根据题材内容的不同，软文可分为新闻类、故事类、科普类、访谈类、评论类、评测类和经验分享类等。

　　（1）新闻类软文。模仿新闻报道的口吻和格式，以事实为基础，客观、公正地报道企业动态、产品发布、行业趋势等内容。这类软文注重信息的权威性和时效性，容易获得用户的信任。

（2）故事类软文。通过讲述故事来传达品牌或产品的信息。故事可以是虚构的，也可以是真实案例的改编，重点在于增强情节吸引力和激发用户的情感共鸣，让用户在阅读故事的过程中记住品牌或产品。

（3）科普类软文。以科普为目的，介绍某一领域的知识、技巧或行业动态。在传授知识的同时，巧妙地融入品牌或产品元素，提升品牌形象和产品认知度。

（4）访谈类软文。以访谈的形式介绍企业领导、行业专家或产品使用者的观点和经历。通过权威人士的背书和推荐，提升品牌或产品的可信度和影响力。

（5）评论类软文。针对某一热点事件、社会现象或行业趋势发表评论，并在评论中巧妙地融入品牌或产品信息。这类软文需要营销人员具备独到的见解和敏锐的观察力，以通过软文引起用户的关注和思考。

（6）评测类软文。将多个同类产品进行对比评测，分析各自的优缺点和适用场景。在评测过程中突出自家产品的优势和特点，引导用户做出选择。

（7）经验分享类软文。以营销人员或某个角色的个人经验为基础，分享使用某产品、服务或参与某活动的感受、效果或心得。这类软文强调真实性和实用性，能够激发用户的兴趣并引导其采取行动。

例如，阿里旅行·去啊为推广其信用住服务，推出了一篇名为《一亿元》的故事类软文，该软文框架和思路借鉴于马克·吐温的小说《百万英镑》。《百万英镑》讲述了一个穷困潦倒的办事员亨利·亚当斯在伦敦的一次奇遇。《一亿元》则以更有趣的图文形式虚构了作者自己的奇遇故事，在文章最后引出阿里旅行·去啊的信用住服务。图5-2所示为《一亿元》的部分内容截图。

图5-2 《一亿元》部分内容

专家点拨

进行软文营销时，还可以在软文中搭配视频和图片来呈现内容，使信息更加丰富多样、生动有趣。视频可以直观地展示产品功能和使用效果，图文则可用于补充细节和说明。总之，网络营销环境下，一篇软文可以融合多种元素和手法，以达到最佳的营销效果。

（三）软文营销的优势

软文营销作为一种有效的市场推广手段，在网络营销环境中展现了诸多优势。以下是软文营销的 7 个主要优势。

（1）增强品牌信任度。相比硬广告的直接推销，软文更注重内容的价值和深度，通过讲述故事、分享知识或经验等方式，潜移默化地影响用户，建立品牌与用户之间的情感连接，从而提升品牌信任度和好感度。

（2）提高搜索引擎排名。高质量的软文内容，如果包含网站相关关键词并布局得当，有助于提升网站在搜索引擎中的排名。

（3）传播范围广。软文可以被发布在多个平台上，如企业官网、微博、微信等，可以助推信息的快速传播。此外，优质内容往往会被分享，形成二次乃至多次传播，扩大了信息的传播范围，延长了信息的生命周期。

（4）低成本高效益。相比传统媒体广告或付费推广，软文营销的成本相对较低。一篇精心策划的软文，如果内容足够吸引人，就能以低成本获得巨大的市场反响。同时，软文的长期影响力也让它成为一种性价比很高的营销方式。

（5）精准定位目标用户。通过内容主题的选择和发布渠道的选择，软文营销可以更加精准地定位目标用户。例如，将软文发布到针对特定行业或兴趣群体的专业网站，可以确保信息直达潜在用户的视线。

（6）促进用户参与和互动。优质的软文往往能激发用户的共鸣和思考，促使他们留言、评论或分享。这种互动不仅有利于增强用户黏性，还能为品牌收集宝贵的市场反馈信息，为后续调整网络营销策略提供依据。

（7）建立行业权威性。通过发布专业性强、见解独到的软文，企业可以展示自己的专业知识和行业洞察力，从而树立行业权威形象，引领行业趋势，吸引更多潜在用户的关注和信赖。

任务实训　　　　　　　**搜索与分析软文营销案例**

某营销人员计划通过搜索引擎查询各种软文营销案例，以加深对软文营销的理解，并学习市场上优秀的软文营销案例，为自己后续写作软文打好基础。

【任务要求】

通过搜索引擎搜索软文营销案例，分析软文的体裁、类型及主要内容等。

【操作提示】

（1）搜索软文营销案例。例如，在百度中输入关键词"软文营销案例"搜索，如图 5-3 所示，在搜索结果中，查找软文营销案例。

图 5-3　通过搜索引擎搜索软文营销案例

（2）分析软文。查找到软文营销案例后，对其中涉及的软文进行分析。例如，小米旗下的"米家"智能家居产品以其高性价比和创新设计受到用户的喜爱。在软文营销方面，小米以"智能改变生活"为主题策划软文营销，图5-4所示为某篇相关软文的节选内容，该篇软文可归于经验分享类软文，作者以记叙文的手法，分享了米家智能家居产品的使用效果和感受，并强调产品在提升生活质量方面的重要性，向用户传递品牌的价值观念和文化内涵，潜移默化地影响用户对品牌的看法。

> 在当今这个科技飞速发展的时代，智能家居已经成了人们生活中不可或缺的一部分。而米家生态链作为智能家居领域的佼佼者，不仅提供了众多颇具创意和实用性的智能家居产品，还让生活变得更加便捷。在这个生态链中，无论是智能照明、智能安防、智能环境监测还是智能家电等方面，米家都推出了众多颇具特色的产品，让人目不暇接。米家系列小百货，正在悄悄改变着我们的生活。
>
> 　　一、智能化便捷的方式，对生活做减法
> 　　米家系列小百货为我们提供了智能化的家居生活解决方案，让我们可以通过手机App远程控制各种设备，如灯光、插座、门锁等，这些智能设备的出现，如同在家居生活中添加了贴心的"小助手"，让我们的生活更加便利。
> 　　想象一下，米家的智能灯泡就如同一位随时待命的"照明专员"，只需要通过手机App进行简单操作，我们就可以轻松调整灯光的亮度、色温和颜色，满足不同的需求。例如，当我们在晚上阅读时，可以调整为明亮的白色光，保证阅读的清晰度；而在晚上放松休息时，则可以切换到柔和的黄色光，营造宁静舒适的氛围……
> 　　二、人性化的安全保护，让他放心
> 　　米家系列小百货中的智能设备如智能摄像头、门锁等，如同我们家庭的一道坚实防线，助力提升家居安全。它们通过实时监控与远程管理，让我们能够随时洞察家中的点滴状况，及时而准确地采取相应的措施，将不安定因素拒之门外。

> 　　米家智能摄像头这位尽职尽责的"视觉侦探"，时刻履行着实时监控的使命。通过它，我们可随时透过手机App洞悉家中的一切，当我们在外奔忙碌时，它依然能让我们如同亲临其境般地关注着家人的生活点滴，宠物在家的活跃状态，甚至是家中的安全状况……

图5-4 "米家"智能家居软文节选内容

任务二　写作软文

软文是软文营销的关键，一篇文笔优秀、内容精彩的软文，既能够带给用户良好的阅读体验，又能够营销品牌或产品。本任务着重介绍软文标题和正文的写作方法及技巧，帮助营销人员提高软文写作能力。

（一）设计软文标题

软文标题是吸引用户点击并阅读软文的第一步，其重要性不言而喻。下面将具体介绍设计软文标题的方法和技巧。

1. 借用名人效应

名人效应是因名人的出现所达成的引人注意、强化事物、扩大影响的效应。在"粉丝经济"时代，很多用户都有自己喜欢或欣赏的名人，如作家、企业家、学者、运动

> 想一想：
> 标题的核心作用是什么？

员等，这些人往往有一定的粉丝量和话题度，如果软文内容与名人有关联，那么，软文标题中可加入"名人"的字眼来增加标题的吸引力。例如，《安踏××一代｜"鸢尾花"翩然若

飞》(安踏推广运动鞋的软文标题)、《××、××，都对这个护肤品牌情有独钟》(某护肤品品牌推广品牌的软文标题)。

2. 结合时事热点

时事热点自带话题热度，可增强软文的吸引力。时事热点包括热门新闻、热门赛事、热门影视剧、广受关注的社会事件，以及被广泛运用与传播的网络流行语等。如果文章内容与当前的时事热点相关，可以在标题中融合热点元素，吸引更多用户关注。例如，《神六采用爱国者 U 盘 能重复擦写百亿次》(某数码产品营销软文的标题)、《第一张黑洞照片的秘密》(某科技网站的软文标题)、《微信自带功能，一键清理"僵尸好友"！看看是谁删了你》(某微信公众号文章标题)。

> **专家点拨**
> 微博热搜榜、百度热搜榜、搜狗热搜榜等都是搜索时事热点的重要渠道，其中汇聚了大量新近发生的时事热点，营销人员可从中挑选合适的热点用于软文标题的设计。

3. 设置悬疑

标题采用疑问或反问的形式，可激发用户的好奇心和求知欲，从而引导用户阅读软文。例如，《为什么越来越多人选择健康饮食》(某在线医疗健康咨询平台的软文标题)、《新手小白学 PS 有前途吗，能当副业赚钱吗》(某培训机构的软文标题)；或者在标题中设置悬念，激发用户的好奇心，从而引导用户阅读软文。例如，《十年里发生了什么》(某红酒营销软文的标题)、《那些年出现的 Excel "灵异"事件，今天终于找到原因了》(推广 Excel 培训课程的软文标题)。

4. 以"利"诱人

通过以"利"诱人的方法设计标题，是在标题中直截了当、简明扼要地告诉用户能获得的利益。例如，《在线 PPT 课程只需要 99 元，你就可以不限时学习》(推广 PPT 培训课程的软文标题)、《5 个技巧让你成为社交达人》(分享社交技巧的软文标题)。

5. 融入情感因素

将感动、震撼、惊喜、温情或怀旧等情感因素融入标题，并通过故事化的描述，可以极大地增强标题的吸引力和感染力，让用户在第一眼看到时就能感受到软文的情绪色彩，产生情感共鸣。例如，《一个襄樊汉子和他的装饰品牌梦想》(某装饰公司营销软文的标题)、《我和采茶姑娘的邂逅》(某茶叶营销软文的标题)、《19 年的等待，一份让她泪流满面的礼物》(某礼品营销软文的标题)。

> **素养课堂**
> 我国颁布的《中华人民共和国广告法》(以下简称《广告法》)，用于规范广告活动，保护消费者的合法权益，促进广告业的健康发展。其中规定了严禁使用极限用语，如"国家级""第一""首个""最先进""独家"等，这些极限用语禁止用于产品文案的标题、副标题、主图、详情页等。营销人员应遵守《广告法》的相关规定，规范使用广告语，合法从事商业活动。

（二）构思软文正文的结构

正文是软文的核心，要熟练写作软文，必须构建逻辑清晰的文章结构，便于用户阅读理解。常见的软文正文结构类型包括递进式、并列式和总分总式等。

1. 递进式

递进式结构是指软文按照事物或事理的发展规律以及逻辑关系，一层一层或一级一级地组织整体内容。这种结构的软文逻辑严密，往往后一部分的内容建立在前一部分内容的基础上，呈纵深发展、逐层推进。

写作递进式结构的软文可以借由议论文或对话故事的方式来实现，其写作的重点往往是在软文的后半段。其写作思路倾向于逻辑推理，通过清晰的思维脉络引领用户阅读全文。例如，某培训机构的一篇名为《解锁高效学习的三大进阶秘籍》的软文就采用递进式结构的写法，先介绍高效学习的第一个阶段，即"明确目标，制订计划"。然后介绍高效学习的第二阶段，讲述高效学习的方法、辅助工具等。最后介绍高效学习的第三个阶段，即"持续反思，不断精进"，引出机构提供的在线培训课程。每一部分紧密相连，层层递进，便于理解，在分享方法的同时又巧妙植入培训机构的服务内容，一举两得。

2. 并列式

并列式结构是指软文通过并列多个相互独立但又围绕同一主题展开的段落或小节来构建整体内容。写作并列式结构的软文跟人们日常列购物清单的道理是一样的，依次列出购物事项，如购买生活用品和学习用品，并分别阐述购买哪些生活用品及购买的原因和用处、购买哪些学习用品及购买的原因与用处等。这种软文结构的特点是每个部分（段落或小节）之间是平等的关系，没有主次之分，共同为主题服务。

例如，奥美广告公司为天下文化出版公司25周年庆活动创作的软文《我害怕阅读的人》就采用并列式结构，图 5-5 所示为部分节选内容。这篇软文以第一人称的口吻讲述了一个不爱阅读的人的内心独白，依次列出不爱阅读面临的尴尬或窘境，从而潜移默化地劝导大众热爱阅读。

不知何时开始，我害怕阅读的人。就像我们不知道冬天从哪天开始，只会感觉夜的黑越来越漫长。

我害怕阅读的人。一跟他们谈话，我就像一个透明的人，苍白的脑袋无法隐藏。我所拥有的内涵是什么？不就是人人能脱口而出，游荡在空气中最通俗的认知吗？像心脏在身体的左边……

我害怕阅读的人。当他们阅读时，脸就藏匿在书后面。书一放下，就以贵族王者的形象在我面前闪耀。举手投足都是自在风采。让我明了，阅读不只是知识，更是魔力……

我害怕阅读的人。因为他们很幸运；当众人拥抱孤独或被寂寞拥抱时，他们的生命却毫不封闭，不缺乏朋友的忠实、不缺少安慰者的温柔，甚至连互相较劲的对手，都不至匮乏……

图 5-5 《我害怕阅读的人》节选内容

3. 总分总式

总分总式结构是一种很常见的写作结构，是大部分文章的通用结构，采用这种结构的软文一般是在开头总结文章主题、表明中心论点，中间部分根据素材分层或分点阐述论点，结尾部分呼应开头，升华主题。

例如，一篇名为《解锁健康生活的三大密钥》的软文，在软文开头部分点明中心思想——"在这个快节奏的时代，追求健康是人们共同的向往"。然后在软文的中间部分分别论述健康生活的三大密钥：均衡饮食、规律运动与平和心态。最后呼应开头、升华主题："均衡饮食、规律运动与平和心态，这三把钥匙共同开启了健康生活的大门。让我们从现在做起，将健康生活的理念融入日常，用实际行动守护自己和家人的健康。记住，健康是生命之本，唯有珍惜，方能长久。"

（三）软文正文的写作技巧

撰写软文时，运用一定的写作技巧可以提升软文的可读性和吸引力，包括写作引人注目的开头、采用合适的语言风格、巧妙融入品牌或产品信息、利用结尾加深用户对软文信息的印象等。

1. 写作引人注目的开头

只有软文开头引起用户的阅读兴趣，用户才会继续阅读后面的内容。因此，撰写出有吸引力的软文开头就显得格外重要。以下是写作软文开头的一些方法和技巧。

（1）热点开头。由于人们对热点高度关注，引入热点不仅可用于软文标题的写作，同样适用于软文开头的创作，都能起到用热点吸引用户的作用。例如，某软文以"碳中和"的热点开头："在全球气候变化日益严峻的今天，碳中和已成为全球共识。各国政府、企业和个人都在积极行动，共同应对这一全球性挑战。作为行业内的领军企业，××企业深知自身肩负的社会责任……"

（2）悬念开头。在软文开头设置悬念，可以激发用户的好奇心，刺激用户继续阅读软文内容。例如，某自媒体软文开头为"很多人都很羡慕我目前的生活状态，说我现在就像空中飞人一样，隔几天就飞不同的城市，体验不同的生活，太惬意了。我苦笑，其实都是围城"，该开头通过"惬意的生活"和"围城"的强烈冲突来激发用户的好奇心，引起用户的阅读兴趣，并让用户通过阅读软文来了解为什么"惬意的生活对我而言是一个围城"。

（3）名言开头。在软文开头引用或化用名人名言、谚语或诗词等，可以凸显软文的主旨及情感，提升软文的可读性和吸引力。例如，某篇推广职业规划相关图书的软文，在开头引入"××说，人在年轻的时候，最头痛的一件事就是决定自己的一生要做什么"。

（4）论点开头。将论点放入软文的开头，能够明确地向用户表达软文的意图。例如，某家具品牌的软文开头为"人不会永远活着，但木头可以。它们被做成桌子，做成凳子，压成纸，制成琴，穿成串，陪你见了许多风景和姑娘，我们对木的爱，就是我们对生活的爱"，旗帜鲜明地表达了"我们对木的爱，就是我们对生活的爱"。这样的观点，可以吸引对该观点感兴趣的用户。

（5）对比开头。在软文开头通过巧妙地设置对比，能够起到抛砖引玉的作用，自然地引出产品，使软文更自然地传递广告信息。例如，主打榴莲千层产品的某糕点品牌，在其软文中这样开头："如果说这个世界上有一种东西，能让人疯狂爱吃，那一定是榴莲。要说比榴莲还让人嘴馋的，那只能是榴莲千层了"，软文开头并没有直接夸耀品牌的产品，而是通过巧妙地铺垫，用"榴莲"与"榴莲千层"做对比，引出品牌产品，以便后续详细介绍产品信息。

（6）引用权威开头。引用权威开头能够提升软文的说服力和可信度，其形式多种多样，包括引用权威数据，如"权威机构××的统计数据显示……"；引用权威研究成果，如"根据××大学最新发布的××研究成果报告……"；引用行业权威观点，如"在近日举行的全球科技峰会上，行业权威李教授指出……"。

想一想：

　　还有哪些方法和技巧可以设计出一个具有吸引力的软文开头？

2．采用合适的语言风格

营销软文的接收对象主要是企业的目标用户，因此软文的语言风格要符合目标用户的偏好。例如，目标用户是年轻群体，可通过使用网络流行语增加软文的趣味性；目标用户是科技产品爱好者，软文可融入新奇的科技元素等。

3．巧妙融入品牌或产品信息

在软文中巧妙地融入品牌或产品信息，关键在于保持内容的自然流畅与用户良好的阅读体验，同时确保品牌或产品的信息得到有效传达。以下是一些融入品牌或产品信息的技巧。

（1）故事化融入。将品牌或产品作为故事中的一个关键元素，自然而然地出现在故事情节中，如讲述主人翁如何在使用某品牌产品后解决了生活中的难题或实现了某个目标。或者，让故事中的角色与品牌或产品产生情感联系，如他们喜欢、信任或依赖该品牌或产品。

（2）解决方案展示。先提出一个用户可能会遇到的问题或挑战，然后展示品牌或产品是如何提供解决方案的。或者在描述解决方案时，通过对比使用产品前后的效果，突出品牌或产品的价值。

（3）用户评价引用。直接引用真实用户的评价或体验，这些评价可以是正面的，也可以是带有改进建议的，以增加软文的可信度。或者分享一些具体的使用案例，让用户看到品牌或产品在实际生活中的应用效果。

（4）专业知识融入。结合行业知识或专家观点，阐述品牌或产品在行业中的地位、技术创新或独特优势；或者使用具体的数据或研究报告来强调品牌或产品的价值和效果。

（5）场景化描述。描述品牌或产品在不同场景下的应用，如家庭生活、工作场所、户外活动等，让用户更容易想象自己使用产品的情景。或者通过场景描述激发用户的情感共鸣，让他们感受到品牌或产品带来的愉悦、便利或安心。

4．利用结尾加深用户对软文信息的印象

对于软文写作而言，标题和开头固然很重要，但软文结尾也同样重要。软文结尾利用得好，可以加深用户对软文信息的印象，或引导、促使用户立即行动起来关注品牌、购买产品等。下面介绍一些写作软文结尾的方法和技巧。

（1）首尾呼应式结尾。首尾呼应指结尾和软文的标题或开头相互照应的写法，起到强调主题的作用。首尾呼应常见的用法是软文的标题或开头提出观点，中间进行分析，而结尾则自然而然地回到标题或开头的话题，使得内容浑然一体。例如，《我害怕阅读的人》这篇软文以"不知何时开始，我害怕阅读的人"开头，以"我害怕阅读的人，尤其是，还在阅读的人"结尾，首尾呼应，让人若有所思、回味无穷。

（2）抒情议论式结尾。以抒情议论的方式结尾，即通过以情动人的写作手法，激起用户内心的情感波澜，并引起共鸣。这种结尾方式有强烈的艺术感染力，多用于故事类文案。例如，一篇推广烹饪器具的软文，这篇软文回忆了主人翁与自己祖母制作家传秘制面的故事，家传秘制面与烹饪器具承载着主人翁对家的记忆。软文采用抒情议论式的结尾，如图 5-6 所示，表达作者强烈的情感和美好的祝愿，容易引起用户的好感和对推广产品的接受度。

> 感谢这些烹饪器具，它们不仅是工具，更是情感的载体，让我在每一次烹饪中都能重温与祖母共度的美好时光。未来，无论岁月如何更迭，这份记忆与味道都将永远镌刻在我的心中，成为我人生旅途中最宝贵的财富。
> 让我们珍惜每一份传承，无论是美食、技艺还是那份深沉的爱。愿我们都能在生活的点滴中，找到属于自己的温暖记忆，让爱与美好永远延续。

图 5-6　推广烹饪器具软文的节选内容

（3）佳句结尾。佳句结尾即在软文末尾以一段充满哲理的句子结尾。结尾的佳句可以是自己总结的，也可以是摘自书籍、网络或影视剧的名言警句。佳句结尾可以深化软文主题，加深软文的意蕴。有的佳句还有警醒和启发作用，可以启发用户，从而提高软文的转发率。例如，某 PPT 网课营销软文的结尾（见图 5-7），引用了巴菲特说过的、至今仍引人深思的名言："做你没做过的事情叫成长，做你不愿意做的事情叫改变。"

> 每一个让你感觉到舒服的选择，都不会让你的人生获得太大的成长。
> 而每一个让你感觉不舒服的选择，也并不一定让你获得大家所谓的祝福，
> 却会让你有机会获得与众不同的体验，寻觅到更多的可行性。
> 从一个"PPT 制作者"成为一个"PPT 设计者"，难吗？不轻松。
> 但正在学习阶段的你，连个 PPT 都征服不了，谈什么征服世界？
> 做你没做过的事情叫成长，
> 做你不愿意做的事情叫改变。

图 5-7　某 PPT 网课营销软文

（4）引导结尾。引导结尾即在结尾引导用户产生转发、点赞、收藏、点击链接了解产品详情、关注、购买等具体行动的结尾方式。写作时可以借助情感、利益等加强引导的效果。例如，某篇推荐书籍的软文的结尾为"我知道，让大家把刷视频、玩游戏的时间挤出来，去啃下这厚厚的六大本书，是一件很困难、很痛苦、很不容易的事情。但是，它值得。点击下图，可跳转至××商城，购买××系列正版中文书籍。"

（5）互动式结尾。互动式结尾就是在结尾设置话题，吸引用户参与。其一般采用提问方式，引发用户的思考，提高他们的参与度。微博、微信等注重互动性的社交媒体平台中的一些软文就常设置话题引导用户互动。例如，"大家都来谈谈收到过什么让你印象深刻的礼物？""通宵读书是怎样的体验？"

素养课堂

营销人员需要通过不断地练习和实践提升自己的文字功底，增强文字表达能力，更加熟练地撰写软文，提升软文的营销效果。

任务实训　　　　**设计文艺书店的营销软文**

知海书屋是一家致力于推广全民阅读、融合传统与现代文化元素的文艺书店，其理念是"以书会友，以文化人"。它不仅销售各类图书，还定期举办文化沙龙、作家签售会、亲子阅读活动及艺术展览，旨在打造一个集阅读、学习、交流、休闲为

一体的文化空间。为提升知海书屋的品牌形象，激发读者到店体验或线上购书，知海书屋设计一篇故事类的营销软文。

【任务要求】

（1）设计一个具有吸引力并准确传达软文主旨的标题。

（2）明确软文正文的写作结构，并撰写软文。

【操作提示】

（1）设计软文标题。根据知海书屋的品牌信息设计体现知海书屋品牌特性的软文标题，如“知海书屋：在城市的喧嚣中，寻一抹静谧的文化绿洲”，该标题融入情感元素，直接点明软文的主题——关于一个文艺书店的介绍与推荐，让读者一目了然。

软文标题：________________________________

____

（2）构思软文结构。构思软文的写作结构，如故事类的软文通常采用总分总式结构搭建内容。

总：软文开头用一段富有诗意的文字描绘现代人忙碌生活的场景，引出知海书屋作为“心灵栖息地”的重要性。

分：软文中间部分分别从品牌介绍、书店场景描述、读者故事/案例分享、社会责任和未来展望等方面展开叙述。

总：软文结尾以引导结尾的方式结束全文，鼓励读者亲自探访知海书屋，体验其独特的文化韵味。

软文结构：________________________________

____

____

____

（3）撰写软文。根据设计的标题和构思的写作结构撰写完整的软文，按照总分总结构撰写的软文参考示例如图5-8所示（配套资源：\效果文件\项目五\书店营销软文.docx）。

在这个快节奏、高压力的时代，城市的每一个角落都充斥着喧嚣与浮躁。人们穿梭在高楼大厦间，步履匆匆，心灵却似乎总在寻找一片可以栖息的净土。正是在这样的背景下，“知海书屋”——这家融合了传统与现代文化元素的高端品牌文化书店，悄然成了都市人心中的一片文化绿洲。

“知海书屋”，一个听起来就让人心生向往的名字，它不仅是一家书店，更是一种生活态度的象征。自成立以来，该品牌始终秉持“以书会友，以文化人”的理念，致力于为读者打造一个集阅读、学习、交流、休闲于一体的多元化文化空间。在这里，每一本书都承载着知识的重量，每一场活动都散发着文化的芬芳，吸引着无数热爱生活的灵魂相聚。

踏入“知海书屋”，仿佛穿越了时空隧道，瞬间远离了都市的喧嚣。店内设计巧妙融合了古典与现代元素，木质书架散发着淡淡的木香，一排排书籍整齐排列，宛如知识的海洋等待着每一位探索者的到来。柔和的灯光洒落，为这片阅读天地增添了几分温馨与雅致。儿童阅读区色彩斑斓，卡通造型的座椅和柔软的垫子让孩子们在欢乐中爱上阅读；咖啡休闲区则提供各式精致饮品，让读者在品味咖啡香醇的同时，享受阅读带来的宁静与满足。

“知海书屋”不仅是一个购书的地方，更是一个文化交流的平台。这里定期举办各类丰富多彩的文化活动，如“经典文学之夜”，邀请知名作家亲临现场，与读者分享创作背后的故事与心得，让文学的光芒照亮每一个热爱阅读的心灵。又如“亲子共读时光”，通过亲子共读经典绘本、参与互动游戏等方式，增进家庭成员间的情感交流，共同营造温馨和谐的家庭阅读氛围。此外，还有艺术展览、音乐会等多样化活动，让“知海书屋”成为城市中一道独特的风景线。

图5-8 书店营销软文

任务三 软文营销推广

软文营销推广需要选择合适的发布平台和时间，恰当的发布平台和时间能够提高软文的曝光率，覆盖更多的用户群体，增强软文营销效果。本任务主要介绍如何选择软文发布平台、发布时间的相关知识，帮助营销人员做好营销推广。

（一）软文发布平台的选择

几乎所有的网络平台都可作为软文的发布平台，但不同类型、内容的软文，适合的平台不同。

1. 社交媒体平台

社交媒体平台用户基数大，并且具有明显的社交属性，用户非常活跃，是发布软文的主流平台，可用于软文发布的社交媒体平台包括微信公众号、微博、小红书、知乎、豆瓣等。

（1）微信公众号。微信公众号是微信平台的重要组成部分，是用来发布微信公众号文章的场所，具有高度的开放性和灵活性。它允许企业或个人注册账号，自主发布和管理内容，适合发布各种类型的长篇软文。

（2）微博。微博主要是发布短篇内容的场所，信息更新快，旧的内容会很快被新的内容替代，适合发布包含时事热点、娱乐信息、实用知识或技巧等的短篇软文，这些软文更容易迅速吸引公众注意。

（3）小红书。小红书以生活方式分享为主，适合美妆、旅游、美食等领域的软文推广，内容强调用户体验和"种草"文化（向他人推荐某种产品或服务，以激发对方的购买兴趣）。

（4）知乎。知乎是以问答为核心的知识型社交平台，适合发布教育、科技、健康等领域专业性强、解答类的软文。

（5）豆瓣。豆瓣是以图书、电影、音乐点评为核心的兴趣社交平台，尤其适合图书、影音推荐类的软文。

2. 内容聚合平台

今日头条、腾讯网、网易、新浪网等内容聚合平台整合新闻、科技、财经、娱乐、体育、汽车、时尚等领域内容，为用户提供一站式的内容阅读，适合发布各种类型的软文。

3. 行业垂直类媒体

行业垂直类媒体是聚焦于特定行业或领域的媒体平台，它们专注于提供某个特定行业或领域相关的深度信息和服务。例如，汽车之家是汽车领域的专业网站，适合发布汽车新闻、行情、评测、导购等相关的软文；36氪、钛媒体属于科技媒体，适合科技产品、创新创业故事类的软文发布；CSDN、51CTO论坛、ITeye论坛等属于专业IT媒体平台，适合发布技术产品、编程教程等相关软文。

> **案例阅读** **某手机产品的软文营销策略**
>
> 某手机品牌在推广一款新手机时，在软文营销方面，该品牌选择与一位知名科

技博主合作，邀请其撰写详细评测该手机的软文。在软文中，该博主首先介绍了该手机的外观和功能特点，然后结合自己的使用体验进行分析，指出该手机的优势和使用场景，并配以照片和视频展示该款手机及其使用场景。软文同时在各大科技媒体和社交媒体平台上发布，一经发布，凭借其真实性和专业性获得大量用户的关注和转发，有效提升了该手机的销量。

思考：（1）该篇软文为何选择在科技媒体和社交媒体平台发布？（2）在这两个平台发布各有何优势？

（二）软文发布时间的选择

不仅发布软文的平台重要，发布软文的时间也很重要。企业在恰当的时间发布软文可以有效提升软文的传播效果。因此需要选择好发布时间，包括发布时机和发布时间段。

1. 选择发布时机

把握好软文的发布时机能够使软文受到更多人的关注。其中，节假日、热点事件发生后、新产品上市时是3个不容错过的软文发布时机。

（1）节假日。节假日是软文发布的黄金时机。在节假日，人们不仅有更多空闲时间浏览网络信息，而且购物欲望和活动安排更加频繁。在节假日发布软文，可以有效地吸引更多人的注意，提高软文的传播效果。

（2）热点事件发生后。热点事件发生后，相关的话题一般会引起社会热议，此时发布与热点事件相关的软文不仅更容易得到发布平台的推荐，而且更容易引起人们的关注和共鸣，能有效提高软文的曝光度和传播效果。

（3）新产品上市时。新产品上市时是软文宣传的最佳时机之一。在产品上市时，人们对新产品的好奇心和购买欲望较高，因此发布与新产品相关的软文，可以有效地吸引目标用户的注意，提高产品的知名度和销量。

> **专家点拨**
>
> 要想持续通过软文营销达到好的营销效果，可以在软文发布平台有规律地更新软文，如每隔3～5天发布一篇软文，培养用户在固定时间段内阅读的习惯，从而实现持续的曝光。

2. 选择发布时间段

根据人们的作息规律，通常多数的用户会选择在8:00—10:00、12:00—14:00、19:00—21:00浏览网络信息，这3个时间段是发布软文的最佳时间。

（1）8:00—10:00。8:00—10:00是人们开始新的一天的时间段，很多人会在这个时间段打开手机查看时事新闻、娱乐信息等。选择在这一时间段发布软文，可以抓住人们的注意力，使软文更容易被广大用户所关注。

（2）12:00—14:00。中午是人们休息吃饭的时间，很多人会在用餐的间隙打开手机浏览信息。在人们休息的时间里进行软文推广，可以取得不错的效果。

（3）19:00—21:00。19:00—21:00是人们下班后休闲的时间，很多人在晚间会花更多的时间浏览网络信息。选择在这一时间段发布软文，可以吸引更多的目标用户，因为此时间段的人群相对更加集中，有更多的时间来阅读和了解软文内容。

此外，选择软文投放的时间还应考虑用户的使用习惯。不同地区、年龄段以及职业的人群在阅读时间段上可能会有所区别，因此可以根据用户的使用习惯来调整软文投放的时间，以提升软文曝光率和传播效果。例如，职场人士可能在通勤时段与用餐时段更频繁地浏览信息，而学生群体的浏览行为可能在晚间时段更加集中。

任务实训　　　**选择某品牌产品营销软文的发布平台和时间**

　　某家居用品品牌为提高品牌的知名度，写作了一篇篇幅较长的故事类软文。软文以"用心打造家的温暖，让生活更美好"为主题，讲述一对年轻夫妇在购买该品牌产品后，生活变得更加温馨幸福的故事。软文中穿插品牌产品的介绍，旨在通过情感营销增进用户对品牌的好感。

【任务要求】

根据软文内容和特点选择软文的发布平台和发布时间。

【操作提示】

（1）选择软文的发布平台。思考这类情感丰富、故事性强的长篇软文适合在哪些平台发布，据此选择发布平台。

发布平台：＿＿＿＿＿＿＿＿＿＿＿＿＿＿＿＿＿＿＿＿＿＿＿＿＿＿＿＿＿＿＿＿

＿＿＿＿＿＿＿＿＿＿＿＿＿＿＿＿＿＿＿＿＿＿＿＿＿＿＿＿＿＿＿＿＿＿＿＿＿

（2）选择软文的发布时间。思考在哪些时间节点人们对家居用品的需求增加，以及思考情感丰富、故事性强的长篇软文适合在哪个时间段发布，据此选择软文的发布时机和时间段。

发布时间：＿＿＿＿＿＿＿＿＿＿＿＿＿＿＿＿＿＿＿＿＿＿＿＿＿＿＿＿＿＿＿＿

📖实训练习

项目实训——写作并策划推广某品牌产品的营销软文

1. 实训背景

　　某数码品牌新上市一款拍立得相机，为提高该款拍立得相机的知名度和销量，计划策划软文营销推广该产品。该款拍立得相机的价格、外观、功能和价值等信息如下。

（1）这款拍立得相机的性价比较高，499 元的定价适合大众消费。

（2）这是一款小巧玲珑、时尚靓丽、操作便捷且成像效果较好的拍立得相机，面向 20～30 岁追求时尚的年轻女性用户群体。

（3）这款拍立得相机可用于记录生活中的点滴，如记录小孩的成长过程、记录外出游玩时遇到的美丽风景，可以随时随地分享生活中的美好时刻。

（4）可以用这款拍立得相机拍摄的照片制作照片墙，或将照片贴在衣物间、冰箱上，为生活增添色彩。

2．实训要求

（1）为新品上市撰写一篇营销软文。

（2）为软文选择合适的发布平台与发布时间。

3．实训思路

（1）确定软文类型。如经验分享类软文，以个人经验为基础，分享使用该产品的效果和感受，通过强调真实性和实用性，引起用户的关注。

软文类型：＿＿＿＿＿＿＿＿＿＿＿＿＿＿＿＿＿＿＿＿＿＿＿＿＿＿＿＿＿＿

＿＿＿＿＿＿＿＿＿＿＿＿＿＿＿＿＿＿＿＿＿＿＿＿＿＿＿＿＿＿＿＿＿＿＿

（2）设计软文标题。在软文类型的基础上设计软文标题等，如为经验分享类软文设置标题："发现生活小确幸：我的时尚拍立得相机，记录美好时刻"，该标题使用网络流行语，同时设置引发共鸣的生活场景"我的时尚拍立得相机，记录美好时刻"直接点明主题吸引目标用户。

软文标题：＿＿＿＿＿＿＿＿＿＿＿＿＿＿＿＿＿＿＿＿＿＿＿＿＿＿＿＿＿＿

＿＿＿＿＿＿＿＿＿＿＿＿＿＿＿＿＿＿＿＿＿＿＿＿＿＿＿＿＿＿＿＿＿＿＿

（3）构思软文写作结构。如采用并列式结构，通过列出产品的价格、产品的外观、产品的功能及其带给作者的感受和效果为"发现生活小确幸，记录美好时刻"这一文章主旨服务。

软文结构：＿＿＿＿＿＿＿＿＿＿＿＿＿＿＿＿＿＿＿＿＿＿＿＿＿＿＿＿＿＿

＿＿＿＿＿＿＿＿＿＿＿＿＿＿＿＿＿＿＿＿＿＿＿＿＿＿＿＿＿＿＿＿＿＿＿

（4）撰写软文。从文章开头起撰写软文，如针对经验分享类软文，文章开头可通过采用解决方案展示的方式，先提出用户可能遇到的问题，然后引出本产品。如"在这个快节奏的时代，我们总是在寻找那些能让生活慢下来，让回忆定格的小确幸。最近，我入手了一款超级中意的拍立得相机，它不仅成为我随身携带的时尚单品，更是我记录生活点滴、捕捉美好瞬间的最佳伙伴！今天，就来和大家分享一下我的使用体验，如果你也热爱生活，一定不要错过哦！"引出本产品后，文章中间部分并列写作产品的价格、产品的外观、各种功能等内容，文章结尾则可引导用户采取行动。软文示例参考"产品推广软文.docx"文档（配套资源：\效果文件\项目五\产品推广软文.docx）。

（5）选择软文发布平台。根据软文类型和软文内容选择软文的发布平台，如小红书，其用户多为年轻女性，对时尚靓丽的数码产品有较高的关注度，且小红书以内容分享和产品"种草"为主，适合发布详细的使用体验和产品介绍。

发布平台：＿＿＿＿＿＿＿＿＿＿＿＿＿＿＿＿＿＿＿＿＿＿＿＿＿＿＿＿＿＿

＿＿＿＿＿＿＿＿＿＿＿＿＿＿＿＿＿＿＿＿＿＿＿＿＿＿＿＿＿＿＿＿＿＿＿

（6）选择软文发布时间。在选择软文的发布时间时，首先应利用新品上市的热度，第一时间发布软文，吸引用户关注。此外，可选择在 20:00—22:00 发布软文，在这一时间段，许多年轻女性会利用空闲时间浏览网络信息，寻找时尚产品。

发布时间：

课后练习

1. 名词解释

（1）软文　　（2）软文营销

2. 单项选择题

（1）（　　）软文通过介绍某一领域的知识，在传授知识的同时融入品牌或产品元素，提升品牌形象和产品认知度。

　　A．新闻类　　　　B．故事类　　　　C．科普类　　　　D．评论类

（2）（　　）软文通过对比多个同类产品并突出自家产品的优势和特点，引导读者做出选择。

　　A．评论类　　　　B．访谈类　　　　C．评测类　　　　D．经验分享类

（3）《家居秘密武器曝光！这款神秘产品如何让您的家瞬间焕发新生，您肯定猜不到》。这个标题采用的设计技巧是（　　）。

　　A．结合时事热点　B．设置悬疑　　　C．以"利"诱人　D．融入情感因素

（4）"'人生是花，而爱便是花的蜜'在这纷繁复杂的世界里，寻找那份纯粹而深刻的情感共鸣，成了许多人灵魂深处最温柔的渴望。今天，让我们一同翻开这本精心编撰的情感类图书……"，该软文开头采用的技巧是（　　）。

　　A．悬念开头　　　B．论点开头　　　C．对比开头　　　D．名言开头

（5）软文正文的多个段落相互独立且围绕同一主题写作，属于（　　）结构。

　　A．并列式　　　　B．递进式　　　　C．总分总式　　　　D．总分式

3. 操作题

（1）在分析品牌产品特点和目标用户的基础上，为自己家乡的农产品品牌写作品牌营销软文。

提示：首先确定软文类型，然后设计标题、确定写作结构，接着根据写作结构和文章主旨写作软文正文。例如，为安岳柠檬写作品牌营销软文，参考示例见"品牌营销软文.docx"文档（配套资源：\效果文件\项目五\品牌营销软文.docx）。

（2）某健康食品品牌为推广品牌写作了一篇营销软文，软文以"科学健康，从饮食开始"为主题，通过介绍现代人饮食习惯的不良影响，以及该品牌产品对健康的重要性，引起用户的重视。软文中穿插产品的功效和使用方法，但主要还是以知识科普为主，以让用户在阅读中对健康食品有更深入的了解。请根据该软文内容和特点选择发布平台和发布时间。

项目六

音视频营销

📖 课前自学

学习目标

- **知识目标：**
1. 了解常见的音频平台和音频营销的方式。
2. 了解常见的短视频平台与短视频内容策划和营销推广的方法。
- **技能目标：**
1. 能根据营销需求选择适合的音频平台。
2. 能够进行短视频账号定位和内容策划。
- **素质目标：**
1. 尊重知识产权，严禁传播违法和不良音频信息。
2. 确保内容原创、真实、准确，不发布虚假、误导性信息。

引导案例　蜜雪冰城 IP 形象动画片营销

2023 年，蜜雪冰城首部 IP 形象动画片《雪王驾到》上线。这部动画片是蜜雪冰城巧妙运用品牌故事和 IP 形象进行网络营销的一次大胆尝试。故事的主人公是一个名叫雪王的角色，他戴着一项王冠，披着红色的披风，手持一根冰淇淋权杖，其形象与蜜雪冰城品牌名和招牌冰淇淋高度关联（图 6-1 所示为《雪王驾到》预告片截图）。这部动画片主要讲述雪王和反叛者在斗争过程中不小心弄丢自己的权杖，从而踏上一段寻找权杖的冒险之旅的故事。在这个过程中，他结交了许多新朋友，一起经历了不少挑战和冒险，同时也制作了各种美味的饮品。

图 6-1 《雪王驾到》预告片

这部动画片的亮点在于它巧妙地将蜜雪冰城的产品自然地融入故事情节。例如，雪王和兔狲老板在品尝美食的场景中，观众可以轻易地认出蜜雪冰城的招牌产品。这种无缝的产品植入，不仅没有让观众感到突兀，反而增强了故事的趣味性和互动性。《雪王驾到》的推出，在社交媒体平台上引起热烈讨论。网友们对剧情的猜测、对反派角色的争论，以及对雪王形象的各种二次创作，都显示了这部动画片的受欢迎程度。这种自发的社交媒体互动，无疑为蜜雪冰城带来了巨大的品牌曝光度，也促进了其口碑传播。

思考

蜜雪冰城利用动画片《雪王驾到》进行营销，成功实现品牌及产品的植入，其植入成功的要素有哪些？

📖知识掌握

音频营销

任务一　音频营销

随着数字音频媒体的普及，音频营销经历了从传统媒体（如广播）到数字音频广告的发展历程，成为一种新兴的网络营销方式。本任务主要介绍音频营销的基本知识，帮助营销人员打好音频营销基础。

（一）音频营销及其优势

音频营销就是以音频内容为载体的营销方式。简单地讲，音频营销就是通过音频来推广品牌或产品。

音频营销作为一种新兴的网络营销方式，具有独特的优势，使其在品牌传播和用户互动中扮演着越来越重要的角色。音频营销主要具有以下优势。

（1）低干扰度。相比视觉广告，音频广告在播放时通常不会占据用户的全部注意力，因此具有较低的干扰度。用户可以在进行其他活动（如驾驶、锻炼、做家务等）的同时收听音频，这种"伴随性"使得音频广告更容易被用户接受和记忆。

（2）高完播率。由于音频的播放通常不需要用户主动操作（如点击、滑动等），因此其完播率（音频的播放完成率）往往较高。这意味着会有更多的用户完整地听完音频，从而增加品牌信息的传达效果。

（3）强情感连接。声音是人类最原始、最直接的沟通方式之一，能够迅速触达人们的情感层面。通过精心设计的音频内容，品牌能够与用户建立深厚的情感连接，增强用户对品牌的认同感和忠诚度。

（4）覆盖范围广泛。音频可以在各种设备和场景中播放，包括计算机、智能手机、智能家居设备、车载音响等。这种广泛的覆盖范围使得音频营销能够触及更多的潜在用户，提高品牌曝光率。

（二）常见的音频平台

音频平台是以音频作为主要传播形式的平台。近年来，音频平台不断涌现，为音频营销提供了广阔的市场空间。目前，国内主流的音频平台有喜马拉雅、蜻蜓 FM 和荔枝等。

1. 喜马拉雅

喜马拉雅创立于 2012 年，是国内成立时间较早的音频平台之一，支持 iOS、Android、Windows、智能音响等软件系统和终端。截至 2023 年年底，喜马拉雅全场景平均月活跃用户数突破 3 亿，移动端平均月活跃用户数超过 1.3 亿。平台的特点如下。

> 想一想：
>
> 在生活中你会通过音频平台收听音频节目吗？各个音频平台有何特点？

（1）内容丰富多样。喜马拉雅通过专业生产内容（Professional Generated Content，PGC）、专业用户生产内容（Professional User Generated Content，PUGC）及用户生产内容（User Generated Content，UGC）实现音频内容的全方位覆盖，涉及金融、历史、人文、科技、教育、相声评书、娱乐等众多领域，不仅有动人的音乐、精彩的有声小说，还有权威的财经报道、新闻资讯，以及实用的少儿读物等，能够满足不同年龄段用户的需求。图 6-2 所示为喜马拉雅网站首页显示的内容分类情况。

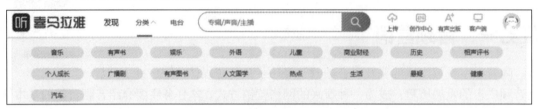

图 6-2　喜马拉雅网站首页

（2）用户群体广泛。喜马拉雅的用户群体广泛，包括不同年龄、职业和兴趣爱好的人群。无论是新手父母、职场员工还是中老年群体，都能在平台上找到适合自己的内容。

（3）大量的内容创作者。喜马拉雅平台上活跃着大量的内容创作者，包括专业团队、个人及普通用户等。这些创作者用声音分享自己的故事、观点、知识，并因此收获粉丝、成就感或商业变现的机会。

（4）互动性强。喜马拉雅提供了丰富的互动功能，如评论、私信、关注等，有助于提高用户的参与积极性和互动性。用户可以随时随地和主播互动，告诉主播自己想听什么内容，也可以上传自己的声音作品到平台，分享给更多的人。

2. 蜻蜓 FM

蜻蜓 FM 创立于 2011 年，是国内首家网络音频应用。其最大的特色是与全国各大地方电台合作，将传统电台整合到网络电台中，为用户呈现丰富的广播节目和电台内容。现已发展成为一个音频内容聚合平台，不仅囊括上千家广播电台，还涵盖了有声小说、相声小品、新闻、音乐、脱口秀、历史、情感、财经、儿童、评书、健康、教育、文化、科技等 30 多类有声读物或音频节目。图 6-3 所示为蜻蜓 FM App 首页。

蜻蜓 FM 支持 Android、iOS、Windows 等软件系统，内容生产以 PGC 为主，能够输出大量高质量的音频内容，满足用户对高质量内容的需求；在用户方面，蜻蜓 FM 的用户群体主要是 24～35 岁的年轻人，以男性用户为主，他们多分布在一、二线城市，通常具备较强的消费能力，愿意为符合自己兴趣和需求的内容付费；在功能方面，蜻蜓 FM 提供广播电台直播功能，同时支持下载音频节目，用户可实现离线收听。另外，相对于喜马拉雅，蜻蜓 FM 的社交属性偏弱。

图 6-3　蜻蜓 FM App 首页

3. 荔枝

荔枝于 2013 年创立，最初以微信公众号的形式运营，积累大量用户后于同年 10 月推出荔枝 App。目前，荔枝强调音频的社交属性，鼓励用户通过声音展现自己的才华，构建起一个以 UGC 为主导的音频互动娱乐社区，支持 iOS、Android、Windows 等软件系统。

在用户方面，荔枝的用户群体以年轻人为主，其中大部分为"90 后""00 后"，男女比例相对平衡。这部分用户往往对新颖的媒体形式接受度较高，喜欢通过音频平台进行社交和情感交流，用户可以通过点赞、转发和社区发帖等方式互动。在内容方面，荔枝鼓励用户创作和分享自己的音频内容，平台上汇聚了海量年轻人喜欢的情感、脱口秀、二次元、综艺、音乐等音频内容，可以满足不同年龄用户的个性化需求。图 6-4 所示为荔枝 App "声音"界面显示的内容分类情况。在功能方面，荔枝注重音频的录制和上传，提供了便捷的录音工具和后期制作功能。同时，荔枝的语音直播功能支持多人连线和实时互动，用户可以在直播间与主播进行实时互动，以获得更好的体验。

图 6-4 荔枝 App 的"声音"界面

其他常见的音频平台有猫耳 FM、小宇宙、阿基米德、豆瓣 FM 等。相对来说，这些平台的用户基础和内容丰富度不及喜马拉雅、蜻蜓 FM 和荔枝等主流的音频平台，但具有一定的市场潜力。

> **专家点拨**
>
> 在音频平台上，音频有直播和播客这两种重要的发布形式。直播即音频内容实时生成，用户可与主播实时互动；而播客的内容是预先录制的音频节目，用户可自由选择收听时间。

（三）音频营销的方式

音频营销的方式丰富多样，大致可以分为在音频内容中植入广告、在音频平台上投放广告和搭建音频自媒体这 3 种方式。

1. 在音频内容中植入广告

在音频内容中植入广告是很常见的音频营销方式之一。通过音频内容植入广告的实现方式包括定制音频节目、口播冠名、音贴和软植入。

（1）定制音频节目。定制音频节目主要是指企业根据品牌特性和产品特点，与特定主播合作定制节目，通过发挥主播的个人影响力和号召力，强化品牌与目标用户的深度沟通，同时可以通过设定粉丝特权加速营销转化。这种方式可以看作音频营销领域的直播带货。

（2）口播冠名。口播冠名是指企业与音频节目方达成合作，由音频节目的主持人在音频节目播放中（如每期节目开始时）以口头播报的方式来推广企业品牌。例如，"早上好！亲爱的听众朋友们，现在是由小艾带来的《悦动早晨》节目。在这美好的一天，让我们一起来感受悦动的力量吧！特别提醒，本节目由××品牌冠名支持。"

（3）音贴。音贴就是音频节目中的贴片广告，是指在音频节目中插入的广告，属于硬广告。音频节目的流量越大，音贴的广告效果一般就越好。

（4）软植入。与音贴这种硬广告不同，软植入是将品牌或产品推广内容与音频内容巧妙结合，使听众更容易接受广告内容。

2. 在音频平台上投放广告

在音频平台上投放的广告形式主要是开屏广告和信息流广告。开屏广告即用户启动音频移动端 App 时出现的全屏广告，如图 6-5 所示，该广告一般持续几秒，可以以图片、视频等形式加载。开屏广告具有品牌效应强、曝光性强、位置优越等优点，但费用较高。信息流广告一般被嵌入音频节目信息列表，其上方显示有"广告"字样，如图 6-6 所示，因为广告内容贴近音频节目信息，所以对用户干扰少，能够起到较好的广告曝光效果。

图 6-5　开屏广告

图 6-6　信息流广告

3. 搭建音频自媒体

搭建音频自媒体的方式是指企业直接入驻音频平台开通账号，建立自己的音频自媒体，发布与企业品牌或产品相关的音频内容。这种音频营销方式的优势是增强了品牌自主性，可以通过持续输出优质音频内容，建立品牌声誉，增强粉丝黏性。

案例阅读　　　　　**交通银行《沃德财富说》**

沃德财富是交通银行财富管理体系中的一个品牌，主要面向中高端个人客户提供金融理财服务。

2022 年，交通银行与喜马拉雅首次进行合作，充分发挥喜马拉雅的内容营销优势，精心打造了《沃德财富说》系列音频定制节目，并于 2022 年 12 月至 2023 年 3 月分 15 期在喜马拉雅播放。《沃德财富说》从关乎人们生活的热点话题出发（如金融诈骗与防范），以提升财富管理能力为目的，内容囊括养老金政策解读、年终奖合理规划建议、理财优选产品推荐、福利活动介绍等。节目播出后，总播放量超过 375 万人次，如图 6-7 所示。通过精心制作的音频内容，交通银行不仅推动了沃德财富品牌的传播，而且深化了目标用户对相关业务的了解。

图 6-7　交通银行《沃德财富说》节目页面

思考：（1）交通银行进行沃德财富品牌推广采用了哪种音频营销方式？（2）该营销方式有何特点？

专家点拨

音频营销还可以与其他营销渠道联动。例如，通过社交媒体平台分享音频内容（如音频片段、音频推文等），以利用社交媒体平台的传播特性，快速增加品牌的曝光度。

任务实训　　　　为某在线教育机构选择音频平台

随着在线教育市场的蓬勃发展，音频作为知识传播的重要载体之一，凭借其便捷性、随时随地可学习的特点，越来越受到学习者的青睐。某提供职业技能培训和职场提升等服务的在线教育机构计划拓展其音频课程产品线，以满足用户多样化的学习需求。为此，需要选择一个合适的音频平台入驻。

【任务要求】

（1）分析市场上主流的音频平台，了解其用户群体、内容生态、功能支持等关键信息。

（2）结合机构自身需求，选择适合的音频平台入驻。

【操作提示】

（1）平台调研。通过搜索引擎、音频平台官方网站和 App 等途径了解如喜马拉雅、蜻蜓 FM、荔枝等主流音频平台的基本情况，将结果填写至表 6-1 中。

表 6-1　音频平台分析

平台名称	用户群体	内容生态	功能支持
喜马拉雅			

续表

平台名称	用户群体	内容生态	功能支持
蜻蜓 FM			
荔枝			

（2）选择平台。基于在线教育机构的课程特色和目标用户群体，综合考量各平台的特点和优劣势，选择适合的音频平台入驻。

素养课堂

营销人员进行音频营销时需要遵守行业规范和法律法规，尊重他人的知识产权，不传播违法和不良音频信息。

任务二　短视频营销

短视频营销

短视频平台的兴起，让观看短视频成为用户日常网络活动中的重要组成部分，这种普遍的用户行为促进了短视频营销的诞生，并使其逐步成为网络营销的利器。本任务主要介绍短视频营销的基础知识和策划、推广方法，帮助营销人员进行短视频营销策划和推广。

（一）短视频营销及其优势

短视频通常指的是在互联网平台上播放的、时长较短的视频，时长通常为几分钟甚至几十秒。短视频营销就是以短视频为载体，以内容为核心，以创意为导向，传播品牌信息、营销产品的一种网络营销方式。

短视频营销具有以下优势。

（1）内容多元。短视频营销可以涵盖各种主题和内容，包括搞笑、娱乐、生活、时尚、教育、科技等各个领域。多样化的内容能够满足不同用户的兴趣需求，提高品牌的曝光度和认知度。

（2）传播渠道广。短视频的时长短，可实现跨平台、多渠道传播，扩大营销声势。

（3）社交属性强。用户可以通过点赞、评论和转发等方式与其他人互动，这不仅增强了用户之间的联系，还有利于传播短视频，使短视频营销具有强烈的社交属性。

（4）满足用户的碎片化需求。智能手机的全面普及和 5G 技术的发展，增加了用户碎片化浏览信息的需求，而短视频可在短时间内直观地呈现营销信息，缩短了用户获取信息的时间，使用户可以随时随地获取想要的信息。

（5）有效带动用户情感。短视频往往拥有符合情境的配乐、文字等，更容易带动用户的情绪，使其与品牌或产品建立情感连接。

（二）常见的短视频平台

短视频的爆发式增长，催生了很多短视频平台。具体选择时，可根据输出内容与企业目标用户来选择。目前，主流的短视频平台有抖音、快手等。

1. 抖音

抖音，是字节跳动公司于 2016 年 9 月推出的一款面向年轻人的音乐创意短视频社交平台。用户年龄主要集中在 18～35 岁。从用户性别分布上看，抖音男性用户与女性用户的比例基本持平，男性用户偏好游戏、汽车、电子产品等内容，女性用户偏好时尚、美妆、母婴、穿搭、美食等内容。

> **想一想：**
> 你还知道哪些常见的短视频平台？这些短视频平台各有何特点？

根据抖音官方公布的数据，抖音的日活跃用户量已超过 8 亿，用户基数大。抖音利用大数据算法分析用户的兴趣爱好，采用精准的个性化推荐机制，可以有针对性地推送用户感兴趣的短视频，实现"千人千面"，提高了营销的精准性。同时，抖音提供多种变现方式，如直播带货、短视频带货、短视频创作奖励等。

2. 快手

快手，其前身是诞生于 2011 年 3 月的"GIF 快手"，是北京快手科技有限公司推出的一款用来制作、分享 GIF 图片的手机应用软件。2012 年 11 月，快手从图片软件转型为短视频软件，用于记录和分享生活。与"时尚化"的抖音相比，快手更加"生活化"，覆盖老中青年用户群体。在内容偏好上，30 岁及以下的用户以女性用户居多，其偏好美妆、才艺达人、时尚穿搭、母婴、亲子萌娃等方面的内容；31～50 岁的用户偏好房产家居、金融财经、科技科普、汽车、运动健身、旅游的内容；51 岁及以上人群偏好美食、健康、宠物、时尚穿搭、旅游等方面的内容。

相较于抖音，快手实行"流量普惠"策略，将更多的流量分配给普通用户，鼓励用户创作内容，并保护他们的权益。同时，快手对于短视频营销的支持力度也相对较高，这使得其获得大量普通用户的支持，具有较高的用户信任度和黏性。

（三）短视频账号定位

短视频营销账号需要有清晰的定位，清晰的账号定位是短视频营销的基础。如果账号没有明确的定位，短视频内容就会杂乱无章，只能在短时间内吸引一些流量，无法长期为账号引流，且很难吸引垂直领域的用户。

企业可以从以下 3 个方面入手，为短视频营销账号定位。

（1）行业定位。行业定位是指根据企业所属的行业来确定账号定位。例如，美妆类企业如果开设短视频营销账号，就可以将短视频账号定位为美容护肤类账号。

（2）产品定位。产品定位是指通过分析企业自身产品的形态来确定账号定位。例如，若企业主要经营服饰、鞋包类产品，其短视频账号可以定位为穿搭类账号；若企业主要经营数码类产品，其短视频账号可以定位为测评类账号。

（3）人群定位。人群定位是指根据企业目标用户的喜好来确定账号定位。例如，企业主要经营厨房用具，其目标用户主要是对美食制作感兴趣的美食爱好者，其短视频账号就可以定位为美食制作类账号。

短视频的个人运营者可以根据个人的特长、爱好进行账号定位。例如，美食爱好者可将账号定位为美食分享类账号，待有一定知名度后可推广美食类品牌或产品。

（四）短视频内容策划

短视频的时长较短，要想在较短的时间内为用户呈现精彩的内容、快速吸引用户的注意，就需要精心策划短视频的内容。

1. 选择短视频的内容类型

短视频的内容类型非常多，总的来说，比较热门的、能够较快获得用户关注的内容主要有表 6-2 所示的几个大类。

表 6-2　短视频主流的内容类型

内容类型	类型说明
彩妆类	近年来，"她经济"发展显著（"她经济"是指围绕女性消费形成的特有经济现象），美妆类短视频成为短视频营销的一条重要赛道。该类的细分类型有化妆教程、仿妆系列、化妆品或彩妆推荐、化妆品测评等
情感类	情感内容通常能够调动用户的情绪，引发其共鸣，从而促使短视频获得良好的数据表现，如高播放量、高点赞量和高转发量。该类的细分类型主要有个人情感经历分享、情感知识经验分享、正能量事件或人物分享、情感语录等
宠物类	该类短视频内容通常以萌趣可爱的宠物为主角，易吸引一大批爱宠人士的关注。其细分类型主要有日常记录、宠物剧情、宠物食品测评、宠物知识科普等
美食类	美食类短视频主要是美食探店、美食制作、美食展示等与美食有关的内容，能够快速吸引美食爱好者的关注。一些特色美食类短视频，还能够获得更多用户群体的关注，如某创作者在美食制作过程中融入田园生活、原生态生活，获得广泛关注
才艺类	才艺类短视频的内容一般以突显个人才艺为主，其细分类型主要有唱歌、跳舞、乐器、插画和茶艺等
游戏类	游戏类短视频的内容通常围绕网页游戏和手游展开，其细分类型主要有游戏视频、游戏直播、游戏解说和游戏达人的日常生活分享等
服装类	服装类短视频的内容通常围绕展示自我穿搭和解决他人服装穿搭的问题展开，其细分类型主要有今日穿搭分享、服装搭配方案、不同身材穿搭、服装测评等
健身类	随着我国公民健身意识的增强，越来越多的人自发健身。健身类短视频的内容围绕健康和身体锻炼展开，其细分类型主要有健身动作教学、跟练、打卡、瘦身教程、形体矫正等
职场类	职场类短视频的内容围绕职场中发生的事件展开，由于比较贴近日常生活，容易引起职场人士的共鸣。其细分类型主要有求职经验分享、面试心得分享、技能提升指南、职场好物分享、下班日常等
母婴类	母婴类短视频的内容主要围绕母婴生活展开，其细分类型主要有生活日常分享、育儿知识分享、母婴好物分享、健康知识科普等

2. 确定短视频内容的表现形式

短视频内容的表现形式是最终呈现在用户面前的内容形式，是短视频营销中的关键因素。根据制作方式和出镜主体的不同，短视频内容的表现形式不同。主要的内容表现形式如表 6-3 所示。

表 6-3　短视频内容的表现形式

表现形式	形式说明
真人解说	真人解说通常是由真人出镜（或不出镜）向用户讲解各种知识，如特定领域的专业性内容、热点讲解等，其讲解的内容一般对用户有一定的价值。真人讲解多是对已有素材的加工，因而需要在解说的基础上突出个人特色，体现个人的独特风格和人物标签，同时还要着重注意版权问题，以免产生侵权行为。图 6-8 所示为抖音上的电影解说短视频截图
动画	虽然动画和视频是两个不同的概念，但动画可以作为短视频的一种表现形式。动画应用于短视频中，可以塑造有创意的人物角色形象，增强视觉效果，使短视频更加生动有趣、富有创意
微纪录片	微纪录片一般以真实生活为创作素材，以真人真事为改编对象，对其进行艺术性的加工，能够引发用户的思考。与传统纪录片相比，微纪录片更加紧凑、生动，且时长更短，通常在几分钟到十几分钟之间，很容易引发用户的共鸣
图文拼接	图片拼接是将图片作为短视频的素材，并辅以背景音乐。图文拼接短视频的制作较为简单，通常是使用短视频平台自带的视频模板制作，在制作时只需将图片和文字导入模板，替换模板中的图文，便可完成制作。图 6-9 所示为抖音的"一键成片"制作界面，使用"一键成片"功能可以快速生成图文拼接短视频
微短剧	微短剧就是通过短视频向用户展示一段完整的故事，按照故事发展的开头、发展、高潮和结局，讲述完整的故事。其可以是对真实故事的改编，也可以是虚构的故事，但都需要引起用户的共鸣

图 6-8　电影解说短视频截图

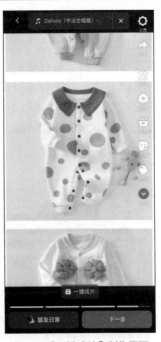

图 6-9　"一键成片"制作界面

📖**案例阅读　《逃出大英博物馆》——小短剧也有大情怀**

　　2023 年 8 月 30 日，由网络用户"煎饼果仔"和"夏天妹妹"主演的自创微短剧《逃出大英博物馆》第一期上线，引发了极大的关注。8 月 31 日第二期上线，9 月 5 日更新至第三期。该系列持续"出圈"，并得到央视新闻等主流媒体的肯定。截至 2023 年 11 月 5 日，抖音上该系列合集已突破了 4.2 亿播放量。《逃出大英博物馆》将文物拟人化，以中华缠枝纹薄胎玉壶与在海外工作的中国记者的互动，讲述了在大英博物馆中的中国文物出逃寻乡、只为回国传信而后期待"能堂堂正正回家"的故事，触发了#没有中国人能笑着走出大英博物馆#等热搜词条。

2023 年 9 月 3 日，该微短剧登上中国电影频道的《中国电影报道》栏目，被誉为"小短剧也有大情怀"。

思考： 请在网络上观看《逃出大英博物馆》系列短视频。看完后，您认为该短视频的目标用户有怎样的特征？该短视频是如何引起用户的共鸣的？

（五）短视频营销推广

短视频营销推广是要将短视频传播给更多的用户，这可以有效提高短视频的传播范围和曝光度，进而促进营销目标的实现，并为短视频营销的长远发展打下基础。短视频营销的推广方式可分为免费推广和付费推广。

1. 免费推广

免费推广主要利用各种免费渠道和平台特性来扩大短视频的传播范围，主要途径包括以下 3 种。

（1）利用平台推荐机制。主流的短视频平台基本有各自的推荐机制，大体可以总结为"初审→初始推荐→根据用户反馈扩大推荐范围或停止推荐"。如果短视频本身的质量较高，则营销人员可以利用这一机制推广短视频。

（2）参加平台活动。如果短视频本身的质量不高，且短视频账号缺乏人气，可以参加平台的官方活动以获取热度。这些官方活动的热度通常较高，参加时需根据活动要求制作短视频，以获得流量曝光。例如，在抖音 App 中打开侧边栏，点击"活动中心"选项，可查看活动规则并参与活动，如图 6-10 所示。

图 6-10　查看抖音的活动内容

（3）参加其他账号举办的活动。一些知名品牌经常会在短视频平台开展挑战赛。营销人员推广短视频时可以以参赛者的身份参加挑战赛，借助它们的热度，提高短视频账号的曝光度，进而吸引用户关注自己的短视频内容。

> **专家点拨**
>
> 微信、微博、今日头条等平台也可以发布和推广短视频，如将短视频发布到微信朋友圈、微信群等，并引导微信好友和群成员转发短视频。

2. 付费推广

付费推广是合理利用短视频平台上的付费推广工具推广短视频，提高短视频的曝光度等。不同的短视频平台提供了相应的付费推广工具。

（1）DOU+。DOU+是抖音推出的付费推广工具。使用 DOU+推广的短视频不会有广告标识，不容易引起用户的反感。设置推广目标，如涨粉、提升视频播放量、提高视频点赞评论量等以后，DOU+会根据设定的推广目标给出套餐价（见图 6-11），也提供自定义设置功能。直接使用所提供的套餐，比较简单快捷。如果想要设置更多的项目，如目标用户的性别、年龄等，让推送更加精准，则可以切换至自定义推广模式进行设置。

（2）快手粉条。快手粉条是快手官方推出的付费推广工具，用于增加短视频在快手内的曝光度，可以快速获取精准用户。快手粉条的短视频推广设置与抖音 DOU+推广短视频相似，设置推广目标后，可选择套餐进行短视频的推广，如图 6-12 所示。切换至自定义推广模式后，可自定义推广的时间和人群。

图 6-11　抖音 DOU+

图 6-12　快手粉条

任务实训   **明确三农领域的短视频账号定位**

    阿乐性格开朗、为人友善，有一手好厨艺。由于不放心家里的父母，阿乐毕业后选择返乡创业。他顺应当地政府大力发展渔业的政策，做起了海产养殖。随着短视频的火热，阿乐入驻抖音，通过短视频把自己的故事讲给大家听。考虑到自身情况，阿乐打算拍摄三农方向的短视频。三农所涉及的细分领域众多，仅将账号定位为三农账号不足以凸显账号的特色，因此，阿乐需要进一步做好账号定位，明确内容的细分领域。

【任务要求】

    分析三农领域短视频目标用户的画像，做好用户定位，再根据阿乐的身份和特长做好内容定位，为开展短视频营销做好账号准备。

【操作提示】

    （1）分析用户画像。通过搜索引擎、市场研究机构网站和短视频/直播数据分析工具等途径，分析三农领域短视频的用户画像。例如，登录灰豚数据，在主界面左侧选择"达人"——"达人库"选项，然后在"所属行业"栏中选择"三农"选项（见图6-13），查看排名前10的三农达人的粉丝分析数据。图6-14所示为某达人的视频观众画像。

图6-13   筛选三农领域达人   图6-14   某三农领域达人视频的观众画像

    （2）确定用户定位。根据获取的数据，总结三农领域短视频目标用户的特点进行账号用户定位，包括主要分布地区、性别比例、年龄分布、观看内容偏好等信息。

    用户定位：

    （3）确定内容定位。根据阿乐的身份和特长，结合三农领域目标用户的数据分析，确定账号的内容定位。

    内容定位：

📖实训练习

项目实训

实训一　为某旅游机构策划音频营销方案

1. 实训背景

随着音频内容的兴起，越来越多的旅游爱好者倾向于通过听播客、有声书等形式来探索世界，获取旅行灵感和实用信息。某主要面向年轻背包客、家庭游爱好者的综合性旅游机构为拓宽市场渠道、提升用户体验，决定入驻音频平台，打造一系列高质量、有吸引力的音频内容。为此，该机构需要选择合适的音频平台入驻，并规划出具有品牌特色和市场潜力的音频内容。

2. 实训要求

（1）根据旅游机构的目标用户、内容定位及市场策略，选择适合的音频平台入驻。

（2）设计音频内容的框架，包括内容类型和节目形式等，确保内容既符合用户需求，又能有效传播品牌形象。

3. 实训思路

（1）选择入驻平台。通过音频平台调研，选择用户群体与旅游机构目标用户高度重合的音频平台。同时评估音频平台对旅游类内容的支持力度以及内容类型是否多样。

入驻平台：

_____

_____

_____

（2）规划音频内容。明确音频内容的类型，如邀请旅游达人及机构内部员工分享真实动人的旅行经历，展现不同地域的风土人情和人文故事。规划节目的形式，如采用单人讲述，强调旅游体验的真实性与深度，通过声音传递旅游目的地的独特魅力。

音频内容：

_____

_____

_____

实训二　利用短视频营销推广某地暖产品

1. 实训背景

寒冬将至，各大取暖产品纷纷展开营销攻势。某企业针对当代年轻人追求生活品质的需求，以"改善冬季生活，给用户全方位呵护的温暖"为初衷，设计了一款移动地暖新品。现要求通过短视频营销的方式来打开市场，提升新品的知名度和销量。

2. 实训要求

（1）选择合适的短视频平台。

（2）策划短视频营销的内容。

（3）策划短视频营销的推广策略。

3. 实训思路

（1）选择短视频平台。适合开展短视频营销的平台有很多，企业需要根据地暖产品的目标用户群体选择适合的平台。

短视频平台：

_____

_____

（2）策划短视频营销的内容。根据地暖产品目标用户对短视频内容的偏好，进行短视频营销内容的策划。

短视频营销内容：

_____

_____

（3）策划短视频营销的推广策略。确定了短视频营销的内容后，进行短视频的拍摄与剪辑；之后在发布短视频时还要根据产品的功能与目标用户的特点，通过有效的手段推广短视频。

短视频营销的推广策略：

_____

_____

_____

课后练习

1. 名词解释

（1）音频营销　　　（2）短视频营销　　　（3）微短剧

2. 单项选择题

（1）音频广告在播放时通常不会占据用户的全部注意力，用户可以在进行其他活动的同时收听音频内容。这体现了音频营销（　　）的优势。

    A. 低干扰度　　B. 高完播率　　　C. 强情感连接　　D. 覆盖范围广泛

（2）在音频营销中，（　　）主要通过音频节目主持人在音频节目中以口播的方式进行品牌推广。

    A. 定制音频节目 B. 口播冠名　　　C. 音贴　　　　D. 广告软植入

（3）在为短视频营销账号定位时，（　　）是根据企业目标用户的喜好来确定账号定位。

    A. 行业定位　　B. 产品定位　　　C. 人群定位　　D. 内容定位

（4）短视频营销的优势不包括（　　）。

    A. 满足用户的碎片化需求　　　　B. 有效带动用户情感

    C. 渠道广　　　　　　　　　　　D. 完播率高

（5）根据制作方式的不同，短视频内容的表现形式不同，其中（　　）将图片作为制作短视频的素材。

    A. 真人解说　　B. 动画　　　　C. 微短剧　　　D. 图文拼接

3．操作题

（1）收集两个音频营销案例，分析其成功的原因。

（2）某家电品牌推出新款五谷杂粮破壁机，其卖点为：触摸屏操作、12 小时智能预约、11 个智能程序、一键自动清洗、高硼玻璃杯。该品牌现准备借助短视频营销该产品，请根据营销目的和产品卖点策划短视频内容。

项目七

直播营销

 课前自学

学习目标

- **知识目标：**
1. 了解直播营销的主要方式和常见平台。
2. 掌握与直播营销账号准备、场地和设备筹备相关的内容，以及与人员配置和内容策划相关的内容。
3. 掌握直播营销活动实施的重点环节。
- **技能目标：**
1. 能初步进行直播营销的策划。
2. 能进行常规的直播平台操作以实施直播营销活动。
- **素质目标：**
1. 培养创新思维和团队协作能力。
2. 遵守法律法规和行业规范，树立良好的职业形象。

 引导案例 **美的构建快手直播账号矩阵**

企业将业务从线下拓展到线上，早已不是新鲜事，如何把握直播带货的潮流，开拓新的营销渠道，却是很多企业面临的难题。在众多企业中，美的于 2020 年率先在快手布局。美的以旗下生活小家电打开局面，从 3 月开始让数百位生活小家电的导购陆续在快手开通账号，初步建立起以美的生活小家电官方号为中心的账号矩阵。4 月，美的生活小家电在快手"超级品牌日"通过"短视频+直播 PK"的多样玩法发起"美的厨王挑战赛"活动。据统计，"美的厨王挑战赛"活动相关短视频的总播放量超过 380 万次，直播总观看人数超过 480 万人，美的生活小家电官方号首次直播卖货则实现了单场 1 小时直播 1.7 万元的销售额。2022 年，在直播电商领域，家电行业迎来快速发展。2023 年，美的加大在快手平台的投入，从达人直播到品牌自播，展开全方位的布局和拓展。为了降低合作达人的"准入门槛"，美的在武汉建立了直播基地，提供全系列产品，使得达人只需拎包上播即可。同时，美的创建了数十个官方号，除了美的生活小家电，还有美的冰箱旗舰店、美的空调旗舰店、美的厨卫旗舰店等官方号，构建起了庞大的直播营销账号矩阵。

思考
美的构建快手直播账号矩阵（包括官方号和个人号）对其开展直播营销有何意义？

了解直播营销

📖知识掌握

任务一　了解直播营销

　　直播营销是在现场随着事件的发生、发展同时制作和播出的视频营销方式，以直播平台为载体，具有较强的视觉冲击力。从广义上讲，可以将直播营销看作以直播平台为载体进行的营销活动。随着用户需求的变化，直播营销已经成为一种强有力的营销方式。本任务主要介绍直播营销的主要方式、常见的直播平台和直播营销风险防范，以帮助营销人员打好直播营销基础。

（一）直播营销的主要方式

　　根据营销的目的不同，开展直播营销活动可选择不同的方式。常见的直播营销方式主要有以下5种。

1. 直播电商

　　直播电商是直播营销的主要方式，它是直播和电商相结合的产物，是一种以直播的方式销售产品的营销活动。直播带货便是直播电商的典型应用，也是企业和个人常态化的直播营销手段。与传统电商主要通过产品详情页引导用户购买产品不同，在直播电商中，主播可以把产品的优缺点、使用效果等都通过直播直观地展现出来，实现实时互动，完成导购。

> **想一想：**
> 　　你观看电商直播吗？你会因为主播的推荐而购买某个产品吗？为什么？

　　根据主播主体的不同，直播电商分为商家自播和达人直播两种模式。这两种模式的特点如表7-1所示。

表7-1　直播电商的模式

直播电商模式	说明	特点
商家自播	由商家组建直播团队开展直播	（1）常见于品牌店铺和旗舰店，主播一般由商家内部人员担任 （2）观看直播的用户基本上是品牌的粉丝，他们对品牌有一定的忠诚度，对品牌的产品有一定的需求 （3）依托自身的品牌效应，可以将非粉丝用户转化为自己的粉丝 （4）产品展示方式较固定，直播内容表现形式较单一 （5）可由多人轮流直播，以实现24小时在线直播
达人直播	由达人主播汇聚各类产品开展直播	（1）主播一般没有自己的货源，应与商家对接后在直播间内销售商家的产品 （2）产品种类多样，上新速度快，但受限于商家提供的产品款式 （3）主播需要凭借自身积累的粉丝和较强的内容生产能力实现流量转化 （4）用户购买产品除了基于对品牌的信任和对产品的需求，也基于对主播的信任 （5）单人直播，直播时长有限

2. 直播+发布会

直播+发布会是众多企业发布新品、新闻的重要营销方式，也是企业造势、制造热点的重要途径。直播+发布会的直播地点不局限于会场，也不局限于某一个平台，可以通过多平台、多渠道，或以互动性更强、更有趣味性的方式展开。例如，华为智界 S7 的直播发布会就利用 VR 等技术打造全景式发布会，强化用户的沉浸感，并通过华为官网、各平台直播账号等开展多平台直播，全方位触达用户。

3. 直播+广告植入

直播中的广告植入一般都是经过精心策划的软广告。例如，很多主播通过直播给用户分享化妆技巧，然后在分享的过程中植入面膜、保湿水、洁面乳等护肤产品的广告，自然而然地推荐产品或品牌，这样更容易使用户接受。在植入广告的过程中，还可以附上购买链接，促进产品的成交转化。

4. 直播+访谈

在直播+访谈营销方式下，访谈对象可以是企业的高层管理人员，分享企业文化、发展战略、企业动态等，可信度较高，同时企业的高层管理人员一般是知名公众人物，影响力较大；访谈对象也可以是行业专家、特邀嘉宾、路人等，从第三方的角度来阐述观点和看法，可以增加直播的可信度，对于传递企业文化、提高品牌知名度、塑造良好的企业形象有着促进作用。

5. 直播+企业日常

在社交时代，直播营销强调人性化。企业可以分享日常生活，与用户建立密切的联系。例如，现在许多主播会在办公地点开展直播，带领用户了解企业的办公场景、办公氛围、产品生产加工流程，以及企业员工之间的趣闻趣事等。

📖**案例阅读**   **小米玩转直播新品发布会**

小米可谓直播+发布会的常客，旗下众多产品，如小米无人机和小米 12、小米 13、小米 Max 系列手机的新品发布会均采用直播+发布会的方式，并且都取得了不错的效果，甚至成为小米粉丝期待的节目。

在 Xiaomi Civi 4 Pro 正式开售前，小米也毫无例外地选择了直播+发布会的方式进行品牌和产品推广。2024 年 3 月 21 日凌晨，小米手机通过其官方微博账号发布 Xiaomi Civi 4 Pro 新品发布会直播预告信息，为直播发布会预热，如图 7-1 所示。

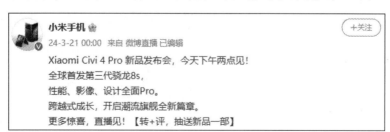

图 7-1　Xiaomi Civi 4 Pro 新品发布会直播预告

在直播过程中，小米详细展示了 Civi 4 Pro 的外观、配置、性能、功能和影像效果等，使观众直观且全面地了解和感受产品的特点。观众通过弹幕与小米互动，将新品发布会推向高潮，推动了#小米 Civi 4 Pro 新品发布#等话题的传播。仅微博直播，观看量（包括直播回放）就超过 1300 万人次，足以说明小米新品直播发布会的影响力。根据小米官方发布的数据，Xiaomi Civi 4 Pro 4 月 1 日正式开售后仅 10 分钟，销售额就是上一代产品全天销售额的两倍，迅速跻身为市场上的新宠。

思考：（1）直播新品发布会有何特点？（2）小米新品发布会直播为何取得成功？

（二）常见的直播平台

直播可以给用户带来直观即时、真实生动的购物体验，具有营销效果好、转化率高等特点。这也使市场上涌现了诸多的直播平台。不同的平台有不同的特性与玩法，企业或个人需要根据自身条件、资源和规划做出选择。

目前常见的直播平台主要分为传统电商类直播平台、短视频类直播平台、社交类直播平台 3 类。

想一想：
你还知道哪些类型的直播平台？

1. 传统电商类直播平台

传统电商类直播平台由传统电商平台孵化而来，这类直播平台开展直播电商业务具有先天优势，主要利用电商平台的流量带动直播流量，待直播平台拥有充足的固定流量后，再利用直播流量反哺电商平台，提高转化率。

传统电商类直播平台具有较强的营销性质，用户在平台上观看直播的购物目的和需求十分明确。平台上的直播类型以商家自播为主，直播间倾向于从公域平台中获取流量。目前，主要的传统电商类直播平台有淘宝直播、京东直播、多多直播（拼多多直播平台）等。其中，淘宝直播由于切入电商直播的时间较早，且具备产品供应链完善和用户基数大等优势，在传统电商直播领域影响非常大。

2. 短视频类直播平台

随着直播行业的蓬勃发展，很多短视频平台也适时推出直播业务。

目前，常见的短视频类直播平台有抖音、快手、西瓜视频、美拍、秒拍、腾讯微视等，其中，抖音与快手基于平台的海量用户基数，在短视频类直播平台中占据主流。同时，抖音和快手已形成电商闭环，用户在平台内就可完成产品选购、支付和购物评价等一系列交易行为，不用跳转到电商平台。与传统电商类直播平台专注于直播电商不同，抖音和快手的大众娱乐属性强，直播类型则以达人直播为主，直播内容也更多元，除了直播带货，还涉及娱乐新闻、才艺展示、聊天互动、户外活动等；主播的盈利方式更为多样，包括粉丝"打赏"等。

3. 社交类直播平台

社交类直播平台由社交媒体平台孵化而来，主要的社交类直播平台有微信视频号和微博等。微信视频号和微博的社交属性强，直播场景多元化，其中直播带货的直播类型以商家自播为主，用户观看直播的目的以社交沟通、休闲娱乐为主，购物次之。

总的来说，目前的直播营销市场格局呈淘宝直播、抖音和快手"三足鼎立"之势，尤其是在直播电商领域，淘宝直播、抖音和快手占据大部分的市场份额，而京东直播、多多直播、微信视频号、微博等直播平台则属于第二梯队，立足自身特点持续发展。

（三）直播营销风险防范

因为直播是实时进行，所以存在一些不确定因素，如直播设备稳定性问题、不当言论引起的负面效应等，一旦出现问题，就会对直播营销活动造成不良影响。所以在开始直播前，直播团队应做好风险防范，尽可能地规避风险。

1. 直播营销宣传风险防范

直播营销宣传需遵守《广告法》等法律条文的规定和平台规则。为避免违规违法，直播团队可采取以下防范措施。

（1）规范直播营销用语。直播营销需真实合法，合乎平台规则，不进行虚假宣传。例如，不擅自使用其他产品特有的名称、包装、装潢等；直播营销用语，包括直播宣传文案、视频、主播口播内容等，不使用无法考证的绝对化词语，如"最高级""最佳""唯一""绝无仅有"等词；直播营销用语不使用"中国驰名商标""领导品牌""专供""专家推荐"等权威性词语；直播营销用语不使用"秒杀""抢爆""再不抢就没了""不会再便宜了""错过就没机会了""万人疯抢"等激发用户抢购心理的词语。

（2）谨慎使用时限用语。"一天""今日""倒计时""趁现在""仅限""周末"等词语须标明具体活动日期。不得使用"随时结束""仅此一次""随时涨价""马上降价""最后一波"等无法确定时限的词语。

（3）客观推荐产品。客观评价所推荐的产品，谨慎评价其他同类产品，不诋毁其他同类产品，不损害商家的商业信誉、产品声誉。

另外，主播在准备不充分或因为紧张而出现口误时，应立即在直播间澄清、道歉。若用户因主播口误已产生消费行为，主播要及时与商家沟通，对有退货退款需求的用户进行退货退款处理。

2. 直播营销产品风险防范

直播营销产品面临的风险主要是选品风险和主推产品销售情况不佳的风险。

针对选品风险，直播团队应注意审查品牌商的资质、提供的产品检疫检验证和合格证等，排除质量不合格的产品。针对主推产品销售情况不佳的风险，直播团队应及时查看产品营销数据，若其他产品卖得更好、用户口碑更好，可在后续的直播中将销售量高的产品作为主推产品。

3. 直播过程常见风险防范

在直播过程中，若直播设备出现问题，可能出现网络中断、音视频不同步、黑屏、卡顿等情况。为避免此类情况的出现，直播团队应提前做好直播设备测试工作，包括检查直播设备是否完好无损、数量是否足够、应用功能是否正常等。

4. 用户反馈风险防范

用户是直播营销的直接作用者，其反馈的好坏影响直播营销的效果。对此，直播团队应实时监测用户的反馈信息，积极接纳正向反馈，同时处理用户的负面反馈，避免影响直播营销的效果。

素养课堂

　　互联网不是法外之地，直播团队需强化自律性，做到依法直播、诚信直播，主动申报缴纳税款，文明参与直播互动，营造文明、健康、安全的直播营销环境。

任务实训　　　　　　　　直播带货观看体验

　　在抖音中观看一场带货直播，观看时长不低于30分钟。观看直播后，评估直播效果，并分析各要素对直播效果的影响。

　　【任务要求】

　　（1）了解主播的个人形象、语言表达对直播效果的影响。

　　（2）了解直播间的互动氛围、产品品质和价格对直播效果的影响。

　　【操作提示】

　　（1）进入抖音直播广场。打开抖音App，点击左上角的☰图标，打开侧边栏，在"生活动态"栏中点击"直播广场"选项，进入直播广场即可观看直播，如图7-2所示。

　　（2）观看带货直播。带货直播画面的左上角显示了"带货榜"的字样，点击此处，在打开的界面可查看带货榜单，此时，可选择带货榜单中排名靠前的直播场次进行观看，如图7-3所示。

图7-2　直播广场

图7-3　带货榜单

　　（3）评估和分析直播效果。评估直播效果，可通过该场直播观看用户人数及人数变化情况、用户针对产品的问询情况、用户针对互动活动的问询情况等方面衡量。然后分析主播、互动氛围、产品品质和价格等对直播效果的影响。

① 主播的个人形象对直播效果的影响

② 主播的语言表达对直播效果的影响

③ 直播间的互动氛围对直播效果的影响

④ 直播间产品品质和价格对直播效果的影响

任务二　直播营销策划

直播营销策划直接关乎直播营销效果的好坏，其涉及的内容很多，本任务主要介绍直播营销账号准备、直播场地和设备筹备、直播营销人员配置、直播营销内容策划等知识，帮助营销人员掌握直播营销策划的重点内容。

直播营销策划

（一）直播营销账号准备

开展直播营销活动，通常需要准备好直播营销账号。通过直播营销账号，企业或个人可以自主策划直播营销活动，发布与直播相关的内容，有利于增加品牌或产品的曝光度。

1. 设置直播账号

不同直播平台的账号设置板块略有差异，但基本包括账号名称、账号简介、账号头像和头图、置顶视频等元素。图7-4和图7-5所示分别为快手上的个人账号和企业账号的主页。

图 7-4　个人账号主页

图 7-5　企业账号主页

（1）账号名称。个人账号的名称应体现个人特色，便于理解、记忆和传播，如"丽江石榴哥""虎哥说车""老爸评测"。有一定知名度的主播，其个人账号也常使用自己的真实名字。企业账号通常为企业名或店铺名，如"某某服饰""某某旗舰店"，或者是能体现产品特色的名称。

（2）账号简介。个人账号一般通过简短的内容告诉用户该账号的定位，展示个人特色和专长。企业账号则多直接说明企业品牌和产品的特点，以及企业实力等。

（3）账号头像和头图。个人账号的头像一般为真人照片，企业账号的头像一般为企业的品牌标志。账号头图是头像上方的背景图片，个人账号的头图一般为真人照片或生活场景图，也可为展示主播特长、联系方式等信息的图片。企业账号的头图一般为品牌标志、产品图片或展示企业形象的创意图片。

（4）置顶视频。置顶视频是账号主页视频列表中置于顶部的视频，可以是拍摄的短视频，或剪辑的往期直播片段，重要的是用于置顶的视频的内容质量和热度应较高，这样才有更强的吸引力。

专家点拨

　　由于每个账号、每个直播间获得的流量是有限的，因此企业或个人品牌可以在同一个平台内构建账号矩阵以实现内容运营的差异化，满足粉丝的不同需求，实现精准吸粉。同时，在多个账号之间互通引流，还可以增强各矩阵账号的影响力，使个人或企业品牌获得更多的曝光，实现个人或企业品牌推广范围和营销效果的最大化。

2. 开通直播权限

不同类型的直播平台开通直播权限的流程不同。

对于淘宝直播、京东直播等传统电商类直播平台而言，通常需要在其官方直播 App 或直播中控台中开通主播权限。例如，开通淘宝直播权限，用户可打开淘宝主播 App，如图 7-6 所示，点击 `立即入驻，即可开启直播` 按钮，根据操作提示进行实名认证后开通直播权限，随后开启直播。

对于抖音、快手等短视频类直播平台而言，通常直接默认开设的平台账号为直播账号，直接点击首页的"+"字样按钮进行直播权限开通。以快手为例，点击首页的"+"字样按钮，在打开的界面中选择"直播"选项，然后点击 `开始聊天直播` 按钮在打开的界面进行实名认证即可，如图 7-7 所示。但与淘宝直播不同，在快手和抖音上进行直播带货有一定的门槛。在快手上开通直播带货权限，主播首先要开通快手小店；在抖音上开通直播带货权限，主播账号的粉丝数量要不少于 1000 人，账号主页视频数要不少于 10 条，且需要缴纳保证金。

图 7-6　开通淘宝直播权限

图 7-7　开通快手直播权限

（二）直播场地和设备筹备

直播场地和设备是直播营销活动顺利开展的硬件支撑，直接影响着直播画面的整体呈现效果。

1. 选择和规划直播场地

直播场地主要分为室内场地和室外场地。直播团队需根据直播内容选择不同的场地。

（1）室内场地。在直播营销中，常见的室内场地有办公室、会议室、直播室、工作室、线下门店、住所等。室内场地直播常用于小件产品销售或直播访谈等，图 7-8 所示为个人工作室直播场地；图 7-9 所示为服装直播带货的室内直播场地。

图 7-8　个人工作室直播场地

图 7-9　服装直播带货的室内直播场地

一般来说，用于直播的室内场地需要满足一定的条件。

* **空间适宜**。室内直播场地的空间应足够宽敞，能够容纳直播设备、直播产品，以及直播团队成员等，同时要有足够的活动空间，具体可以根据直播需要调整场地面积的大小。

- **环境安静**。室内直播场地的隔音效果要好，避免杂音的干扰；要有较好的收音效果，避免在直播中产生回音。
- **光线充足**。充足的自然光线可以增加直播画面的真实感和美观度。如果直播场地较封闭，可以借助灯光设备补充光源，提升直播画面的视觉效果。

（2）室外场地。在直播营销中，常见的室外场地主要有产品生产基地（如蔬果种植园、茶园）、室外打包场所、露天集市、室外活动现场等。室外场地直播可以带领用户近距离观看产品的采购、加工、包装、发货等过程，不仅能带给用户沉浸式的体验，还能提升用户对直播内容的信任度。为确保直播营销效果，在选择室外场地时，尽量选择满足以下要求的场地。

- **天气适宜**。选择晴朗的日子开播，同时做好应对下雨、刮风等天气的防范措施。
- **场地范围**。应限制室外场地的范围，以免分散用户的注意力。
- **场地环境**。环境要整洁，不宜出现过多的围观人群或闲杂车辆。

选定直播场地后，还需要对场地进行合理的规划布局，使场地得到充分利用。常见的场地规划如图 7-10 所示。

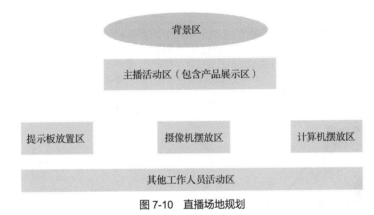

图 7-10　直播场地规划

📖**案例阅读**　　　"茶四代"冉贞友将直播间搬进茶园

　　冉贞友是湖北省恩施土家族苗族自治州鹤峰县的一名"茶四代"。在春茶采摘的黄金时期，为促进茶叶的销售，他决定尝试直播。

　　他观察了其他茶叶农产品商家开设的直播，发现他们大多是直接在直播间展示茶叶，采用口播的形式销售茶叶，形式千篇一律，难以吸引用户的关注，于是他决定将直播间搬进茶园。他带领一位女员工，穿上漂亮的苗族服饰，在茶园里开起了直播，带领用户近距离观看茶叶采摘、炒制等全过程。众多用户纷纷下单购买茶叶。随着直播事业的持续发展，冉贞友的茶叶逐渐销售到全国多个省份，销售额大增。

　　思考：对于农产品直播，将直播场地选在农田、果园或茶园有什么优势？

✏️ **素养课堂**

　　需要注意的是，主播在室外直播时，不能破坏或干扰公共秩序，不能影响他人的正常学习、工作。这是直播平台和监管部门严格规定的。

2. 筹备直播设备

直播营销活动离不开直播硬件设备的支持，直播硬件设备的性能直接影响直播内容的输出效果，从而影响用户的视觉和听觉感受。直播营销常见设备及说明如表 7-2 所示。

表 7-2　直播营销常见设备及说明

设备	详细说明
手机	手机是手机直播的主要设备，适用于室内直播和室外直播，或者在计算机直播时，用来查看用户的留言和评论，以便及时与用户互动。手机直播对手机的 CPU 和摄像头的性能要求较高，手机 CPU 的运行内存应不低于 4GB，摄像头不低于 1 200 万像素
计算机	计算机可用于直播、直播后台管理、脚本设计、修图、视频剪辑等。如果没有特殊需求（如游戏直播等），购买主流配置的笔记本电脑即可，但接口要足够丰富，以满足外部设备的连接需求
摄像头	摄像头是计算机直播的重要辅助设备之一。外接摄像头可以满足主播对摄像头的美颜、瘦身、清晰度、拍摄角度等方面的需求。一般而言，摄像头价格越贵，成像效果越好，具体需根据预算来定
支架	支架用于固定手机、摄像头、话筒等设备，以保证直播画面稳定，需根据固定设备的数量和大小选购。用于直播的主要有自拍杆式支架和三脚架式支架，一般自拍杆式支架能够固定的设备较少，三脚架式支架能够固定的设备更多
补光灯	补光灯用于在光线不足的情况下为直播提供辅助光线，以达到较好的光线效果。直播中常用的补光灯主要有柔光箱/球（见图 7-11）与环形灯（见图 7-12）两种类型。室内直播需要补充自然光时，可以优先选择柔光箱/球来模拟太阳光为拍摄对象补光。如果要拍摄人脸近景或特写，或者需在晚上拍摄，就可以选择环形灯，以掩饰人物的肤色瑕疵，起到美颜的效果。环形灯适用于手机直播，通常与手机一起固定于支架上，以便随时为拍摄对象补充光线

图 7-11　柔光箱（左）和柔光球（右）　　　图 7-12　环形灯

专家点拨

其他辅助设备包括麦克风、耳机、自拍杆、提词器、反光板和移动电源等。筹备直播设备应本着实用、好用的原则择优选择。直播设备在满足直播需求的情况下，其配置以精简为佳。在稳定的无线网络支持下，搭配使用手机、支架、补光灯、移动电源等基础设备即可进行简单的手机直播。这类基础的直播设备一般适用于展示体积小的产品，如珠宝、玩具、文具、饰品、工艺品、手机及其配套产品等。如果是美妆、服装等行业的直播，则可考虑使用外置高清摄像头进行计算机直播，或升级手机直播配置。

（三）直播营销人员配置

组建高效的直播团队是个人或企业提升直播竞争力的重要前提。个人或商家一般根据自身的业务需求和预算确定直播团队的人员配置。不同的直播营销方式，直播团队人员配置有所差异，但直播团队涉及的主要岗位一般包括主播、助理、策划、场控、客服和招商等，各岗位的职责说明如表 7-3 所示。

表 7-3　直播团队岗位及职责

岗位	职责
主播	负责直播，与嘉宾和粉丝互动，掌控直播节奏，介绍、展示产品等
助理	协助主播工作，发布直播预告，准备直播产品与道具，担任临时主播等
策划	负责策划直播营销方案，策划直播脚本、直播话术，策划直播营销宣传预热引流方案，策划粉丝福利方案等
场控	负责软硬件调试及整场直播的后台操作，直播间数据检测与反馈
客服	负责直播间的粉丝互动与答疑，解决产品发货等售后问题
招商	负责商务合作、产品招商、产品信息整理、对接店铺等

组建直播团队是一个循序渐进的过程，个人或企业可根据业务规模和预算灵活配置直播团队人员。如果业务规模小、预算少，那么可以组建一个比较精简的基础团队，即至少配置 1 名主播和 1 名运营人员，该配置对运营人员的要求较高，运营人员需同时承担助理、场控、策划等岗位的工作。同时，基础团队配置下的主播要与运营人员默契配合，共同参与直播流程中的各个环节，以提高工作效率，从而产生好的直播效果。随着业务规模的扩大和预算的增加，就可以考虑细化工作内容，增设岗位或增加同一岗位上的人员数量，使各岗位人员各司其职、协调配合，提高工作效率和直播质量。

（四）直播营销方案策划

直播营销方案是对直播营销活动的整体规划，一般在直播团队内部使用，用于向参与直播的所有人员传达直播营销的思路，让参与直播的人员熟悉直播营销活动的具体事宜安排。完整的直播营销方案，包括直播营销目标、直播基本信息、环节设定、人员分工和费用预算等要素。

1. 直播营销目标

直播营销方案应确定本场直播营销活动要达到的目标，以明确直播营销活动的工作方向，激励直播团队成员共同为实现营销目标而努力。该目标一般为短期目标，具有可评估性，如"通过本场直播，销售 10 款产品，实现 10 万元销售额"。

2. 直播基本信息

直播基本信息是对直播营销活动主体内容的概括，一般包含以下 5 个要素。

（1）直播主题。直播主题用于传递直播营销活动的主要内容和中心思想，如"×××新品发布会""全场优惠购 ××福利专场"。

（2）直播营销方式。说明直播营销的方式，如直播电商或直播+发布会。

（3）直播平台。说明直播平台，如淘宝直播、抖音或快手。

（4）直播场地。说明直播场地，如固定直播场地或根据直播营销活动的需要选择合适的直播场地。选定场地后要布置场地，为直播营销活动创造良好的直播环境。

（5）直播时间。说明直播开播和结束时间，直播团队应根据用户的观看习惯明确开播时间。工作日一般可选择在 12:00—14:00（午休时间）、17:00—22:00（晚间休闲娱乐时间）两个时间段开播；周末的开播时间选择更宽泛，一般 19:00—23:00 是用户休闲娱乐或购物的高峰期，7:30—10:00、14:00—17:00 两个时间段也是大多数用户空闲的时间段。结束时间则根据直播内容的多少而定,但一般一名主播在直播间持续保持良好状态的时间不超过 4 个小时。如果直播间只有一名主播，直播团队应尽量把直播时长控制在 4 个小时内；如果直播间有多名主播轮换直播，则可实现更长时间甚至 24 小时不间断直播，直播时间越长，直播间的权重越高，如此可以获得的平台流量扶持更多，也能增加品牌的曝光度。

3. 环节设定

直播营销主要包括筹备直播场地和设备、直播营销活动预热、直播营销活动执行、直播营销活动复盘四大环节。直播营销方案应对各环节的开展时间、大致工作等进行说明。

（1）筹备直播场地和设备。这一环节要求做好直播地点的选择和规划，并提前筹备好直播中所需的各种设备或摄影团队。

（2）直播营销活动预热。这一环节要求通过各种途径为直播营销活动造势，其结果将体现在直播间的观看人数上。

（3）直播营销活动执行。这一环节是直播营销活动的重点环节，要求直播团队成员各司其职、相互配合，严格执行直播营销方案。

（4）直播营销活动复盘。复盘是指在直播结束后，分析整个直播过程，总结相关经验。这一环节是对前面所有环节的总结和评价，通过这一环节，相关人员可清楚知悉直播营销的目标是否实现、直播中存在的各种问题等。

4. 人员分工

明确直播人员分工才能确保直播团队成员各司其职、高效协作。直播人员分工具体视直播规模而定。小规模的直播，按直播团队原有的人员进行职责分工即可，也可适当增加少量人员协助直播团队工作。中大型规模的直播，如果原有直播团队人员不足，就需要根据情况增加相应人员。同时，可根据工作内容对人员进行分组，如分为运营组、直播组、宣传组等，且每组应设置相关负责人负责对接工作。

5. 费用预算

开展直播营销活动，需要合理估算各环节的费用，以便合理控制成本。例如，在筹备直播场地和设备环节，购买话筒与专业声卡等设备，计 400 元；在直播营销活动执行环节，派送直播红包，计 1000 元；在人员分工环节，发放直播人员工资，计 8000 元。

以某快递公司的助农直播为例，其直播营销方案如表 7-4 所示。

表 7-4　某快递公司助农直播营销方案

项目	具体内容
直播营销目标	推动四地农产品总销量突破 10 万单
直播基本信息	直播营销方式：直播电商 直播主题：××（公司名称）助农直播，单单补贴 直播平台：微信视频号 直播场地：××直播室 直播时间：11 月 6 日 15:00—19:00

续表

项目	具体内容
环节设定	筹备直播场地和设备：10月26日—11月2日，筹备好直播设备、人员、场地等 直播营销活动预热：11月3日—11月5日，持续在微信公众号、微信朋友圈、微博等平台发布直播营销活动的预热信息 直播营销活动执行：11月6日15:00—19:00，持续监控产品和用户评论数据等 直播营销活动复盘：11月6日20:00—21:00，分析直播营销活动数据，总结直播营销活动效果
人员分工	策划组：负责策划直播脚本、直播营销活动预热方案、互动活动方案等 技术组：负责场地、设备筹备，直播摄像，操作直播后台等 宣传组：负责准备宣传物料、发布直播预告等 直播组：负责直播 全体人员参与直播营销活动复盘
费用预算	场地和设备费：约5000元 预热海报设计费、活动推广费：约3000元 奖品费：约100元 农户补贴费：50万元

> **专家点拨**
>
> 　直播营销方案大体包含上述内容，但不是绝对的，方案的内容、内容的详细程度等具体可以根据直播营销的需求来确定，但要保证方案合理、易理解、可实施。

（五）直播营销脚本策划

　　直播营销脚本一般由直播团队中的策划人员编写，其作用是规划直播流程。简言之，直播营销脚本可以使主播及团队的其他成员明确一场直播的时长、流程及直播各阶段的具体工作。直播营销脚本一般包括整场直播脚本和单品脚本两种类型。

1. 整场直播脚本策划

　　整场直播脚本是对直播营销方案的执行规划，它的针对性更强，是对直播流程和内容的细致说明。策划人员在策划整场直播营销脚本时，除了要说明直播营销目标、直播主题、直播场地、直播时间，还要说明直播人员、直播对象、时间段与时长、流程规划和人员分工等。

　　（1）直播人员。说明直播人员的姓名和承担的角色。

　　（2）直播对象。说明直播对象的情况，如产品数量或访谈嘉宾等。

　　（3）时间段与时长。策划人员在编写直播营销脚本时，需将直播从开播到直播结束的时间划分为若干时间段。每个时间段可被视作直播营销活动的最小直播单元，用以细致规划直播流程。一般情况下，各时间段的时长，应根据直播整体时长和直播对象的情况（如产品数量、访谈嘉宾人数）规划。

　　（4）流程规划。整场直播脚本中的流程规划即说明对应时间段的直播内容。以带货直播为例，其流程大体上分为直播开场、产品推荐、直播结尾3个主要阶段，每个阶段根据直播营销方案和产品数量可细分。

　　（5）人员分工。人员分工用以说明在每个时间段内直播团队各成员的工作内容。

以某女装带货直播为例，其整场直播脚本如表7-5所示。

表7-5　女装带货直播整场直播脚本

直播概述	
直播营销目标	吸引1万人进入直播间，涨粉1000人
直播主题	××品牌女装上新促销
直播场地	××直播室
直播时间	1月1日 20:00—22:00
直播人员	主播××、助理××
产品数量	11款

直播流程				
时间段	流程规划	人员分工		
		主播	助理	场控
20:00—20:10	开场预热	自我介绍，向进入直播间的用户问好，介绍开场直播截屏抽奖规则，强调开播时间	演示直播截屏抽奖的方法，回答用户的问题	向各平台分享开播链接，收集中奖信息
20:11—20:20	活动剧透	简单介绍本场直播的所有产品，说明直播间的优惠情况	产品配套展示，补充主播遗漏的内容	向各平台推送直播活动信息
20:21—20:25	产品推荐	讲解、试穿第1款产品，全方位展示产品的外观，详细介绍产品的特点，回复用户问题，引导用户下单	与主播完成"画外音"互动，协助主播回复用户问题	发布产品链接，回复用户的订单咨询，收集在线人数和转化数据
20:26—20:30	产品推荐	讲解、试穿第2款产品	……	……
20:31—20:35	红包活动	与用户互动，发送红包	提示发送红包的时间节点，介绍红包活动规则	发送红包，收集互动信息
20:36—20:40	产品推荐	讲解、试穿第3款产品	……	……
20:41—20:45	产品推荐	讲解、试穿第4款产品	……	……
20:46—20:50	福利赠送	新增关注500人，进行抽奖，中奖者获得新衣一件	提示发送福利的时间节点，介绍抽奖规则	收集中奖信息，与中奖者取得联系
20:51—20:55	产品推荐	讲解、试穿第5款产品	……	……
20:56—21:00	产品推荐	讲解、试穿第6款产品	……	……
21:01—21:05	产品推荐	讲解、试穿第7款产品	……	……
21:06—21:10	产品推荐	讲解、试穿第8款产品	……	……
21:11—21:15	福利赠送	新增关注500人，进行抽奖，中奖者获得新衣一件	提示发送福利赠送的时间节点，介绍抽奖规则	收集中奖信息，与中奖者取得联系
21:16—21:20	产品推荐	讲解、试穿第9款产品	……	……
21:21—21:25	产品推荐	讲解、试穿第10款产品	……	……
21:26—21:30	产品推荐	讲解、试穿第11款产品	……	……
21:31—21:35	红包活动	与用户互动，发送红包	提示发送红包的时间节点，介绍红包活动规则	发送红包，收集互动信息

续表

直播流程				
时间段	流程规划	人员分工		
		主播	助理	场控
21:36—21:50	产品返场	对销售情况较好的产品进行返场讲解	协助主播讲解、展示返场产品，协助主播回复用户问题	收集、分析每款产品的在线人数和点击转化数据，向助理与主播提示返场产品，回复粉丝的订单咨询
21:51—22:00	直播预告	简单介绍明日新款，引导用户关注直播间，强调明日准时开播的时间和直播福利	协助主播引导用户关注直播间	回复用户订单咨询

专家点拨

如果直播间销售的产品数为 1～3 个，且安排的直播时间较长，可循环讲解产品（因为会不停地有用户进出直播间）；如果产品数多于 3 个，在依次讲解产品后，可根据余下的直播时长和产品数量，选择循环介绍产品或对销售情况较好的产品进行返场讲解。

2. 单品脚本策划

对于带货直播而言，策划人员还需要策划单品脚本，对应整场直播脚本中的产品推荐环节。单品脚本一般包括产品序号、产品名称、产品日常价、福利信息、产品直播价、产品推荐话术等要素。

其中，标出产品序号可表明产品的推荐顺序，产品名称、产品日常价、福利信息、产品直播价等信息由商家给定。策划人员在策划单品脚本时，需要设计产品的推荐话术，一般可按照"导入产品→产品详解→引导转化"的逻辑设计产品推荐话术。

（1）导入产品。导入产品，一种是直截了当地引出产品，如"下面我要推荐的这款产品是……"；另一种是用话题引出产品，如用"眉型对气场的影响"的话题引出修眉工具，用"夏天容易晒黑甚至晒伤"的话题引出防晒霜或防晒喷雾等。

（2）产品详解。为使产品详解更具说服力，可以从两个方面入手。一是详细介绍产品的属性，如产品款式、颜色、材质、品牌、尺寸大小等；二是介绍产品的功能或能够给用户带来的好处，例如，加厚加绒的衣服，防风保暖，0℃以下也可以穿；高密织数的针织衫，轻薄修身，且方便清洗。

（3）引导转化。引导转化的作用是促使用户产生购买行为。一般可通过比价和营造稀缺感的方式促使用户下单。比价是指将产品在电商平台的价格或市场价与直播间的价格进行对比，体现直播间产品的价格优势。营造稀缺感主要通过限制购买产品的时间和数量实现，如"本场直播结束后，这款防晒露将恢复原价""这款防晒露只有 100 件，需要的人赶紧购买"。

例如，针对女装带货直播的第 2 款产品设计的单品脚本如表 7-6 所示。

表 7-6　女装带货直播单品脚本

产品序号	产品名称	产品日常价	福利信息	产品直播价
第 2 款产品	丝绒套装	2999 元	直减 1000 元，加 600 元买两套	1999 元一套、2599 元两套
产品推荐话术				

（约 1 分钟）A 品牌相信大家都听说过，它的服装设计理念一向是"内敛""高贵""时尚""年轻"。A 品牌至今已有 30 年历史，虽然是一个轻奢品牌，但价格很"亲民"，性价比很高，其他轻奢品牌的套装标价 6000～7000 元，但是它的这套丝绒套装标价是 2999 元

（约 3 分钟）这套 A 品牌的丝绒套装是今年很流行的风格，兼顾时尚和舒适感，丝绒+羊毛成分的结合，穿起来真的好暖和。再来看看我们的裤子，同样是用了高品质的丝绒和羊毛，而且裤腰头是一个加宽腰带的弹力设计，所以穿起来不勒不紧，两边还有超大口袋。到了秋冬季节天气降温，有了这套丝绒套装就不用穿秋裤了，暖和、舒适。另外，这套丝绒套装不仅可以当休闲装来穿，还可以当运动装来穿，非常舒适

（约 1 分钟）这套丝绒套装的标价是 2999 元，在直播间你们猜是多少钱？只要 1999 元。惊不惊喜，意不意外？再加 600 元，你们就可以将两套带回家。两套哦，A 品牌的丝绒套装，2599 元两套。喜欢的朋友赶紧拍下吧

专家点拨

主播运用话术不能靠死记硬背，因为直播现场存在变数，主播无法完全掌控直播的走势，所以运用话术的关键是懂得随机应变。主播应积累直播经验，提升表达能力，形成自己的一套完整的直播话术框架。

任务实训　　　　　　　　　**规划与设置账号信息**

阿明是一位火锅调料师，眼见直播营销对促进产品的销售有巨大帮助，便决定入驻快手，计划通过直播销售火锅调料产品。现在需要设置符合个人特色的直播账号。

【任务要求】

根据表 7-7 所示的阿明的基本信息，从账号名称、账号简介、账号头像和头图、置顶视频几个方面规划账号信息，并在快手中设置。

表 7-7　主播个人信息

信息	详细内容
性别	男
年龄	40 岁
职业	火锅调料师
性格	开朗、热情、不拘一格
生活城市	重庆
兴趣爱好	研制火锅调料、唱歌、说脱口秀
特长	方言说唱、唱歌

【操作提示】

（1）规划账号信息。设计账号名称、账号简介，确定账号头像和头图所采用的图片类型以及置顶的视频内容，将结果填写到表 7-8 中。

表7-8　账号信息设置

设置项目	说明
账号名称	
账号简介	
账号头像	
账号头图	
置顶视频	

（2）在快手平台上设置账号信息。设置直播账号信息时，首先登录快手 App，然后点击右下角的"我"选项，进入个人账号主页后，点击"完善资料"选项，如图 7-13 所示。打开图 7-14 所示的"完善资料"界面，然后点击 设置背景 可更换背景图，点击"上传头像"可设置头像图片，点击"昵称"选项可设置账号名称，点击"个人介绍"选项可设置账号简介。如果要设置置顶视频，在上传短视频后，在个人账号主页下方的"作品"栏中长按短视频，再在打开的界面中点击"置顶"选项即可。

图 7-13　个人账号主页

图 7-14　"完善资料"界面

任务三　直播营销活动实施

直播营销活动的实施情况是影响营销目标达成与否的关键因素。直播营销活动实施主要涉及直播营销宣传预热、直播开场、直播互动引流、直播结尾 4 个重要环节。本任务分别对这 4 个环节进行介绍，以帮助营销人员掌握实施直播营销活动的重点。

（一）直播营销宣传预热

为了增加直播营销活动的热度，提高直播间的人气，直播团队应在正式直播 1~3 天前（如果直播营销宣传预热与正式直播的间隔时间太短，则不利于预热信息的持续发酵；如果直播营销宣传预热与正式直播的间隔时间太长，则容易使用户遗忘信息）通过各种方法和途径预热直播。

1. 通过直播账号简介预告直播信息

在直播前，主播可更新直播账号的个人简介，简要预告直播的关键信息，包括开播时间、直播主题、直播利益点等，如"今晚 19:00 生活用品专场直播，敬请期待""每周三/四/五 19:00 直播间定时发放福利"。

2. 在直播平台创建直播预告

直播平台通常有创建直播预告的功能，相关人员可以通过该功能发布直播预告，发布后的预告信息将显示在直播账号主页的直播动态中。

3. 通过第三方平台发布直播营销宣传预热信息

通过第三方平台发布直播营销宣传预热信息，如图文类直播营销宣传预热信息、短视频类直播营销宣传预热信息，可以借助多个平台的影响力，扩大预热信息的传播范围。如在抖音直播，可通过微信视频号、微信朋友圈、微信公众号、微博、小红书、哔哩哔哩等平台发布预热信息。图 7-15、图 7-16 所示分别为在微博、微信公众号上发布的直播预告信息。

图 7-15　在微博上发布的直播预告信息

> **想一想：**
> 除了文中介绍的，还有哪些途径和方法可以预热直播？

图 7-16　在微信公众号上发布的直播预告信息

（二）直播开场

开场的目的是让用户了解直播的内容、形式和参与者等信息，给用户留下良好的第一印

126

象，方便用户判断该直播是否具有可看性。直播营销活动的开场方式主要有 5 种，包括直接介绍、提出问题、故事开场、数据引入和借助热点。

（1）直接介绍。在直播开始时直接告诉用户本次直播的相关信息，包括主播自我介绍、主办方介绍、直播话题介绍、直播流程介绍等。需要注意的是，这种方式比较枯燥，容易让部分用户不耐烦，因此建议添加一些吸引用户的活动环节，如抽奖、发红包、邀请特邀嘉宾等，以提升开场的趣味性。

（2）提出问题。提问可以引发用户思考，带动主播与用户之间的互动，使用户有参与感。同时，又能通过用户的反馈预测本次直播的效果。

（3）故事开场。具有趣味性、传奇性的故事可以快速引发用户的讨论与共鸣，为直播营销活动营造一个良好的直播氛围。但不要选择争议性太大的故事，否则容易引起用户的激烈讨论，导致无法快速进入主题。

（4）数据引入。对于专业性较强的直播营销活动，可以通过展示数据的方式开场，以增加直播的可信度。这种开场方式要求数据必须真实可靠，否则容易引起用户的质疑，给直播带来负面影响。

（5）借助热点。参与直播营销的用户大都喜爱上网，对当前的热门事件非常熟悉，借助热门事件开场可以快速融入用户，拉近与他们之间的距离。

（三）直播互动引流

在直播过程中，直播团队需要做好直播间的互动引流工作，以将直播营销活动推向高潮并取得良好的营销效果。

1. 直播互动

直播互动不仅可以提升直播间的氛围，还可以与用户建立更紧密的联系，加深用户参与和互动的程度，进而促进直播营销目标的达成。常见的互动方式有提问互动、红包互动、抽奖互动和游戏互动等。

（1）提问互动。直播中的互动交流一般借助弹幕实现，是一对多的互动，具有公开性。通过提问，主播不仅可以了解用户的需求，还可以避免直播冷场。例如，就前一秒刚讲过的内容提问，如"刚刚给大家分享的小技巧学会了吗"，既可以加深用户对之前内容的印象，又可以营造活跃的直播氛围。

（2）红包互动。观看直播的用户可以通过直播平台打赏主播，如赠送"游艇""跑车"等虚拟礼物。同样，主播也可以通过发放红包的方式回馈用户，以此增强直播间的人气并加强互动。主播发放红包时要提前告知用户发放红包的时间，如"10 分钟后有一大波红包来袭""20:00 准时发放红包"等，在让用户做好准备的同时，暗示用户邀请更多的人到直播间参与活动，以提高直播间的人气。

（3）抽奖互动。抽奖互动是通过开展抽奖活动，引导用户互动，一般带有明确的指示性，要求用户必须完成一些互动行为，如分享直播间。抽奖互动的奖品一般对用户有一定的吸引力，可能是能满足用户某方面需求的实物奖品（如运动鞋），也可能是虚拟奖品（如免单）。主播在开始进行抽奖互动时，需要明确告知用户抽奖的时间（如开播 30 分钟后），以及抽奖规则、奖品等细节，以引起用户的期待感。

（4）游戏互动。互动游戏一般是难度不高、具有趣味性的小游戏，如成语接龙、我画你猜等。

2. 直播引流

在直播过程中，相关人员还应当通过各种渠道和方法尽可能地扩散直播信息，以增加直播间的曝光度，提升直播间的人气。

（1）分享直播。通过分享链接的方式将直播间的链接分享到粉丝群、微博和微信等平台，吸引更多的用户进入直播间观看。

（2）推广直播。利用直播平台的付费推广工具推广直播间，提升直播间的人气，如淘宝直播的超级直播、抖音的 DOU+、快手的小火苗等。

（3）直播连麦。与其他主播连麦、PK 等，以提升直播的趣味性，引导双方的粉丝互相关注对方，从而快速提升直播间的热度。

（四）直播结尾

从直播营销活动开始到结束，观看人数会一直发生变化，而到结尾时还留下的用户，在一定程度上对本次直播营销活动的认可度比较高。因此，一定要注重直播营销活动的结尾，最大限度地引导直播结束时的剩余流量，提升品牌宣传与产品销售转化的效果。

（1）引导关注。直播结尾时可以将企业或个人的微信公众号、微博、抖音等账号和关注方式告知用户，引导用户关注，将其转化为自己的粉丝，以便于后期的粉丝维护。

（2）销售转化。在直播结尾时告知用户进入企业官方网站或网店的方法，促进其购买产品，实现销售转化。采用这种结尾方式时，建议给用户提供一些有利信息或营造一种紧迫感，如打折、优惠或供不应求等。

任务实训　　　　**预热直播营销活动并付费推广引流**

青恬女装将在 8 月 12 日 20:00 点进行一场抖音服装带货直播，推广、销售新上市的服装。本场直播设置多种福利，参与抽奖的中奖者获赠新品衣服一套。临近直播，青恬女装需要进行直播营销宣传预热，并计划在直播开场阶段投放 DOU+ 为直播间引流，推广费用预计 2000 元，推广时长暂定 0.5 小时。

【任务要求】

（1）在抖音创建直播预告。

（2）通过微博发布直播预告信息。

（3）使用 DOU+付费推广直播间。

【操作提示】

（1）创建直播预告。点击抖音 App 主界面底部的■按钮，在打开的界面中点击"开直播"选项，然后点击"更多功能"选项，打开"更多功能"界面，点击"直播预告"选项；打开"新建直播预告"界面，设置开播时间和预告内容，点击 创建预告 按钮，如图 7-17 所示。

图 7-17 创建直播预告

（2）通过微博发布直播预告信息。微博适合发布短文，因此，直播预告信息也应言简意赅，清楚说明开播时间、直播主题及直播的优惠信息。为提升用户关注度，可在直播预告信息中插入相关话题，如"青恬女装上新，款式多样！优惠多多！关注青恬，参与抽奖，中奖者可获得新品衣服一套！锁定抖音青恬直播间，8 月 12 日 20:00，不见不散哟！#初秋穿搭#"设计好直播预告信息后，通过微博发布。

（3）使用 DOU+付费推广直播间。在直播开场阶段，点击抖音 App 直播间右下角的"更多"选项，在打开的界面中点击"上热门"选项；打开"DOU+上热门"界面，设置付费推广目标和加热方式，然后点击"切换至自定义推广"选项；在打开的界面中设置期望曝光时长、投放用户和投放金额，如图 7-18 所示。

图 7-18 付费推广直播间

📖**实训练习**

项目实训——农产品直播营销策划

1. 实训背景

农产品个人商家花花计划于 6 月 11 日 19:00—21:00，在室内直播间通过淘宝直播销售灵山特色美食，包括灵山大粽、薯蓉芝麻饼、武利牛巴、黄瓜皮、宇峰凉粉和冬蓉月饼 6 款产品。

2. 实训要求

（1）策划本场直播营销活动的整场直播脚本，脚本中需包含直播主题、时间、场地、人员分工、流程规划等信息。

（2）根据表 7-9 所示的产品基本信息设计单品脚本的产品推荐话术。

表 7-9 薯蓉芝麻饼基本信息

名称	产地	规格	价格	口感
薯蓉芝麻饼	灵山县	50 个/箱	原价 50 个 88 元；直播间 50 个 75 元包邮送 5 个香脆香	酥脆可口，唇齿留香，不粘牙
原料	工艺	适宜人群	营养成分含量	
农家种植的马铃薯	传统手工制作	老少皆宜	含钙高	

3. 实训思路

（1）策划整场直播脚本。根据直播主题，整理直播人员、直播时间、直播场地、直播产品的信息。就直播主题而言，本次直播的是灵山特色美食，那么直播主题中也应凸显这一点，体现农产品的"产地"和"好吃"，如"灵山特色美食，真好吃"。规划直播流程时，可设计发放福利和产品返场讲解环节，尽可能调动用户的购买热情。

（2）设计产品推荐话术。根据表 7-9 所示的产品信息，通过导入产品、产品详解、引导转化的顺序编写产品推荐话术。整场直播脚本和产品推荐话术请参考"整场直播脚本与产品讲解.docx"文档（配套资源：\效果文件\项目七\整场直播脚本与产品讲解.docx）。

课后练习

1. 名词解释

（1）直播营销　　　（2）直播营销方案　　　（3）直播营销脚本

2. 单项选择题

（1）直播营销以（　　）为载体。

　　A. 直播平台　　　B. 电商平台　　　C. 短视频平台　　　D. 内容平台

（2）以下属于社交类直播营销平台的是（　　）。

　　A. 淘宝直播　　　B. 京东直播　　　C. 抖音　　　D. 微博

（3）邀请嘉宾在直播间分享品牌故事和产品属于（　　）直播营销方式。

    A．直播+发布会　　　　　　　　B．直播+访谈

    C．抖音+广告植入　　　　　　　　D．直播+企业日常

（4）仅针对产品推荐环节策划的是（　　）。

    A．直播营销方案　　　　　　　　B．整场直播脚本

    C．单品脚本　　　　　　　　　　D．直播营销宣传预热文案

3．操作题

（1）小美是一位拥有6年营销经验、面容姣好的美妆导购员，她准备转型做带货主播，销售美妆产品。请为小美设计直播账号信息，凸显小美精通美妆实用小技巧的优势。

提示：设计直播账号信息时可参考直播平台美妆领域的头部主播的账号设置。

（2）根据表7-10所示的直播营销活动简介，制订直播营销方案。

表7-10　直播营销活动简介

项目	说明
直播背景	CC女鞋店的店主在抖音平台开设了抖音小店，以销售实体店内的产品。店主开通直播带货权限后，使用手机在实体店内开展直播带货，直播带货时间已有3个月，日销售额一般在800～1200元。近日，店主计划于3月8日当天在实体店直播，销售店里的20款女鞋，所有产品的折扣力度均为5折，以期当天销售额达到日常直播销售额的3倍
团队配置	日常直播固定的2人团队，店主担任主播，并负责策划直播脚本，筹备宣传营销图文、视频等；一名店员协助店主直播，并进行后台操作等

提示：根据直播营销活动简介，已能确定直播营销目标、直播时间、直播平台、直播场地、直播营销方式，以及团队人员分工等，根据直播营销目标和直播时间也可确定直播主题，在直播营销方案中明确这些内容即可。

（3）现有一款设计简约、休闲百搭的短袖T恤，请依据所提供的产品信息，按照导入产品、产品详解、引导转化的顺序设计产品推荐话术。

① 材质：由高档棉质面料精制而成，触感柔软亲肤。

② 领口：采用拉架螺纹工艺，较之普通领口有不易变形的优势；恰当的弧度，穿上无松弛和紧绷现象，保持舒适。

③ 肩部：独特修型剪裁，贴合肩部，更加凸显肩部的线条，舒适不紧绷。

④ 印花：采用国际领先的热烫印技术，图案清晰，经多次洗涤验证，图案不脱色。

⑤ 袖口：双车线缝制，活动舒适自如。

⑥ 下摆：精密车线缝制的下摆，做工细致，保证不脱线、不变形、耐穿耐洗。

⑦ 颜色：该T恤品牌有绿色、白色、蓝色、粉蓝色和浅紫色。

⑧ 优惠：电商平台旗舰店188元1件；直播间108元1件，再送2双全棉袜子。

项目八

社交媒体营销

 课前自学

学习目标

- **知识目标：**
1. 掌握微信个人号、公众号、视频号营销的方法。
2. 掌握微博营销的方式和实施技巧。
- **技能目标：**
1. 能策划微信个人号、微信公众号营销内容。
2. 能编辑微博营销文案。
- **素质目标：**
1. 开展社交媒体营销时，尊重他人，文明互动。
2. 开展社交媒体营销时，不恶意炒作、不故意扰乱社会公共秩序。

 引导案例　德尔地板社交媒体借势营销

社交媒体营销是企业在开展网络营销活动时十分常用的营销手段，而微博+微信几乎是众多企业开展社交媒体营销的标配。德尔地板是国内专业木地板品牌中的翘楚，多年来致力于为消费者提供绿色环保、科技创新的家居产品和前沿的家居体验。德尔地板也是较早通过微博和微信开展网络营销的家居品牌之一。

德尔地板在 2024 年 3 月签约成为 2024 年道达尔能源·汤姆斯杯暨尤伯杯（以下简称 2024 汤尤杯，这次比赛于 2024 年 4 月 27 日至 5 月 5 日在四川省成都市举行）决赛官方赞助商后，利用赛事热度，通过社交媒体营销策略成功提升了品牌的曝光度和影响力。

在微信端，德尔地板从 3 月开始通过"Der 德尔地板"公众号持续发布 2024 汤尤杯的新闻资讯，持续吸引公众号粉丝的关注和分享。在微博端，2024 汤尤杯正式开赛前，德尔地板于 4 月 17 日和 4 月 18 日连续两天发布微博（图 8-1 所示为 4 月 17 日的微博内容），开启抽奖活动，不仅激发了用户的活跃度，还利用微博作为一个高效的信息传播社交平台，提高了品牌在社交媒体上的曝光度。

图 8-1 微博有奖活动营销

思考

社交媒体营销的特点是什么？

📖知识掌握

微信营销

任务一　微信营销

微信作为当前主流的移动社交应用，拥有庞大的用户群体，并以其强大的社交功能、多样化的信息表现形式与传播途径成为个人或品牌普遍使用的一种网络营销手段。本任务主要介绍微信个人号营销、微信公众号营销和微信视频号营销，帮助营销人员灵活开展微信营销。

（一）了解微信营销

微信营销是基于微信这一社交媒体平台开展的营销活动，其主要特点是信息到达率、曝光率和接受率高，私密性强，可实现精准营销。

（1）信息到达率、曝光率和接受率高。衡量信息发布效果的重要指标是到达率、曝光率和接受率，信息发布效果在很大程度上影响着营销效果。微信的信息发布不会像邮件群发那样

> **想一想：**
> 在日常生活中，你觉得微信传递信息有哪些特点？

被大量过滤，每一条信息都能完整无误地发送到终端设备。与其他营销渠道相比，微信庞大的用户量决定了信息的高曝光度，不管是热点事件还是营销广告，这些信息通过转发和分享都能够得到快速传播。同时，微信信息的接收者与发送者有一定交集，因而降低了信息被抵触的概率。

（2）私密性强。微信营销基于熟人关系展开，只有被添加为好友或加入微信群等才能看到营销信息，这在一定程度上提升了营销成功的概率。

（3）可实现精准营销。一般来说，微信账号深耕垂直领域，因而目标用户群体高度集中，可以实现精准营销。例如，某知名服装品牌微信公众号的粉丝由生产商、服装代理商和经销商的用户构成，数量众多，组成庞大的服装营销网络，有利于实现精准营销。

（二）微信个人号营销

微信个人号是指个人微信账号。微信个人号营销基于个人的人际社交关系展开，可以实现点对点营销，为目标用户提供更精准的服务，对建立个人品牌、促进产品销售、维护用户关系等具有促进作用。

1. 设置账号

微信个人号的账号是一张非常直观的名片，其账号信息可以建立起一个人的基本形象，并决定着其他人与之产生联系的可能性。

打造一个专业的微信个人号，需根据个人号的账号定位设置账号的昵称、头像等。

（1）昵称。昵称应简单、易记忆，一般需要直接传递营销意图，其作用是向目标用户展示自己的职业、品牌及所提供的产品或服务等。例如，采用"名字（或简称）+职业"的组合，如"林风-理疗师"；采用"名字（或简称）+服务"的组合，如"童林-亿佳摄影"；采用"品牌+产品+名字（或简称）"的组合，如"××纸尿裤-豆豆妈"。

（2）头像。头像应与自己的专业或职业相贴近，体现个人的专业性和品牌形象，如职业装照片；也可与品牌、产品、服务相关，如品牌标志、门店图、特色产品图等。

2. 微信个人号引流

微信个人号引流，简单地讲就是为个人号积累更多的微信好友。微信好友是微信个人号开展营销的基础，只有拥有良好的人脉资源，微信个人号的营销活动才可能稳定地持续下去。

总的来说，微信个人号的引流分为线上渠道引流和线下渠道引流。

（1）线上渠道引流。线上渠道引流的途径主要有两种，一种是添加微信群的用户为好友，另一种是将微信个人号的账号信息发布到 QQ、微博、快手、抖音、知乎、小红书等外部平台上，例如在这些平台上的账号简介中附上微信个人号的信息，或在这些平台上通过图文、视频、直播等方式发布营销信息时植入微信个人号的信息，邀请目标用户添加好友等。图 8-2 所示为某达人在抖音账号简介中展示的微信个人号信息。

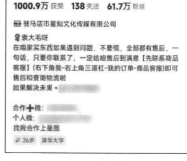

（2）线下渠道引流。线下推广微信个人号的常用方式是将微信个人号的二维码打印在宣传海报、工作牌上，通过在店铺、广场等场所做活动，吸引用户的注意，邀请目标用户扫描二维码添加好友。

图 8-2　在抖音账号简介中展示微信个人号

> **专家点拨**
>
> 需要注意的是，不同的平台有不同的规则，通过外部平台推广微信个人号时，要详细了解这些平台的规则，了解其是否允许添加第三方平台联系信息。

3. 利用微信朋友圈营销

微信朋友圈是微信个人号传播营销信息、与用户互动的重要场所。利用朋友圈营销时，常发布的营销信息主要有两种：一种是产品信息，另一种是活动信息。

（1）产品信息。在朋友圈发布产品信息时，一般用简短的内容+配图的方式展示产品特点和优惠信息，也可在其中插入产品购买链接。

（2）活动信息。在朋友圈发布活动信息时，通常会简要介绍活动主要信息，包括活动名称/主题、活动规则、奖品等，并配上活动宣传海报，如图 8-3 所示。

为了避免出错，正式发布营销信息前，可提前编写好文字信息并准备好相关配图，如表 8-1 所示。正式发布朋友圈营销信息时，可适当添加一些表情符号，增加文案的趣味性。

图 8-3　朋友圈营销活动信息

表 8-1　朋友圈营销信息

文字	配图
章姬草莓，能吃出奶香味的草莓，浓甜芳香、柔韧多汁，一口尽享甜蜜，齿颊留香。3 月 5 日－3 月 12 日，在本店购买章姬草莓，买 1.5 千克送 0.5 千克！小伙伴们，速来 https:******	

素养课堂

营销人员与微信好友日常互动时要保持基本素养：有礼貌、文明用语、措辞恰当。同时，保护好微信好友的隐私，不要泄露给他人，也不要频繁给微信好友发送信息，以免打扰其日常生活。

（三）微信公众号营销

微信公众号可用于推送消息和提供交互服务，主要通过公众号消息会话和公众号内网页实现。通过微信公众号，个人或企业都可以通过文字、图片、音频、视频等形式宣传品牌或产品，并为用户提供服务。

1. 公众号的类型

微信公众号主要有 4 种类型，分别是订阅号、服务号、小程序和企业微信，每一种类型的特点、主要功能、适用对象有所不同，具体如表 8-2 所示。

表 8-2　各类型微信公众号的特点、主要功能和适用对象

账号类型	特点	主要功能	适用对象
订阅号	具有发布和传播信息的功能（类似报纸与杂志，提供新闻信息、娱乐资讯、知识等），每天可群发 1 条消息	向用户传达资讯	只想简单发送消息、宣传推广的个人、媒体、企业、政府或其他组织
服务号	具有用户管理和提供业务服务的功能，每月可群发 4 条消息	服务交互	具有开通微信支付、销售产品等需求，服务需求高的媒体、企业、政府或其他组织

续表

账号类型	特点	主要功能	适用对象
小程序	一种开放工具，不用下载，可以在微信内被便捷地获取，相关信息可被快捷地传播	建立用户与企业之间的联系	有服务内容的个人、媒体、企业、政府或其他组织
企业微信	可以充当企业办公管理工具和用户管理工具，并与微信朋友圈、小程序、微信支付等互通	企业管理和沟通、用户管理	有内部通信和用户管理需求的企业

个人或企业都可免费注册使用微信公众号。注册账号时，需要先选择公众号类型，再提交邮箱地址、个人身份、企业资质等信息，并设置账号名称、头像等。企业账号名称一般以企业或品牌名称命名，如"小米手机""波司登"，个人账号一般以提供的产品或服务命名，如"誉林卤味铺""升辉摄影""城市漫步旅行社"；账号头像一般为企业或品牌标志，或与产品和服务相关的图片。

> **想一想：**
> 　　你有关注的微信公众号吗？它是什么类型的微信公众号？

专家点拨

　　微信公众号的营销基于粉丝展开，而新注册的微信公众号粉丝量很少，因此需要推广，增加粉丝量。与微信个人号的推广一样，微信公众号可通过线上渠道或线下渠道推广。

2. 微信公众号的功能设置

注册微信公众号后，我们还需要进行相应的功能设置，如自定义菜单、自动回复等。方便后续开展营销活动。

（1）设置自定义菜单。微信公众号的自定义菜单显示在用户端打开公众号后的主界面底部，可以直接链接公众号文章、网页和小程序等。自定义菜单一般根据微信公众号的定位和其提供的服务来设置，常见的菜单设置如表8-3所示。

表8-3　自定义菜单设置说明

菜单类别	对应内容	常用菜单名称
文章推荐	主要用于推荐有价值的、高质量的文章	品牌故事、往期精选、热文导读、热门专题
活动展示	主要用于向用户介绍近期活动	参观预约、最新福利
商城入口	适用于做电商的个人或企业，可直接链接到官方商城小程序或微店页面	××（品牌名）商城、官方商城
社群入口	主要用于吸引用户进入官方社群，为社群积累用户	加入社群、会员有礼
合作联系	主要用于展示广告合作、转载授权、商务合作等的联系方式	联系我们、服务中心

（2）设置自动回复。自动回复包括被关注回复、收到消息回复和关键词回复。其中，被关注回复是指用户关注微信公众号后，公众号自动回复信息给用户；收到消息回复是指用户发送聊天消息后，公众号回复已设置好的指定内容；关键词回复是指用户发送指定关键词后，公众号自动回复信息给用户。对于微信公众号营销而言，设置自动回复能够提高营销效率。设置自动回复需登录微信公众平台，在账号管理后台首页左侧的菜单栏中选择"自动回复"

选项，打开"被关注回复"选项卡，在其中选择回复方式（如文字、图片等），然后设置回复内容，如图 8-4 所示。

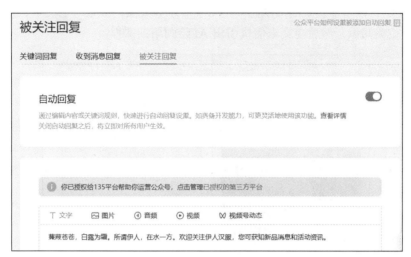

图 8-4　设置被关注回复

3. 策划微信公众号文章内容

微信公众号的主要功能之一就是向关注用户群发文章，文章内容多种多样，如新品推广、福利活动、品牌故事、经验技巧分享或其他话题等，从而实现"点对多"的营销。为了增加文章阅读量和传播量，吸引更多用户关注，在正式发布微信公众号文章之前，相关人员需要提前策划文章内容。

一篇完整的微信公众号文章包括标题、封面图、摘要、正文 4 个部分。文章内容策划可以围绕这 4 个部分进行。

（1）标题。标题是吸引用户点击和阅读微信公众号文章的重要因素之一。撰写公众号文章标题可按照撰写软文标题的方法操作，如结合时事热点、设置悬念等。

（2）封面图。封面图可以起到吸引用户视线和激发用户阅读兴趣的作用。封面图应与文章主题紧密相关。在此前提下，相关人员可以通过增加趣味性、创意性或视觉冲击力等提高封面图的吸引力。图 8-5 所示为封面图示例。

图 8-5　封面图示例

（3）摘要。摘要是封面图下面的一段引导性文字，可用于补充说明标题，或者揭示文章主旨、展示"金句"等，写法多样，重点是要激起用户对文章的兴趣。如果编辑文章时不设置摘要，公众号就默认抓取正文开头的部分内容作为摘要。

（4）正文。公众号文章正文主要用于输出内容、传达信息，必要时也会嵌入产品链接（可以是二维码形式），引导用户进入购买页面购买产品。正文的写法灵活多样，与撰写软文相同，可以采用递进式、并列式或总分总式结构。一般来说，正文一个段落的行数不宜太多，段落之间可配图，以增加版式的活跃感。图 8-6 所示为某微信公众号的文章，正文中主要介绍 AI 绘画的相关知识，然后在文末借机引出 AI 绘画培训课程。

图 8-6　某微信公众号的文章

4．撰写并发布微信公众号文章

策划好文章内容后，即可登录微信公众号账号后台，在首页的"新的创作"栏中单击"图文消息"按钮圖（见图 8-7），打开文章编辑页面（见图 8-8），输入标题、作者、正文内容，插入配图，设置文字格式和封面、摘要后，即可发布。

图 8-7　"新的创作"栏

图 8-8　文章编辑页面

专家点拨

　　如果微信公众号通过认证并开通微信支付，营销人员可以在文章编辑页面中单击 超链接 按钮，以文字或图片的方式插入外部链接。用户单击设置了链接的文字或图片后可跳转到外部网站。如果微信公众号不具备在文章中插入链接的权限，营销人员可以在文章编辑页面底部单击"原文链接"超链接，在打开的"原文链接"对话框中输入外部网站网址（如产品购买页、活动页等），或者将外部网站的网页地址生成二维码，插入到文章中，引导用户扫描二维码进入外部网站。

（四）微信视频号营销

　　微信视频号是微信于 2020 年推出的短视频产品，它的出现进一步完善了微信生态。微信朋友圈、微信公众号、微信视频号之间的互联互通，也让微信营销变得更加便捷、顺畅。

1. 微信视频号的入口

　　微信 App 的账号主页和"发现"界面均设有微信视频号的入口。在微信 App 的"发现"界面点击"视频号"选项，如图 8-9 所示，在打开的界面可浏览他人发布的短视频。

图 8-9 "发现"界面

2. 微信视频号引流

　　微信视频号依托于拥有大量用户的微信，需要将这些微信用户转化为关注视频号的用户，才能为微信视频号营销打好用户基础。一般，微信视频号可以从微信群、朋友圈和微信公众号引流。

　　（1）从微信群引流。可以将微信视频号的账号信息和短视频内容分享至微信群，引导用户关注微信视频号。微信群中的用户黏性高，能够实现有效地引流。

　　（2）从朋友圈引流。将微信视频号中的短视频分享到朋友圈引流，需注意两点：一是在朋友圈中，好友第一眼看到的一般是短视频的封面，因此，尽量在短视频的封面展示重要信息，如营销的对象、营销活动名称等；二是为了吸引好友关注短视频，可以在朋友圈内容中展示活动福利等重要信息。

　　（3）从微信公众号引流。在已创建微信公众号，且公众号粉丝数较多的情况下，就可以在微信公众号中推广短视频，为微信视频号引流。推广时，短视频一般内嵌在文章中，如图8-10所示。

3. 提高短视频推荐概率

微信视频号的短视频推荐对用户微信社交关系的依赖性较强，如好友看过，则会在微信App的"发现"界面"视频号"选项上显示"朋友看过"的字样。因此，想要提高短视频被推荐的概率，就要利用好社交关系，制订更有针对性的视频号营销策略，具体可以从以下4个方面来思考。

（1）植入兴趣标签。在短视频中植入多个兴趣标签，有利于平台根据标签判断短视频的内容领域，将短视频纳入对应的内容库，并推荐给符合兴趣标签设定的更多用户。

（2）添加所在地理位置。为短视频添加所在地理位置，如当前旅游地、当前吃饭的地方等，一方面可以增加短视频的真实性，另一方面可以吸引当前地理位置的用户，提高短视频的曝光度。

（3）确保内容质量。高质量的短视频内容，既能满足用户的信息需求，又能提高用户的分享意愿，使短视频取得更好的曝光率。

图8-10　微信公众号引流

（4）引导好友互动。通过各种方式引导用户点赞、评论、转发短视频，不仅可以提高短视频的权重，得到平台更多的推荐流量，也可以让短视频在用户的朋友圈传播，扩大传播范围。

任务实训　　　　　　**微信公众号营销体验**

巧妹百果园是一个经营农产品的个人品牌，在社交媒体营销发展迅速的环境下，巧妹百果园拟开通微信公众号，并发布推广产品灵山沃柑的文章。

【任务要求】

（1）注册一个订阅号类型的微信公众号。

（2）编辑与发布文章。

【操作提示】

（1）注册微信公众号。打开微信公众平台官方网站，点击"立即注册"超链接，在打开的页面选择公众号的类型，然后根据提示填写账号信息（本实训中账号名称为"巧妹百果园"，但因每个公众号的账号名称是唯一的，因此账号名称可自定义，只要符合品牌定位即可，如"××新鲜汇""××农产品"）。

（2）编辑文章。完成账号注册后，登录公众号管理后台，输入文章标题、作者名、正文内容，插入配图，素材参见"公众号营销体验"文件夹（配套资源：\素材文件\项目八\公众号营销体验\文章内容.docx、图1.jpg、图2.jpg、图3.jpg、图4.jpg、图5.jpg），并自定义文本和段落格式（如加粗文本、设置编号等），如图8-11所示。

（3）发布文章。上传封面图（配套资源：\素材文件\项目八\公众号营销体验\封面图.png），并设置摘要，然后发布文章，文章发布后的效果参考如图8-12所示。

图 8-11　文章编辑页面

图 8-12　文章发布效果

任务二　微博营销

微博是一个通过关注机制分享简短实时信息的广播式社交媒体平台。如果微博账号拥有数量庞大的粉丝群体，其发布的信息就可以在短时间内传达给很多用户，甚至形成爆炸式的推广效果，这也是个人或企业将微博作为主要营销平台的重要原因。本任务重点介绍微博营销的方式和实施技巧，以帮助营销人员顺利开展微博营销活动。

微博营销

（一）了解微博营销

简单地讲，微博营销是指企业、个人等利用微博为自身创造价值的一种营销方式。微博营销以微博为营销平台，是基于粉丝基础进行的营销。对于营销人员而言，微博上的每一个活跃用户都是潜在的营销对象。

1. 微博的类型

用于营销的微博类型主要有个人微博和企业微博。

（1）个人微博。个人微博是数量最多的微博类型，包括艺人、行业名人、普通用户等。个人微博不仅是个人用户日常表达自己想法的场所，还是个人或团队营销的主要阵地。一般来说，个人微博营销基于个人的知名度，通过发布有价值的信息来吸引关注，提高个人的影响力，从而达到营销效果。其中，部分企业高管的个人微博通常还会配合企业微博形成影响链条，以提高企业的影响力。

（2）企业微博。企业微博是企业的官方微博，很多企业都创建了自己的官方微博，通过积累产品或品牌的粉丝进行宣传推广。企业微博一般以营利为目的，企业的微博营销人员会通过微博来增加企业的知名度，进而促进产品销售。受微博信息发布机制所限，企业不能仅仅依靠微博向用户传递推广信息，还需要使用其他营销方式，提升企业宣传效果、品牌影响力。

2. 微博营销的特点

微博的信息传播是一种类似于网状结构的扩散，能够达到"一传十，十传百"的效果。在微博上制造出能引发用户围观的信息后，用户会随即展开转发、评论等一系列行动，以至于每个用户都可以成为传播者。这也让微博营销具有以下特点。

（1）信息传播迅速。微博具有信息传播迅速的特点。特别是一些高热度话题，一在微博发布，便会以多种方式迅速扩散。

（2）影响范围广。微博影响范围非常广泛。如果名人参与传播，那么营销信息的传播速度将成倍加快、影响范围将成倍扩大。

（3）双向沟通与互动。微博发布后，粉丝可通过留言、私信等方式与企业互动，企业可以与粉丝及时沟通，并获得反馈信息，实现双向沟通与互动。

（二）微博营销的方式

个人或企业在策划微博营销活动时，可以通过话题营销、借势营销和活动营销这3种方式实施。有时，这3种营销方式会搭配使用，以增强营销效果。

1. 话题营销

网络中近期的热门话题通常具有庞大的阅读量与讨论量，企业可以结合自身的产品或服务，写一段与话题相关性较高的内容并附上该话题。这样可以使关注该话题的用户群体参与讨论，从而扩大营销信息的传播范围。如果互动效果较好，转发、评论与点赞数量较多，那么该话题还会被话题主持人推荐，始终展示在话题首页，从而增加自身微博账号的曝光度和营销内容的热度。

话题营销的关键是选择热度较高、新颖有趣的话题，并根据话题撰写出适合推广品牌和产品的微博内容。在打造话题时，可以查看微博热搜榜，选择合适的内容作为话题。除了微博热搜榜，热门微博的内容也可以作为话题的来源。如果没有比较合适的热门话题，企业还可以围绕主推产品、营销活动或品牌来创建话题。图8-13所示为某家居品牌发布的话题营销微博，该微博利用当时的热门话题"#你会考虑聘请收纳师吗#"，并与品牌的产品收纳柜相结合突出产品特色。

图 8-13 话题营销微博

2. 借势营销

借势营销是微博营销中非常重要的一个方法。一些被广大用户热议的事件，自带热度和传播性，是借势营销的好素材。除此之外，常见的借势对象还有文化节庆活动、时事新闻、体育事件等。

借势营销是一种"顺势搭车"的营销方式，时效性很强。在借势营销里，要想借势达到引起用户共鸣的效果，就要把握好借势时机，找准营销内容与借势对象的关联点（即借势点），快速关联品牌和产品，让借助的"势"与产品或品牌所倡导的价值导向和品牌文化相融合，从而引发用户的自主传播行为，为营销信息的广泛传播奠定基础。图 8-14 所示为小米手机借势巴黎奥运会，联合众多知名运动员发布的"开箱#小米安踏冠军澎湃礼盒#"微博，推广小米的多款与运动相关的新产品。

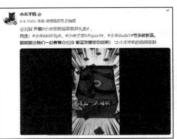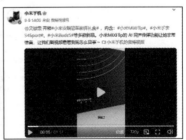

图 8-14 小米手机借势巴黎奥运会发布的微博

3. 活动营销

活动营销是一种整合资源的营销方式，是指个人或企业利用微博，通过介入社会活动或整合有效的资源策划营销活动，迅速提升品牌知名度和影响力的营销方式。微博营销活动的类型多样，如有奖转发、有奖征集、有奖竞猜等。

（1）有奖转发。有奖转发是微博营销中十分常见的营销活动，其开展方式通常为：个人或企业发起抽奖，并指定需要完成的任务，如转发、关注+转发（见图8-15）、转发+评论（见图8-16）等，用户完成任务后就可参与活动，有机会获得奖品。有奖转发不仅可以有效增加粉丝，还可以扩散传播信息，使信息覆盖更多用户，从而提高活动影响力。如果是多方联合发起的有奖转发活动，还可将抽奖条件设置为关注多个账号。

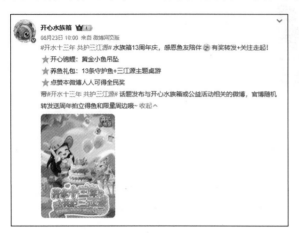

图8-15 关注+转发有奖活动

图8-16 转发+评论有奖活动

专家点拨

发起有奖转发，可在手机端或个人计算机（Personal Computer，PC）端微博进行抽奖设置，以确保活动的顺利进行和公平性。以在PC端设置为例：登录微博，单击账号头像进入个人主页，在左侧导航栏中单击"创作者中心"选项；打开"创作者中心"页面，在左侧导航栏中选择"运营助手-抽奖中心"选项，在打开的页面上方单击"开始抽奖"选项卡，在需要发起活动的微博右侧单击 抽奖 按钮，如图8-17所示。此时，将打开"抽奖设置"页面，在其中可设置奖品和参与条件。目前，微博抽奖功能针对企业蓝V认证用户和会员用户开放，普通用户无法设置。

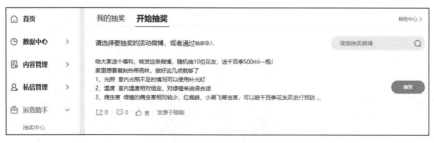

图8-17 "开始抽奖"选项卡

（2）有奖征集。有奖征集是指发布微博内容，征集创意点子、广告文案、祝福语、买家秀图片等，使用户根据征集要求参与活动，就有机会获得奖品。有奖征集有助于拉近企业与用户之间的关系，激发用户的参与积极性和主动传播性。有奖征集常与事件营销、话题营销相结合，以提高活动影响力。例如，茶啊二中发布的《茶啊二中 第五季》短评有奖征集活动，如图 8-18 所示。

（3）有奖竞猜。有奖竞猜是指发布竞猜信息，提供谜面，由用户来猜谜底，竞猜内容包括猜文字、猜图片、猜谜语、猜价格等，竞猜成功的用户就有机会获得奖品。有奖竞猜常用于产品或品牌推广，以加强品牌与用户之间的联系。一般来说，有奖竞猜的趣味性越强，用户参与的积极性越高。图 8-19 所示为红魔游戏手机为给新产品造势而发起的看图猜产品的有奖竞猜活动。

图 8-18　有奖征集

图 8-19　有奖竞猜

专家点拨

　　活动营销以活动为载体，打造有影响力的活动是营销成功的关键。不同于其他营销方式，活动营销所追求的更多是短期内的营销效果。因此，营销人员要想通过短期的微博活动营销取得更广泛和更有影响力的营销效果，要取好活动名字，以更好地传递活动主题，增强活动吸引力，如爱奇艺发起的"#就地年夜饭大赏#"有奖征集活动。

（三）微博营销的实施技巧

　　微博作为重要的营销平台，需要进行常态化运营，保证微博账号的活跃度和曝光度、微博内容的更新频率等，推动微博营销的可持续发展。

1. 账号设置

　　账号信息涉及昵称、头像、封面、认证信息等内容。由于用户浏览微博内容时只能看到账号昵称和头像，因此昵称和头像是用户对博主的直观印象。

　　（1）昵称。个人微博账号昵称应简洁、有个性、拼写方便并与账号定位相符，便于用户记忆和搜索。例如，科技领域的个人微博账号昵称"不赖剪辑"、电商领域的个人微博账号昵称"白菜分享君"等。一些拥有一定影响力的个人可以让微博昵称与自己在其他平台上使用的昵称保持一致。企业

> **想一想：**
> 　　你有关注的微博账号吗？该账号的名称和头像设置有何特点？

微博账号的昵称通常与企业名称保持一致。

（2）头像。个人微博的微博头像可以设置得比较随意，可以是清晰的真人照片，也可以是个性化的卡通头像、特殊标志等；企业微博则宜选择能够代表企业形象的头像，如企业Logo、企业拟人形象、企业特色产品等。

> **专家点拨**
>
> 微博提供有微博认证功能，包括账号资质、专业、能力等的认证。微博认证分为个人申请认证和机构认证。通过认证的微博账号名称后会有一个"V"标志。微博认证不仅可以提高微博账号的知名度，还可以使微博账号容易赢得微博用户的信任，从而获得粉丝。

2. 持续更新微博内容

要实现常态化的微博运营，除了借助活动营销、借势营销、话题营销等维持账号活跃度，还需要持续更新微博内容。在微博，文字、图片、视频等都是主要的内容表现形式。微博内容以短微博为主，短微博是指可以直接在微博 PC 端首页文本框中发布的内容，字数一般在140 字以内。短微博对内容和形式的要求不严，但要使微博内容得到更多关注和传播，需要有针对性地设计。通常，有价值的、有创意的、能激发情感共鸣的、趣味性强的、娱乐性强的内容更受用户的欢迎，也更容易获得评论和转发。图 8-20 所示的微博分享的是手机摄影技巧，具有实用价值，能够精准吸引目标用户的注意；图 8-21 所示的微博分享的是生活趣味瞬间，充满人情味和生活气息，能够引起用户的情感共鸣。

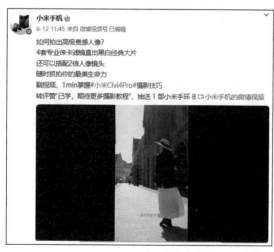

图 8-20 有实用价值的微博内容

图 8-21 生活趣味瞬间的微博内容

为了增强短微博的阅读感，通常需要为微博文字内容搭配合适的图片或视频。微博允许上传多张图片。一般，可搭配单张图片，或 3 张、6 张、9 张图片为佳，这样可以使图片排列整齐划一，使文字与图片的搭配更美观。很多时候，图片才是微博的主体，图片的表现力更强，如有的微博内容只有极少的文字，通过精心设计的图片传播核心内容，带给用户良好的视觉体验。一条微博只能上传一个视频，视频可以立体化地展示信息，带给用户更多的视听享受，但为了提升用户观看体验，视频时长最好控制在 1 分钟以内。

3. 使用微博 3 要素

微博主要通过转发、评论和点赞等互动行为来进行信息传播，在写作微博内容的过程中，除了适当地添加话题，还可以添加@和链接这两个元素，以增加微博内容被用户查看的概率，扩大微博内容的传播范围。

（1）@。@相当于一个连接线，可以连接关注的人或其他人。被@的用户将会收到通知，看到发送的内容。在微博内容中应至少@一个微博用户，以确保有人会收到通知，如果被@的用户对微博内容感兴趣，那么该用户很有可能会和其他用户分享。

（2）链接。链接可以是文章、视频或产品详情页、活动详情页，只要是可能对用户有用的内容，都可以以链接的形式放在微博内容中。如果微博内容引起了用户的兴趣，那么用户就会点击链接查看。

4. 搭建微博账号矩阵

打造微博账号矩阵是开展营销活动、增加流量的重要手段。所谓微博账号矩阵，是指企业根据旗下品牌和产品的不同定位建立多个微博账号形成账号矩阵，其目的是通过不同定位的账号更全面地覆盖各个用户群体。当开展营销活动时，各个账号之间互动造势，可以实现微博营销效果的最大化。图 8-22 所示为小米集团基于旗下品牌或产品创建的部分微博账号，形成了相互联动的账号矩阵。

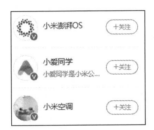

图 8-22　小米集团的部分微博账号

5. 合作推广

单个微博账号的影响力有限，通过与其他品牌微博账号或有影响力的达人微博账号合作，如通过达人微博账号转发企业微博内容，可以通过双方的影响力，扩大微博营销内容的传播范围，提升营销效果。

📖**案例阅读**　　　　　**萌牙家的微博营销**

萌牙家全称宁波萌牙家科技有限公司，是一家主营电动牙刷的创业型公司。萌牙家创立之初，国内电动牙刷的市场竞争比较激烈，并且由于电动牙刷的技术已经很成熟，因此，萌牙家并不能通过改进产品的核心功能来创造竞争优势。为此，萌牙家另辟蹊径，选择微博作为营销推广的主要平台，通过与微博各个领域的知名达人合作来推广产品和品牌，使产品全方位覆盖用户，加深产品和品牌在用户心中的印象，树立起产品和品牌的形象。

在微博营销的过程中，萌牙家要求各推广博主侧重产品使用感受的客观描述，以电动牙刷为载体科普口腔健康知识，不要直接提及品牌或刻意吹捧。这种"科普+

真实体验描述"的内容贴合用户的需求，也传达出品牌维护口腔健康的理念。同时，萌牙家还会附上优惠券、粉丝福利等进一步增强用户的购物欲望。除此之外，萌牙家还充分利用微博的粉丝头条功能推广营销信息，使这些推广信息能够覆盖更多的用户群体。合适的营销平台加上精准的营销策略给萌牙家带来不错的营销效果，使其在竞争激烈的电动牙刷市场中突出重围。

思考：（1）萌牙家的微博营销给你带来哪些启示？（2）当前各类企业进行微博营销的手段和方式相似，你认为该如何创新营销方法？

任务实训　　为某巧克力品牌策划微博营销

悦可可是一个专注于生产黑巧克力的品牌，多年来一直坚持"追求高品质健康生活，永不止步"的品牌理念，致力于为用户提供优质健康的黑巧克力产品。时值2024年巴黎奥运会，吸引了大量用户关注，悦可可将借助奥运盛事这一热点事件，结合话题和营销活动开展微博营销，以提高品牌知名度和影响力。

【任务要求】

（1）借助热点事件设计热门话题，围绕热点事件和话题撰写适合推广品牌的微博内容。

（2）发布微博内容，设置"关注+转发"有奖活动。

【操作提示】

（1）设计热门话题。设计热门话题时，"巴黎奥运会"本身就是一个热门话题，同时可通过查看微博热搜榜（见图8-23），以热搜内容为切入点设计话题，如以"推动全民健身和全民健康深度融合"的内容设计#今天是全民健身日#的话题。

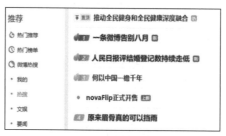

图8-23　微博热搜榜

（2）设计微博内容。设计出合适的话题后，结合巴黎奥运会这一事件和品牌特点设计微博内容。例如，悦可可"追求高品质健康生活，永不止步"的品牌理念，与奥运会这一赛事所传递的自信乐观、不惧挑战、勇于拼搏的精神相契合，营销人员可以从此处入手设计内容体现悦可可的品牌特点。同时，为了扩大内容的传播范围，以提高品牌知名度，可策划有奖转发活动，如"关注+转发"有奖，并体现在微博内容中。

（3）发布内容。设计好微博内容后，在PC端打开微博首页，登录微博账号，在文本框中输入设计好的营销内容，如图8-24所示，然后单击 发送 按钮发布微博（也可在手机端微博中输入和发布微博内容）。

图 8-24　编辑微博内容

（4）设置抽奖。发布微博内容后，为该条微博设置抽奖，抽奖条件为"关注+转发"。最终发布微博后的效果如图 8-25 所示。

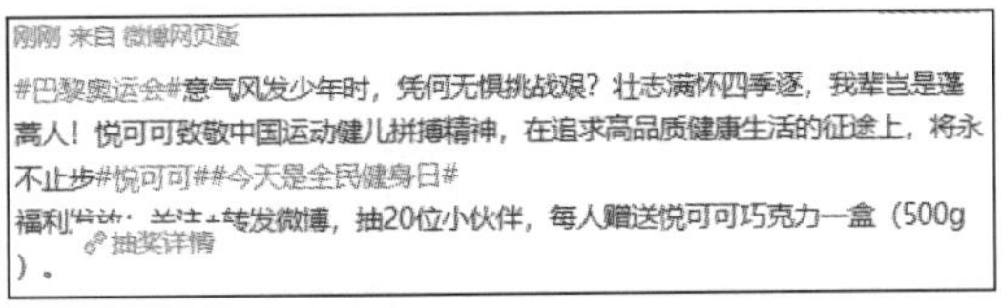

图 8-25　微博发布效果

实训练习

项目实训——为某公司策划社交媒体营销活动

1. 实训背景

有滋味是一家专门经营菜籽油的公司，现希望借助微博、微信的影响力来宣传公司菜籽油产品。时值七夕节，该公司准备借助七夕节的热度，在微博上结合相关话题，以回馈用户为由，发起有奖转发活动，要求用户以"转发+关注"的形式参与活动，并将从参与活动的用户中抽取 10 位用户，每位中奖用户将获得 500ml 的小榨棉香双低菜籽油 2 瓶。而且还将活动信息发布到公司的微信公众号和营销人员的微信朋友圈中，吸引更多用户关注和参与。

回馈用户的促销活动信息如下。

（1）营养原香双低菜籽油第二件半价，第二件仅需 59 元。

（2）热门款 2.5L 小榨棉香双低菜籽油第二件半价，第二件仅需 36 元。

（3）橄榄双低调和菜籽油第二件半价，第二件仅需 66.5 元。

（4）活动时间：8 月 10 日—8 月 14 日。

2. 实训要求

（1）设计微博内容，要求添加与七夕节相关的话题、促销活动信息、网店链接和有奖转发信息。

（2）在微博发布营销信息并发起抽奖。

（3）在微信朋友圈和公众号发布促销活动营销文案。

3. 实训思路

（1）设计微博内容。将菜籽油产品与恋爱话题结合起来设计附带网店链接、促销活动信息、有奖转发信息的微博内容。

（2）发布微博内容并发起抽奖。设计微博内容后，登录微博，输入内容，在内容中可适当插入表情符号，并添加配图，图片素材参见"微博营销"文件夹（配套资源：\素材文件\项目八\微博营销\图1.jpg、图2.jpg、图3.jpg），然后发布微博并在后台设置抽奖。微博发布效果如图8-26所示。

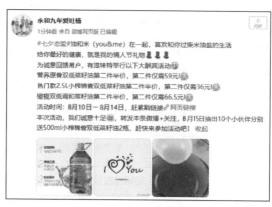

图8-26　微博发布效果

（3）在微信朋友圈发布营销信息。改编微博内容，在清楚显示活动信息的情况下，精简内容，然后发布到微信朋友圈，参考效果如图8-27所示。

（4）发布微信公众号文章。在公众号中发布营销信息时，可结合节日热点和优惠信息设计文章标题，如"七夕大酬宾，有滋味菜籽油第二件半价！"在文章开头添加七夕节节日送祝福的海报（配套资源：\素材文件\项目八\公众号配图\节日海报.png），给出促销活动信息。然后设置封面（配套资源：\素材文件\项目八\公众号配图\封面图.png）和摘要并发布文章，文章发布后的效果如图8-28所示。

图8-27　朋友圈内容效果

图8-28　微信公众号文章发布效果

课后练习

1. 名词解释

（1）微信营销　　　（2）微信公众号　　　（3）微博营销

2. 单项选择题

（1）微信个人号的组成不包括（　　）。

    A. 昵称　　　　　B. 头像　　　　　C. 微信号　　　　　D. 邮箱

（2）主要功能是向用户传达资讯的微信公众号类型是（　　）。

    A. 订阅号　　　　B. 服务号　　　　C. 小程序　　　　D. 企业微信

（3）用户关注微信公众号时的回复属于（　　）。

    A. 关注回复　　　B. 被关注回复　　　C. 消息回复　　　D. 关键词回复

（4）以下不属于微博营销特点的是（　　）。

    A. 覆盖面广　　　B. 传播迅速　　　C. 互动性强　　　D. 单向营销

（5）一家企业将在近期推出新产品，在微博上邀请大家参与新产品的价格竞猜。这种微博营销方法属于（　　）。

    A. 粉丝营销　　　B. 借势营销　　　C. 话题营销　　　D. 活动营销

3. 操作题

（1）秀妍草本是一家专门研发和销售护肤品的公司，该公司在夏季新推出一款洗面奶，素材图片参见"洗面奶"文件夹（配套资源：\素材文件\项目八\洗面奶\产品图 1.png、产品图 2.png、产品图 3.png），该洗面奶采用氨基酸与皂基复合配方，兼顾清洁力和温和度，并富含绿茶精粹和岩白菜精华。请在微博热搜榜或热门微博查找与"护肤"相关的热门话题，为该公司策划附带话题的有奖转发活动。

（2）小文是亲恬摄影店店长。目前，该摄影店迎来 5 周年庆典，5 周年庆典活动包括线上活动和线下活动，线上活动通过微信展开，以提高活动影响力。为此，小文一方面要通过自己的个人微信号发布活动信息，引导目标用户关注摄影店的微信公众号；另一方面要通过微信公众号群发活动详情，吸引更多用户参与活动。

线上活动的具体内容安排如下。

- 活动时间为 9 月 12 日—9 月 20 日。
- 参与活动的用户必须是微信公众号"亲恬摄影"的粉丝。
- 奖品包括价值 1999 元儿童摄影套餐、价值 2999 元情侣摄影套餐、价值 5999 元家庭摄影套餐。
- 领奖人应持有效信息到门店领奖并预约摄影。

项目九

移动营销

📖 课前自学

学习目标

- **知识目标：**
  1. 掌握二维码制作和营销的渠道和技巧。
  2. 熟悉 App 营销的特点、模式和推广方法。
- **技能目标：**
  1. 能够根据营销目标制作二维码。
  2. 能够根据营销目标制订 App 营销策略。
- **素质目标：**
  1. 树立资源整合意识，合理利用可用的媒介资源。
  2. 不断提高学习能力和创新能力，积极探索新的营销方式。

 引导案例　**京东区块链溯源防伪**

区块链是一种颠覆性的新兴技术，具有去中心化、信息可溯源等特性，这使其在降低经营成本、预防故障和降低信任风险等方面具有重要作用。

在溯源防伪领域，京东率先发力，将区块链技术应用到电商供应链管理中，于2018年正式发布防伪追溯平台——智臻链。智臻链可以记录企业产品从生产到流通的整个过程，每一个产品对应唯一的二维码（溯源编码）。终端消费者只需要扫描二维码，就能快速追溯产品生产源头，操作简单方便，体验好。同时，企业可在消费者扫码查询产品真伪后，通过发放红包等方式引导消费者关注企业的媒体账号等，积累粉丝量。截至2024年9月，智臻链已应用于珠宝黄金、酒水、粮油食品、母婴、生鲜养殖等行业，合作品牌包括雀巢、伊利、五芳斋、贵州茅台等。

思考

二维码在溯源防伪中起到什么作用？二维码营销有哪些应用场景？

📖 知识掌握

任务一　二维码营销

随着智能手机的普及和移动互联网的发展，二维码营销已是目前较为常用的移动营销方式。本任务主要介绍二维码营销的优势、制作与美化方法、营销渠道与技巧等，帮助营销人员熟练开展二维码营销。

（一）了解二维码营销

二维码营销是一种通过传播二维码，引导用户扫描二维码来推广企业营销信息，并刺激用户购买产品的营销方式。它具有以下 4 个方面的优势。

> **想一想：**
> 　你在生活中通常在哪些场景使用二维码？

（1）操作简便。用户只需使用智能手机扫描二维码，即可随时完成支付、查询、浏览、在线预订等操作，方便快捷。

（2）易于调整。企业可以根据营销需求在系统后台实时调整二维码的内容信息，无须重新制作投放，降低了营销成本。

（3）应用广泛。二维码图案指向的内容十分丰富，企业可以在二维码中植入品牌介绍、产品资讯、使用说明、门店信息、促销活动、在线预订、溯源防伪等，并通过各种线上线下渠道进行投放，实现线上线下的整合营销，为消费者提供更加便利的服务。

（4）精准营销。企业通过对用户来源、路径、扫码次数等数据进行统计分析，可以制订更精准的营销策略，提高营销效果。

（二）制作与美化二维码

二维码营销通过传播植入营销信息的二维码达成营销目标。因此，二维码的制作很关键。为提高二维码对用户的吸引力，我们对二维码还需要适当美化。二维码的制作工具很多，如草料二维码、联图网、第九工场等。下面以在草料二维码中制作二维码为例，介绍二维码的制作方法，其具体操作步骤如下。

（1）生成二维码。登录草料二维码官方网站，在工具栏中选择需要植入的内容类型，这里选择"网址"选项。在"网址"选项卡中选择二维码的类型，这里选择"网址跳转活码"选项。在下方的文本框中输入网址，单击 生成跳转活码 按钮，此时右侧窗格将生成一个默认样式的二维码，单击 二维码美化 按钮，如图 9-1 所示。

（2）美化二维码。打开"二维码样式编辑器"对话框，按网站要求上传 Logo 图片，将其形状设置为"圆角矩形"，尺寸调整为最大，将码颜色设置为红色，将码点形状设置为大圆点，如图 9-2 所示，完成美化设置后在右侧二维码图案下方单击"下载打印"超链接。

（3）下载二维码。打开"下载打印"对话框，设置图片格式和图片大小后，下载制作好的二维码。

图 9-1　输入网址生成二维码

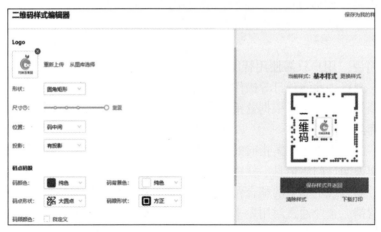

图 9-2　美化二维码

专家点拨

　　网址静态码创建后不支持修改网址，后台删除该二维码也依旧可扫码打开。适用于固定的企业门户网址或其他长期有效的链接网址。网址跳转活码创建后仍可修改网址，修改后二维码图案不会变化，后台操作删除则无法扫码打开。适用于几乎所有网址，尤其是需要不断更新链接网址的推广和活动页面。

素养课堂

　　营销人员应确保二维码长期有效，避免造成二维码资源的浪费。同时，不得利用二维码进行信息窃取或其他不法行为。

（三）二维码营销渠道与技巧

　　要确保二维码营销的效果，就需要根据营销目标和用户群体选择合适的营销渠道并运用一些营销技巧。

1. 二维码营销的渠道

二维码营销的渠道分为线上渠道和线下渠道，在实际营销过程中，结合线上渠道和线下渠道共同达成营销目标的情况比较普遍。

（1）线上渠道。二维码的线上营销渠道比较多，主要是社交媒体平台，如微信、微博、小红书等，这些平台的用户基数大、覆盖人群广泛，在其中开展二维码营销，可利用平台的强社交关系和分享功能，实现二维码的快速传播，图 9-3 所示为植入微信公众号文章的二维码。除了社交媒体平台之外，购物平台、新闻网站、视频网站、社群等也可实现二维码的有效传播。

（2）线下渠道。与其他营销方式相比，二维码对线下传播渠道也具有非常高的适应性，特别是随着二维码对人们生活渗透得越来越深入，二维码营销渠道变得越来越多，如名片、报刊、展会名录、户外广告、宣传单、实体包装、公交站牌、地铁站台、公交车身等。图 9-4 所示为二维码的线下应用场景。

图 9-3　微信公众号文章中植入二维码

图 9-4　二维码线下应用场景

2. 二维码营销的技巧

开展二维码营销时，运用一些营销技巧可以吸引更多用户扫描二维码，以取得更好的营销效果。

（1）使用创意二维码。使用创意二维码就是要优化二维码的视觉设计。例如，在二维码中添加能够展示品牌特点的品牌元素，或与图形、图案结合，生成个性化、场景化的二维码，以吸引用户的眼球。

（2）提供福利。提供福利即告知用户扫码后可以获得什么利益，如扫码领取红包、扫码抽奖、扫码入群享 5 折优惠等。

（3）企业服务引导。依托于企业服务，在向用户提供服务时，引导用户扫描二维码。例如，在电影院使用二维码网上取票时，引导用户下载相应的 App，或查看相关营销信息等。如果是线下人工服务，服务人员可以清楚介绍二维码提供的内容，方便用户根据自身的需求扫描二维码。

任务实训　　**使用草料二维码制作门店详情二维码**

缤纷食光是一家快餐连锁品牌，为给用户提供更加便利的服务，缤纷食光计划将各门店的地址等信息制作成二维码，张贴在收银台，并打印在外卖包装袋和品牌宣传册上，方便用户了解。各门店信息如下。

（1）1店。成都市武侯区××路××号，门店负责人李×，门店联系电话135××××0000。

（2）2店。成都市金牛区××路××号，门店负责人张×，门店联系电话135××××1111。

（3）3店。成都市锦江区××路××号，门店负责人夏×，门店联系电话135××××2222。

（4）4店。成都市锦江区××路××号，门店负责人谢×，门店联系电话135××××3333。

（5）5店。成都市成华区××路××号，门店负责人秦×，门店联系电话135××××4444。

【任务要求】

使用草料二维码中的模板制作展示门店详情的二维码。

【操作提示】

（1）选择模板。登录草料二维码官方网站，在首页导航栏中单击"模板库"选项，打开模板库，选择"商户门牌信息"选项，如图9-5所示。

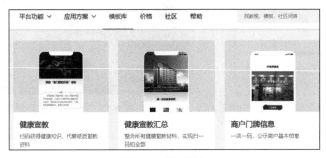

图9-5　选择模板

（2）修改门店信息。打开模板预览页面，单击 单个生码 按钮，打开模板编辑页面，将顶部的品牌名称更改为"缤纷食光"，单击名称下方的图片，在弹出的工具栏中单击 替换 按钮，将图片替换为餐厅内部图片（配套资源:\素材文件\项目九\缤纷食光图片\缤纷食光门店图.jpg），将其他信息修改为缤纷食光1店的信息，效果如图9-6所示，再将多余的栏目删除。

图9-6　修改门店信息

（3）复制栏目设置其他门店信息。选择"门店信息"栏，按【Ctrl+C】组合键复制，在表格下方按【Ctrl+V】组合键粘贴"门店信息"栏，使用同样的方法复制粘贴表格，将表格中的信息修改为缤纷食光 2 店的信息。使用同样的方法新增"门店信息"栏和表格，将其中的文字修改为其他门店的信息。

（4）生成并编辑二维码。完成门店信息设置后，单击编辑页面右侧的 生成二维码 按钮，生成二维码后，单击二维码右上角的"更换"超链接，如图 9-7 所示。打开"选择标签样式"对话框，选择左侧的"简单美化"选项卡，在其中选择"B167 时尚菱角"选项，如图 9-8 所示，再在打开的对话框中单击 使用此样式 按钮。

图 9-7　单击"更换"超链接

图 9-8　更换二维码样式

（5）编辑二维码样式。打开"二维码样式编辑器"对话框，单击 上传Logo 按钮，打开"打开"对话框，选中并上传"Logo.png"图片（配套资源：\素材文件\项目九\缤纷食光图片\Logo.png），然后将尺寸设置为最大，如图 9-9 所示，完成后，在二维码下方单击"下载打印"超链接下载二维码图片。

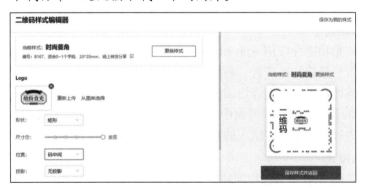

图 9-9　编辑二维码样式

任务二　App 营销

App营销

随着移动互联网的快速发展，人们对智能手机的依赖性越来越强，各类手机 App（Application，应用程序）进入到人们的日常生活中。使用 App 开展营销的企业越来越多，App 营销成为企业网络营销中一种重要的营销方式。本任务主要介绍 App 营销的特点、模式和营销推广方法，帮助营销人员开展 App 营销。

（一）了解 App 营销

App 营销是一种主要以移动设备中的 App 为载体开展营销活动的营销方式。App 营销的特点如下。

（1）信息展示全面。App 中展示的信息非常全面，包含图片和视频等类型。用户可以快速、全面地了解产品或企业信息，从而打消对产品的顾虑，增强对企业的信心，提高对企业的忠诚度。

（2）方式灵活。App 的营销方式较为灵活。用户可通过多种方式搜索、下载并安装 App。企业可以通过手机或计算机后台发布、管理 App 中展示的内容。同时，企业可以统计分析用户在 App 中的注册、浏览等活动产生的数据，以更好地进行用户行为分析，改善营销策略。

（3）能提供良好的用户体验。App 的界面一般简洁清晰，主要是为了展示 App 的核心功能和特点。企业除了可以通过 App 为用户提供服务，还能借助 App 的评论、分享等功能与用户互动，从而提升用户的使用体验。

（4）精准度高。用户会根据自己的需求搜索并下载 App，这意味着 App 的下载对象是潜在的目标用户，有助于企业实现较精准的营销。

（二）App 营销的模式

越来越多的企业将 App 作为营销的主阵地之一，促使 App 营销的应用也越来越广泛，并延伸出不同的营销模式。

1. 定制模式

目前，很多企业都拥有自己的 App，量身定做的 App 更容易体现产品和品牌的特点，有利于提升宣传效果，深化品牌形象。

2. 广告植入模式

广告植入模式是功能性应用 App 和游戏应用 App 的一种基础营销模式。在该模式下，广告主通过动态广告栏链接植入广告，当用户点击广告中的图标或执行广告中指定的动作时，就会进入指定的界面，查看广告详情或参与活动。在广告植入模式下，广告通常被投放在用户点击进入 App 的开屏界面，该界面中会明确显示"广告"字样，并标明广告展现的时间。此外，App 中的内容页也是广告植入的常见位置，广告通常成为内容组成的一部分。

3. 购物网站模式

购物网站模式的 App 多为购物网站开发，如淘宝 App、京东 App 等。在该模式下，购物网站通过开发网站相关的 App，并投放到各大应用商店供用户免费下载使用，让用户可以通过 App 随时随地浏览产品或促销信息，并完成交易。

（三）App 营销推广

App 营销的核心对象是用户，企业需要优化 App 的推广策略，使更多的用户下载并使用

App，以奠定良好的营销基础。

1. App 的排名优化

App 是移动终端上的应用程序，其在应用商店中的排名越靠前，曝光率越高，越有机会获得更高的自然流量。为了获得较好的排名，企业需要对影响 App 排名的因素进行优化。

（1）App 的主标题。App 的主标题即 App 的名称，它是影响排名的核心要素，应简洁明了，简单易记。如果 App 知名度不高，那么可以在主标题中突出产品功能或亮点，如美图秀秀早期的名称为美图秀秀大师。如果 App 发展成熟、拥有一定知名度，那么其 App 主标题可使用品牌词，如天猫、拼多多、今日头条等，这样既能深化用户印象，又能节省推广成本，如图 9-10 所示。另外，若主标题无法表达完整的核心信息，可以为主标题添加后缀，如图 9-11 所示。

图 9-10　使用品牌词作为主标题

图 9-11　为主标题添加后缀

（2）App 的副标题。App 的副标题是主标题下方的描述性文字，具有补充说明 App 功能和亮点的作用，也是影响 App 排名的重要因素。通常，App 的副标题有 3 种设置方法。

- **关联品牌**。App 的副标题关联品牌，可以加强用户对品牌的印象。例如，在图 9-12 中，阿里巴巴 App 的副标题"阿里巴巴旗下专业批发采购平台"就通过品牌词强调了"阿里巴巴"关联品牌词；百度网盘 App 直接使用品牌标语"美好由我全盘掌握"为副标题。
- **突出功能或亮点**。App 的副标题可进一步凸显或说明 App 的功能或亮点。例如，在图 9-13 中，咸鱼 App 的"闲置交易平台，趣味生活社区"、唯品会 App 的"品牌特卖，就是超值！"就分别突出了 App 的功能、亮点。
- **强调优惠活动**。App 的副标题可展示 App 上近期开展的优惠活动，以此吸引用户下载 App。例如，图 9-14 所示的 App 副标题就通过短句说明了 App 近期上线的优惠活动。

图 9-12　关联品牌的副标题

图 9-13　突出功能或亮点的副标题

图 9-14　强调优惠活动的副标题

（3）App 的关键词。App 的关键词主要体现在 App 的主标题和副标题中。在实际生活中，大部分用户会通过输入关键词搜索和下载 App，因此，关键词优化是 App 推广优化的重要内容。如何挑选关键词呢？一是"蹭"知名品牌的热度，如"淘特""点淘"之于"淘宝"，"微信读书"之于"微信"等；二是搜索同类 App 使用的关键词和潜在用户关注的关键词。例如，输入"聊天交友""健身"等关键词搜索排名靠前的 App，找出与本 App 相关性高的关键词，以此建立本 App 的热词库。

（4）App 的描述。标题和关键词的优化有助于增加流量，App 描述的优化则可以在一定程度上增加 App 的下载量。App 的描述内容一般控制在 300 字～500 字，对功能的描述应简明扼要，便于理解和阅读。并且，App 的描述一定要让用户知道 App 的价值，即能够给他带来的好处、能够帮助他处理的问题。另外，在描述内容的末尾可添加企业的联系方式，如微信公众号、微博账号等。

（5）App 应用截图。App 应用截图可以展示 App 的功能和界面，是对 App 的进一步描述，如图 9-15 所示。精心设计的预览界面，能够体现 App 的主要功能，并影响用户的下载选择。

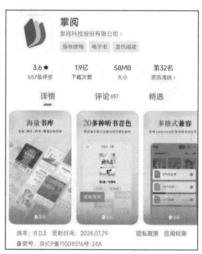

图 9-15　App 应用截图

（6）App 下载量。App 下载量在一定程度上体现了 App 在市场上被认可、受欢迎的程度，是影响 App 排名的重要因素，也是影响 App 运营效果的关键因素。要增加 App 的下载量，根本上还是要开发者潜心打磨产品，完善产品功能，以提升用户体验。

（7）用户评分和评论。App 的用户评分和评论不仅会左右用户的下载决策，还会影响 App 的搜索排名。在很多应用商店中，用户评分和评论是排名算法中的重要因素，用户评分越高、评论越多且越正面，就越有助于 App 搜索排名的提升。为此，企业应想办法获取更高、更多的用户评分和评论，如适时提问、利用奖励等，进而促进 App 的排名提高。

2．App 的推广方式

App 的推广方式多种多样。企业可结合线下渠道吸引用户的注意，促进用户下载并使用 App。

（1）首发申请。App 首发是指 App 新品或最新版本在一段时间内仅在首发市场出现，其他应用市场不支持下载。首发应用市场会给首发 App 免费的展位，因此，首发是性价比较高的推广手段，目前多数应用商店都免费支持首发申请，如应用宝、小米应用商店、华为应用市场等。

（2）新品自荐。新品自荐是应用商店鼓励 App 开发者的创新精神，为一些优质新品 App 提供崭露头角的机会而设立的一个绿色通道。在该推广方式下，品牌需要按照应用商店的自荐要求推荐自身开发的 App，待经过评估后，如果质量优异，即可获得一定推荐位。

（3）资源互推。很多企业旗下不止一个品牌，此时可以让各品牌之间进行资源互推，实现双赢，如快手在其短视频平台上推广资讯内容 App——快看点。

（4）社交媒体推广。企业可通过在微博、微信等社交媒体平台上发布推广文案推广 App。

（5）网络广告。企业可以通过投放网络广告推广 App。

（6）线下预装。企业可以和手机厂商合作，在手机出厂前将 App 预装到手机里，这样购买了手机的用户就有可能直接成为该 App 的用户。

（7）线下活动。开展线下活动也是一种常用的推广方式，如在店铺内引导用户扫描二维码下载 App 领取新用户福利等。

专家点拨

部分收费 App 可采用暂时免费策略来吸引用户下载和使用 App，后续可通过功能、界面、服务等方面的优势引导用户开通付费功能。

案例阅读　　屈臣氏 App 的营销推广

屈臣氏 App 是屈臣氏品牌旗下的美妆个护时尚购物 App，提供美妆个护正品闪电送和门店自提服务。用户在屈臣氏 App 下单后，屈臣氏优选附近门店发货，可在 30 分钟内送达，或者用户下单后上门自提，随到随取。屈臣氏则通过将自身的正品保障、极速物流的产品优势与线下美容顾问相结合，打造新零售生态，满足年轻用户的个性化需求。

在屈臣氏 App 上线早期，其副标题强调"单品 5 折""9 块 9 包邮"等 App 专属福利，App 的应用截图则主打热门款大促、文案强化屈臣氏品牌，成功吸引了对美妆感兴趣的用户注意。同时，屈臣氏充分利用微博账号矩阵推广 App，通过微博的社交属性，达成 App 下载、营销互动、购买转化一站式提升。

任务实训　　营销推广缤纷食光 App

为给广大用户提供更便捷的生活服务，缤纷食光开发了一款 App，该 App 的核心功能如下。

（1）线上订餐。提供手机自助点餐、外卖订餐、签到有礼服务。

（2）发现优惠。提供品牌最新的优惠活动信息，包括特价套餐、超级星期五（每周折扣日）、新人优惠专享、新品优惠。

（3）主题活动。亲子乐园（缤纷食光生日主题活动）、音乐点播间（点击喜欢的菜品，聆听菜品专属音乐，也可以自行为菜品制作音乐）。

（4）会员福利：积分兑好礼、线上商城（可在线购买品牌周边、惊喜好礼等）。

为达到良好的效果，在 App 正式上线各个应用商店前，需要先优化 App。

【任务要求】

设计 App 的主标题、副标题和描述。

【操作提示】

（1）设计 App 主标题。该 App 是缤纷食光新推出的 App，而缤纷食光是一个拥有较高知名度的成熟品牌，所以即使该 App 是新上线的 App，仍然可以采用成熟 App 主标题的设置方法，以品牌词"缤纷食光"命名。

（2）设计 App 副标题。该 App 作为缤纷食光的线上 App，从强化品牌的角度来看，可以结合主标题，将副标题设置为"想吃缤纷美食，就上缤纷食光 App"；同时，该 App 有众多功能，其中突出的功能和亮点有优惠活动、在线订餐，结合二者可将副标题设置为"在线订放心餐，尽享优惠"，或"订餐享优""店铺直送到家、新人优惠享不停"等。

副标题：

_____

（3）设计 App 描述。就利益点而言，该 App 可以给用户带来的价值主要有省时、可在线下单、免排队、有各种优惠和福利，在描述时可以以关键词的形式突出这些利益点，示例如图 9-16 所示。

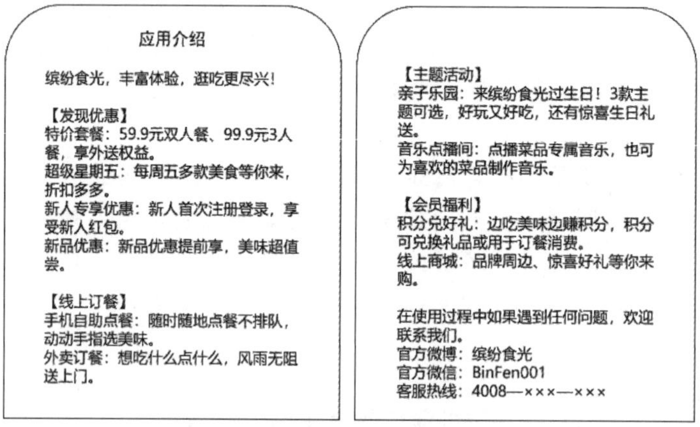

应用介绍

缤纷食光，丰富体验，逛吃更尽兴！

【发现优惠】
特价套餐：59.9元双人餐、99.9元3人餐，享外送权益。
超级星期五：每周五多款美食等你来，折扣多多。
新人专享优惠：新人首次注册登录，享受新人红包。
新品优惠：新品优惠提前享，美味超值尝。

【线上订餐】
手机自助点餐：随时随地点餐不排队，动动手指选美味。
外卖订餐：想吃什么点什么，风雨无阻送上门。

【主题活动】
亲子乐园：来缤纷食光过生日！3款主题可选，好玩又好吃，还有惊喜生日礼送。
音乐点播间：点播菜品专属音乐，也可为喜欢的菜品制作音乐。

【会员福利】
积分兑好礼：边吃美味边赚积分，积分可兑换礼品或用于订餐消费。
线上商城：品牌周边、惊喜好礼等你来购。

在使用过程中如果遇到任何问题，欢迎联系我们。
官方微博：缤纷食光
官方微信：BinFen001
客服热线：4008—×××—×××

图 9-16 缤纷食光 App 的描述示例

描述：

_____

_____

📖**实训练习**

项目实训——校园类 App 移动营销策划

1. 实训背景

大学生是一个易接受新鲜事物、乐于尝试的年轻群体，是很多 App 的潜在用户。App 也是大学生信息来源的主要渠道之一。基于此，某企业新推出一款为大学生量身制作的校园类App，该款 App 是服务于大学生在校教育、生活、求职、技能学习、闲置物品交易等多方面的综合信息平台。该款 App 的功能如下。

（1）生活服务。提供校园周边的餐饮美食、娱乐场所、商场特价、出行路线等信息。

（2）技能培训。提供学校周边各大培训机构，如技能培训、商业培训的信息，还提供学校周边书店、书城的信息，方便大学生及时了解所需信息。

（3）求职。提供各类企业的兼职、实习等招聘信息。

（4）校园期刊。向大学生推送学校电子版期刊。

（5）校园社交。提供互动交流平台，如校园周边餐饮、休闲娱乐场所的交流群，证件考试、各类公益活动的交流群，以及二手市场交流群等。同时，为各项技能爱好者、活动爱好者等提供展示平台。

（6）闲置物品交易。提供书、笔记本电脑、手机等闲置物品的交易信息等。

为达到良好的推广效果，在 App 上线各个应用商店前，企业需要优化 App，并在应用商店上线 App 后，为其下载链接制作二维码，用于 App 上线后的推广活动。

2．实训要求

（1）设计 App 的主标题、副标题和描述内容。

（2）使用草料二维码为该款 App 的下载链接制作二维码。

3．实训思路

（1）设计主标题。撰写 App 的主标题，可分别从校园和学生的角度构思。示例：校园帮、校园通、校易通、易校园、我的 e 校园、点点智慧校园、云校园、乐校通、快乐学士、启程、青春驿站、青春学园、完美校园。

主标题：

（2）设计副标题。为 App 撰写副标题，通过简洁的短语阐述 App 的功能，体现亮点。示例：生活、学习帮手；校园一站式服务；校园招聘、培训、社交、二手交易；校园服务助力成长；贴心校园服务，急你所需；随时随地，校园互通；便捷、周到的学生服务平台；智享校园，移动生活服务平台。

副标题：

（3）设计描述内容。撰写 App 的描述内容，尽量在内容中体现标题和副标题中的关键词。图 9-17 所示为校园类 App 的描述内容参考示例。

描述：

（4）获取下载链接。在应用商店上传 App 后，可通过后台获取其下载链接，或在应用商店找到所需 App，在 App 的详情页点击 ⋮ 按钮，在打开的列表中点击"分享"选项，然后选择分享到微信或 QQ，以此获取 App 的下载链接。

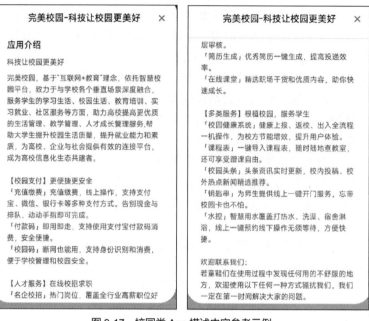

图 9-17　校园类 App 描述内容参考示例

（5）制作二维码。登录草料二维码，将 App 的下载链接设置为网址跳转活码类型的二维码，如图 9-18 所示，然后进行二维码的美化操作并下载二维码图片。

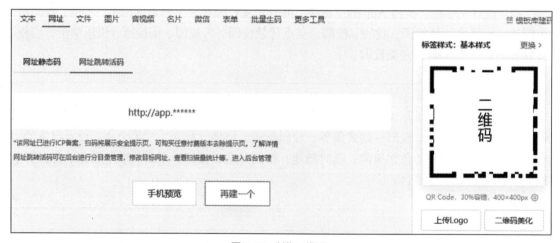

图 9-18　制作二维码

课后练习

1. 名词解释
（1）二维码营销　　（2）App 营销　　（3）App 主标题

2. 单项选择题
（1）二维码营销内容可以根据企业的营销策略实时调整，这体现了二维码营销（　　　）

的优势。

  A．应用广泛   B．易于调整

  C．有利于更精准的营销推送   D．操作简便

（2）（　　）是影响排名的核心要素。

  A．App 的主标题   B．App 的关键词

  C．App 的描述   D．App 的应用截图

（3）某 App 是某品牌量身定做的 App，该营销模式是（　　）。

  A．定制模式 B．广告植入模式 C．用户模式 D．内容模式

（4）某 App 推出了最新版，该版本只能在应用宝上下载。该 App 应用的是（　　）的推广方式。

  A．新品自荐 B．首发申请   C．线下预装   D．资源互推

3．操作题

（1）针对很多人工作忙没有时间去健身房，家里又没有健身器械，不知道如何安全、正确地健身的情况，某企业推出了一款健身类 App。该款 App 针对上述问题，提供了以下核心功能。请为该款 App 设计主标题、副标题和描述内容。

- **量身定制**。可自由选择多种健身训练计划。根据用户身体状况、有无器械和运动目标，量身定制个人专属训练计划，适用于广泛的健身场景。

- **陪伴式跑步**。在跑步过程中全程语音指导用户呼吸和配速；在热门城市提供丰富、有趣的跑步路线图，让跑步更有乐趣。

- **多维度记录训练数据**。多维度记录用户运动数据，包括运动规律、运动偏好、累计数据、平均数据、训练部位强度等，并形成数据中心，帮助用户全面了解自己的运动情况。

- **体能测试与动态分享运动成果**。阶段性地进行体能测试，帮助用户查看身体的变化，同时，用户可在 App 的"社区"频道发表图文、视频动态，记录身体变化，与好友相互勉励。

（2）在为健身类 App 拟定主标题（名称）后，为其撰写用于推广该 App 的微信朋友圈营销内容。例如，根据该款 App 的功能特点撰写包含"根据用户场景、健身目的、有无器械编制各种训练计划""所有健身动作均配有视频，标准的动作演示和通俗、准确的语言描述让用户快速入门""健身专家把控内容，为每个人制订科学的健身计划"等的内容。同时，为该款 App 的下载链接制作二维码，并将二维码图片植入微信朋友圈营销内容发布。

项目十

精准营销

📖 课前自学

学习目标

- **知识目标：**
1. 了解 LBS 营销的特点和主要模式。
2. 了解会员营销与会员营销体系构建的相关知识。
- **技能目标：**
1. 能够区分不同的 LBS 营销模式。
2. 能够进行会员营销内容的策划。
- **素质目标：**
1. 具备保护用户信息安全的意识。
2. 增强服务会员的意识。

引导案例 盒马鲜生的 LBS+O2O 营销模式

盒马鲜生是阿里巴巴集团旗下融合线上线下渠道的新零售平台，线上渠道是盒马 App，线下渠道是盒马鲜生实体店，其核心营销模式是 LBS+O2O（LBS 是 Location Based Service 的缩写，指基于位置的服务；O2O 是 Online To Offline 的缩写，指将线下交易与互联网结合起来的电商模式）。用户使用盒马 App 时，盒马鲜生可以基于用户的手机定位为其提供服务，如向用户推送附近的盒马鲜生实体店及店内的优惠信息等，用户根据需求可以在盒马 App 下单，在 3 千米内，盒马鲜生实体店可以在 30 分钟内送货上门，或者用户选择到线下实体店进行消费体验，实现线上到线下的连通。在 LBS+O2O 的营销模式下，盒马鲜生通过盒马 App、LBS 服务等可以挖掘大量的用户数据，包括行为数据、位置信息、交易数据等，通过数据分析，盒马鲜生可以为用户提供个性化、精准化的营销服务。

思考

什么是 LBS+O2O 营销模式？这种模式可以应用于哪些行业？

📖知识掌握

任务一　LBS 营销

　　LBS 营销的产生和发展离不开移动互联网技术和移动电商的支持，同时精准营销思维在网络营销活动中的普及，也为 LBS 营销的发展提供了巨大的动力。本任务主要介绍 LBS 营销的特点和基于 LBS 的不同营销模式的应用，帮助营销人员顺利开展 LBS 营销。

（一）LBS 营销的特点

　　LBS 是企业先通过电信、移动等运营商的无线通信网络（如 4G、5G）或外部定位方式（如全球定位系统）获取移动终端用户的位置信息，之后在地理信息系统（Geographic Information System，GIS）平台的支持下，为用户提供相应服务的一种增值业务。LBS 有两个核心内容：一是确定用户移动设备的地理位置，二是提供与位置相关的各类信息服务。LBS 营销就是企业借助互联网，完成用户定位和服务销售的一种营销方式。

> **想一想：**
> 　　在生活中你使用过哪些移动应用提供的定位服务？这些定位服务为你带来了怎样的便利？

　　与其他营销方式相比，LBS 营销因为位置定位的特殊性，具有以下 3 个特点。

　　（1）精准营销。精准营销是一种通过数据分析，对目标用户进行定位并进行个性化营销的策略。LBS 营销是一种典型的精准营销方式，可以将网络和实际地理位置相结合。企业可以通过用户的签到、点评等抓取用户的消费行为轨迹、时间和地点等信息，并根据分析结果有针对性地为用户推送营销信息，制订更准确、有效的营销策略。

　　（2）重视培养用户习惯。LBS 营销有两个基本前提：一是用户主动分享自己的地理位置，二是用户允许接收企业的推广信息。进行 LBS 营销时，企业要重视用户的习惯培养，要让用户乐于接收基于位置提供的营销信息，这样才能更好地发挥 LBS 营销的价值。

　　（3）涉及隐私。LBS 营销是基于用户定位的营销方式，不可避免地涉及用户位置隐私。企业在开展 LBS 营销时，如果不能妥善地处理好用户隐私问题，就会造成用户兴趣爱好、运动模式、健康状况、生活习惯、年龄、收入等信息的泄露，甚至造成用户被跟踪、被攻击等严重后果。因此，采用这种营销方式时必须采用严密的手段保护好用户隐私。

（二）LBS+地图营销模式

　　如今，LBS 几乎成为所有 App 的底层工具，而 LBS 营销离不开实时地图功能的支持，这就使得 LBS+地图这一营销模式得到广泛应用，该模式几乎可以在所有移动电商领域使用，为用户提供各类服务。

　　（1）导航服务。导航服务是地图应用的基本服务，如高德地图的导航功能。

　　（2）生活服务。LBS+地图营销模式可应用于餐饮、住宿、娱乐等生活服务，如利用百度地图查找附近的酒店。

　　（3）数据记录。LBS+地图营销模式可用于数据记录，如使用健身 App 实时记录和分析用户的步行、跑步等运动数据，包括步数、距离、步频、速度、消耗的卡路里等。

（4）安全设备定位。现在很多智能安全设备都具有定位功能，可以方便用户实时获取地理位置信息，如一些儿童智能手表、手环。

（5）社交服务。LBS+地图有助于实现定位服务和社交功能的组合，从而使网络社交顺利地完成从虚拟社交到现实社交的转变，并打通社交和营销的渠道，如很多社交工具具有的"查找附近好友"功能。

（三）LBS+O2O 营销模式

LBS+O2O 模式是 LBS 从线上到线下的一种闭环营销模式，可以缩短用户和企业之间的距离，让用户及时看到企业信息并产生消费，多见于本地化产品和服务。常见的 LBS+O2O 营销模式有以下 3 类。

1. LBS+O2O 的餐饮模式

LBS+O2O 的餐饮模式是现在常见的一种营销模式。根据用户需求，企业利用 LBS，能搜索附近或指定区域内的餐厅，然后推送符合搜索条件的餐厅，进行精准营销。利用 LBS，用户不仅可以了解餐厅的基本信息，还能查看餐厅的口碑和评价，选择优质餐厅，并根据菜单订餐，然后通过移动支付功能完成付款。整个交易流程都可在订餐平台上完成，提升了用户的服务体验。图 10-1 所示为在美团上订餐的界面，订餐后用户可到实体店就餐。

2. LBS+O2O 的商店模式

LBS+O2O 的商店模式主要是企业利用 LBS 向超市或便利店附近的用户推送超市或便利店的销售信息的一种营销模式。例如，发送新品信息、打折信息、优惠券等，用户可享受相关优惠，从而实现商家线上销售、线下送货或用户自提。例如，京东的 O2O 平台京东到家主要向用户提供一定范围内生鲜、鲜花、蛋糕等的配送服务，两小时内送达，用户可以借助 LBS 在京东到家上搜索附近商店，在线上购买产品。图 10-2 所示为使用京东到家订购附近蛋糕店蛋糕的界面。

图 10-1 美团订餐

3. LBS+O2O 的交通模式

LBS+O2O 的交通模式是指用户利用打车软件发送打车请求，打车软件利用 LBS 对用户进行定位后，通知附近车主，使用户获取打车服务的模式。例如，各类打车软件，其运作模式就是用户利用 LBS 发布请求、寻找司机，平台派单，司机完成接送。这样，企业可以建立起一个从线上至线下、司机与用户都可以控制的信息流，将打车服务、时间和地点紧密结合起来，从而为用户提供良好的服务体验。图 10-3 所示为花小猪打车软件的打车预约界面，用户根据位置定位，设定目的地后可预约打车。

图 10-2　在京东到家订购蛋糕

图 10-3　花小猪打车软件的打车预约界面

 专家点拨

LBS+O2O 营销模式的应用范围很广，除了餐饮、商店、交通领域，娱乐、住宿等领域也可以运用这一模式。用户可以定位某个地方，查看周边的店铺信息。

任务实训　　　　　　　　**超市 LBS 营销准备**

乐记超市是位于高速路口旁的一家主营副食、酒水的小型超市，下高速入城、出城上高速的来往车辆很多，这些车辆的车主大多会使用地图应用导航。为了让附近车辆的车主可以在地图应用中快速搜索到乐记超市，在有所需求时前来购物，以提高乐记超市的营业额，店家准备将乐记超市入驻到常见的地图应用，开启 LBS 营销之旅。

【任务要求】

将乐记超市入驻百度地图和高德地图。

【操作提示】

（1）入驻百度地图。登录百度地图 App，在首页底部点击"我的"选项，在打开的界面中点击"我的店铺"按钮 ；在打开的界面上方点击"免费入驻"选项卡，然后在下方的文本框中输入店铺名称，点击 立即入驻 按钮；接着在打开的界面中输入联系电话，点击 下一步 按钮，如图 10-4 所示。之后根据提示上传营业执照和店铺图片等。

图 10-4　入驻百度地图

（2）入驻高德地图。登录高德地图 App，在首页底部点击"我的"选项，在打开的界面中点击"我的店铺"按钮◎；在打开的界面中输入店铺名称，点击 添加新门店 按钮；接着在打开的界面中根据提示设置门店分类、门店位置和上传营业执照、店铺图片等，如图 10-5 所示。提交信息后等待审核。

图 10-5　入驻高德地图

任务二　会员营销

会员营销将普通消费者变为会员，然后通过分析会员的消费信息，挖掘会员的后续消费能力和终身消费价值。本任务主要介绍会员营销的基础知识和会员营销体系的构建，帮助营销人员顺利开展会员营销。

（一）消费者、会员与会员营销

消费者是一种很广泛的称呼，到店消费的消费者或潜在消费者都可以称为消费者。会员是消费者通过某种途径，在企业网站或 App 中进行个人信息注册，并登记在会员管理系统中的消费者。而会员营销是企业为了维持与消费者的长期、稳定的关系，通过构建会员体系，为会员提供个性化的服务，从而实现精准营销的一种营销方式。会员营销强调为会员提供个性化的服务，以满足其独特需求，并且通过长期的会员服务，提高会员的忠诚度和活跃度，从而促进企业的长期发展。

> **想一想：**
> 你会付费成为某个平台的会员吗？成为付费会员后，得到了哪些个性化的服务？

（二）会员营销体系的构建

会员营销体系的构建是一个系统性的过程，主要包括以下 5 个方面的内容。

1. 设计会员等级制度

构建会员营销体系需要设计会员等级制度，以便依据不同的会员等级提供差异化的服务和权益。

（1）划分等级。根据会员的入会时长、消费金额、消费频次、累积积分等因素，将会员划分为不同的等级，如普通会员、白银会员、黄金会员等。

（2）设定权益。不同等级的会员享有不同的权益，如不同等级会员在购买产品或服务时享有不同的折扣力度、不同等级会员在购买产品或服务时获得不同的积分等。这些权益应具有吸引力和明显的差异化，以激发会员的升级欲望。

2. 设计会员入会与招募机制

构建会员营销体系需要设计合理的会员入会与招募机制，以将更多的消费者转化为会员，提升会员营销的效益。设计会员入会与招募机制可以从以下两个方面入手。

（1）设置入会门槛。在构建会员营销体系的不同时期，可设置不同的入会门槛。一般，在构建会员营销体系初期，为吸收更多的会员，可采用免费入会策略；在构建会员营销体系成熟期，可适当提高入会门槛，如满足一定消费金额要求入会，以保证会员质量。

（2）确定招募渠道。为扩大招募会员的覆盖范围，增加会员数量，企业应通过线上线下多种渠道招募会员，如社交媒体宣传、线下活动推广、合作伙伴引流等。同时，通过设置激励措施，如会员邀请好友加入可获得积分奖励等，鼓励现有会员邀请新会员加入，通过"老带新"的方式扩大会员规模。

3. 设定会员营销策略

会员营销策略多种多样，实施各种策略的主要目的是提高会员的忠诚度和购买产品或服务的频率等。

（1）会员积分系统。企业可建立会员积分系统。积分系统应具有灵活性和多样性，以满足不同会员的需求。例如，会员可通过消费、签到、参与活动等方式获取积分，积分可用于兑换礼品、优惠券或抵扣现金等。

（2）会员专属优惠。根据会员等级提供会员专属的折扣和优惠，激励会员下单，提高会员的消费金额。

（3）会员专享活动。定期举办会员日、会员专场等活动，使会员在活动期间享受更多优惠和福利，以提高会员的参与度和活跃度。

（4）会员生日礼遇。发送生日祝福并附上优惠券或礼品，让会员感受到品牌关怀，增加会员满意度和忠诚度。

（5）会员互动活动。举办线上问卷调研、线下活动等，鼓励会员参与并提供反馈，增强会员的参与感和归属感。

（6）会员专属沟通。通过社交媒体账号或会员社群等方式与会员直接沟通，公布优惠信息和活动详情，并为会员提供一个交流和分享的平台，增强会员之间的互动和其归属感，增加会员的关注度和忠诚度。

4. 优化会员营销策略

当企业的会员营销体系中会员的数量达到一定规模后，企业需要定期分析会员数据，深入了解会员的消费习惯、偏好和需求变化，以便调整营销策略，为会员提供更加精准化、个性化的服务和产品，以提高会员的购买意愿和满意度。

其中，企业可重点通过 RFM 模型挖掘会员价值。RFM 模型通过分析最近一次消费时间（Recency）、消费频率（Frequency）和消费金额（Monetary）这 3 个数据指标描述会员价值状况，目的是根据会员活跃程度和交易金额的贡献，细分会员价值，以帮助企业优化会员营销策略。

（1）最近一次消费时间。最近一次消费时间指会员最近一次购买企业产品或服务的时间。该指标主要用于衡量会员的流失率。一般来说，会员最后一次在企业消费的时间越接近当前时间，该会员的价值越高，企业越容易维护与该会员的关系。

（2）消费频率。消费频率指会员在特定时间段内购买企业产品或服务的次数。可以理解为经常购买企业产品或服务的会员，是满意度和忠诚度较高的会员。通常消费频率越高，会员的价值越高。

（3）消费金额。消费金额指会员在特定时间段里购买企业产品或服务的总金额。著名的二八定律指出，企业 80%的收入来自 20%的核心消费者，消费金额越高的会员对企业的贡献越大，价值越高。

利用 RFM 模型分析会员数据，就可以划分出会员营销体系的 8 大会员类型，如表 10-1 所示。

表 10-1　会员营销体系的 8 大会员类型

R	F	M	会员细分类型	会员特征描述
高	高	高	重要价值会员	最近有交易，且消费频率和消费金额高，是优质会员。企业需要与之保持长期、稳定的联系
低	高	高	重要唤醒会员	消费频率和消费金额高，但最近没有交易，是暂时"休眠"会员，需要被唤醒

续表

R	F	M	会员细分类型	会员特征描述
高	低	高	重要深耕会员	最近有交易，消费金额高，但消费频率低，是潜在的有价值的会员。企业需要深挖会员价值
低	低	高	重要挽留会员	最近没有交易，消费频率低，但消费金额高，贡献度大，是需重点挽留的会员
高	高	低	潜力会员	最近有交易，消费频率高，但消费金额低，是潜在的有价值的会员，需要被深挖会员价值
高	低	低	新会员	最近有交易，消费频率和消费金额低，是新会员，有推广价值
低	高	低	一般维持会员	最近没有交易，消费频率高，消费金额低，贡献不大，维护价值不高
低	低	低	低价值会员	最近没有交易，且消费频率和消费金额低，相当于流失会员

企业可以通过客户关系管理系统（Customer Relationship Management，CRM）管理和分析会员数据，不过 CRM 可能需要付费订购才能使用。此外，第三方平台的数据分析工具也可用于分析会员数据（如企业在淘宝开设网店，可通过淘宝提供的生意参谋分析会员数据），不过仍需要付费。对于从网站或 App 后台获取的会员数据，可以利用 Excel 等数据分析工具分析。

5. 完善会员服务体系

企业构建会员营销体系除了提供个性化的会员专属服务，还要进一步完善会员服务体系，包括提供客服支持和建立投诉处理机制等。

（1）提供客服支持。为会员提供优质的客服支持，解答会员的疑问和解决问题。客服团队应具备专业知识和良好的服务态度，以提高会员的满意度和忠诚度。

（2）建立投诉处理机制。建立完善的投诉处理机制，及时响应和处理会员的投诉。通过积极解决会员的问题，挽回会员的信任和忠诚。

素养课堂

会员的忠诚度与企业客服人员的素质和服务密不可分，特别是电商环境下的营销活动，消费者服务相当重要，客服人员需要提高沟通能力，保持良好的服务态度。

案例阅读　　爱奇艺"717 会员节"

为感谢会员一直以来的支持，爱奇艺于 2024 年 7 月 12 日—7 月 17 日举办首届"717 会员节"。爱奇艺的会员制已持续了十多年，通常按照充值金额的多少划分会员等级，会员等级从低到高依次为黄金会员、白金会员和星钻会员。

"717 会员节"活动期间，爱奇艺对不同会员提供了差异化的服务。例如，普通用户可享受爱奇艺黄金会员连包年卡 138 元（售卖价 238 元）及白金会员连包年卡 249 元（售卖价 348 元）的特惠；每个会员均可获得专属时光信函和电子徽章，以作纪念，可使用积分参与购买北京环球度假区、上海迪士尼度假区、香港海洋公园等热门景区门票，免费抽取浙江乌镇、贵州乌江寨等景区门票等；针对星钻会员这类忠实会员，爱奇艺还准备了专享的周边满减券，最高可享满39元减10元，购买影视剧周边产品，如图10-6所示。

爱奇艺通过打造"717会员节"聚合众多福利资源，在年中暑期档为会员集中放送优惠、提供更有吸引力的积分兑换玩法、发放私人定制的会员感谢信等。在持续供应优质内容的基础上，形成了更系统、更精细、更能与会员建立深度情感联系的会员营销体系，有效提高了会员的忠诚度。

思考： 爱奇艺"717会员节"营销活动有何特点？

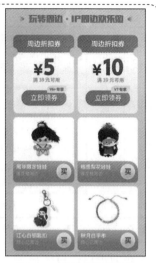

图10-6　周边产品欢乐购

任务实训　分析网店数据制订会员精准营销策略

本次实训提供某网店的会员数据（配套资源：\素材文件\项目十\会员数据.xlsx），图10-7所示为部分会员数据截图。然后根据RFM模型，通过Excel分析该网店会员的价值，以此为依据，制订会员精准营销策略。

	B	C	D	E	F	G	H	I
	会员级别	性别	年龄/岁	城市	上次交易时间	时间间隔/天	交易笔数/笔	交易总额/元
2	普通会员	女	21	北京	2024/2/20	190	7	8238.6
3	一级会员	女	21	北京	2024/8/4	24	6	13351.5
4	普通会员	男	21	广州	2024/7/25	34	7	2049.3
5	普通会员	女	21	上海	2024/1/2	239	7	8238.6
6	普通会员	女	22	北京	2023/10/23	310	7	4119.3
7	二级会员	男	22	成都	2024/1/26	215	9	8238.6
8	二级会员	女	22	杭州	2024/1/15	226	7	8238.6
9	普通会员	女	22	杭州	2024/6/27	62	9	10681.2
10	一级会员	女	22	合肥	2024/5/6	114	4	8010.9
11	普通会员	女	22	合肥	2024/5/4	116	4	6189.3
12	普通会员	女	22	深圳	2024/1/30	211	3	8238.6
13	普通会员	女	23	北京	2024/3/11	170	5	2670.3
14	二级会员	女	23	北京	2024/4/30	120	7	8238.6
15	一级会员	女	23	北京	2024/5/3	117	5	8010.9
16	一级会员	女	23	杭州	2024/6/25	64	4	2670.3
17	普通会员	女	23	杭州	2024/7/24	35	7	2670.3
18	二级会员	女	23	南京	2024/3/21	160	7	6189.3
19	普通会员	女	23	南京	2024/3/9	172	7	4119.3

图10-7　部分会员数据

【任务要求】

在图10-7中，时间间隔对应最近一次消费时间；交易笔数对应消费频率；交易总额对应消费金额。此时需要针对RFM模型的3个数据指标划分会员等级，如最近一次消费时间可以按行业淡旺季的情况来划分，消费频率可以依据平均频率来划分，消费金额可以依据网店自身的价格段来划分。本实训简化处理，将RFM模型的3个数据指标都按平均值划分，以此评价3个数据指标的高低情况。然后划分会员等级，并制订相应的会员精准营销策略。

【操作提示】

（1）计算各数据指标平均值。在“会员数据.xlsx”工作簿中选择 G62 单元格，在编辑栏中输入“=AVERAGE(G2:G61)”函数，按【Enter】键计算时间间隔的平均值，然后选择 G62 单元格，将鼠标光标移到 G62 单元格的右下角，填充函数至 I62 单元格，计算出交易笔数和交易总额的平均值，图 10-8 所示为计算出的各数据指标平均值。

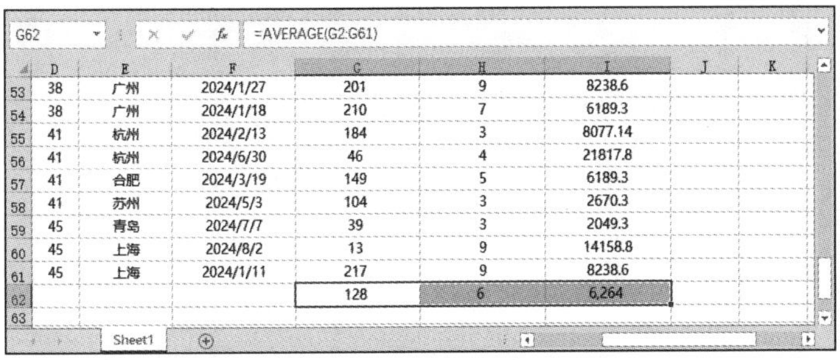
G62 =AVERAGE(G2:G61)

	D	E	F	G	H	I	J	K
53	38	广州	2024/1/27	201	9	8238.6		
54	38	广州	2024/1/18	210	7	6189.3		
55	41	杭州	2024/2/13	184	3	8077.14		
56	41	杭州	2024/6/30	46	4	21817.8		
57	41	合肥	2024/3/19	149	5	6189.3		
58	41	苏州	2024/5/3	104	3	2670.3		
59	45	青岛	2024/7/7	39	3	2049.3		
60	45	上海	2024/8/2	13	9	14158.8		
61	45	上海	2024/1/11	217	9	8238.6		
62				128	6	6,264		
63								

Sheet1

图 10-8 计算出的各数据指标平均值

（2）数据指标评价。将每个会员的各维度数据与对应的平均值进行比较，其中最近一次消费时间如果低于平均值，则评价为“高”；如果大于或等于平均值，则评价为“低”。另外两个维度如果大于或等于平均值，则评价为“高”；如果低于平均值，则评价为“低”。其中，最近一次消费时间中 J2 单元格的计算公式为“=IF(G2>=$G$62,"低","高")”；消费频率中 K2 单元格的计算公式为“=IF(H2>=$H$62,"高","低")”；消费金额中 L2 单元格的计算公式为“=IF(I2>=$I$62,"高","低")”，填充 J、K、L 列数据即可得到各维度的评价结果，图 10-9 所示为数据指标评价。

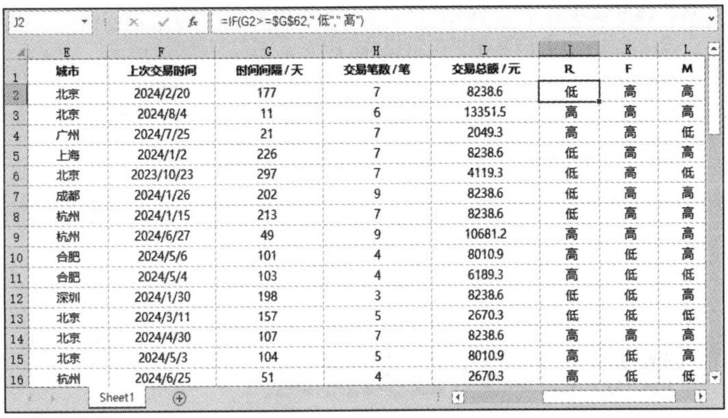
J2 =IF(G2>=$G$62,"低","高")

	E	F	G	H	I	J	K	L
1	城市	上次交易时间	时间间隔 / 天	交易笔数 / 笔	交易总额 / 元	R	F	M
2	北京	2024/2/20	177	7	8238.6	低	高	高
3	北京	2024/8/4	11	6	13351.5	高	高	高
4	广州	2024/7/25	21	7	2049.3	高	高	低
5	上海	2024/1/2	226	7	8238.6	低	高	高
6	北京	2023/10/23	297	7	4119.3	低	高	低
7	成都	2024/1/26	202	9	8238.6	低	高	高
8	杭州	2024/1/15	213	7	8238.6	低	高	高
9	杭州	2024/6/27	49	9	10681.2	高	高	高
10	合肥	2024/5/6	101	4	8010.9	高	低	高
11	合肥	2024/5/4	103	4	6189.3	高	低	低
12	深圳	2024/1/30	198	3	8238.6	低	低	高
13	北京	2024/3/11	157	5	2670.3	低	低	低
14	北京	2024/4/30	107	7	8238.6	高	高	高
15	北京	2024/5/3	104	5	8010.9	高	低	高
16	杭州	2024/6/25	51	4	2670.3	高	低	低

Sheet1

图 10-9 数据指标评价

（3）判断会员细分类型。参照表 10-1 所示的会员类型，继续在 Excel 中利用 IF 函数判断会员的细分类型。在 M2 单元格中输入计算公式“=IF(AND(J2="高",K2="高",L2="高"),"重要价值会员",IF(AND(J2="低",K2="高",L2="高"),"重要唤醒会员",IF(AND(J2="高",K2="低",L2="高"),"重要深耕会员",IF(AND(J2="低",K2="低",L2="高"),"重要挽留会员",IF(AND(J2="高",K2="高",L2="低"),"潜力会员",IF(AND(J2="高",K2="低",L2="低"),"新会员",IF(AND(J2="低",K2="高",L2="低"),"一般维持会员",IF(AND

(J2="低", K2="低",L2="低"),"低价值会员"))))))))"，然后填充公式至 M61 单元格，会员细分类型判断结果如图 10-10 所示（配套资源：效果文件\项目十\会员细分类型.xlsx）。

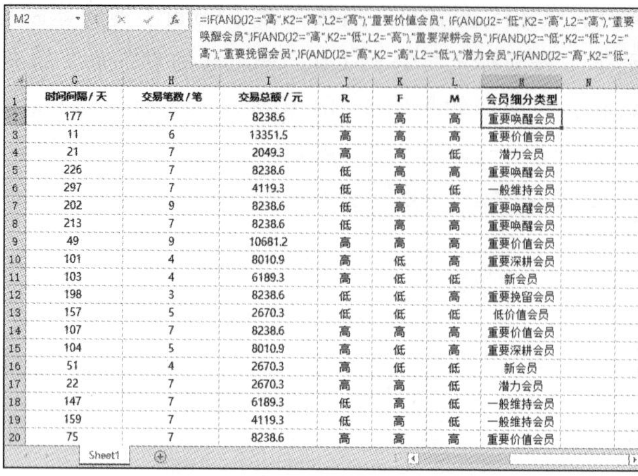

M2 =IF(AND(J2="高",K2="高",L2="高"),"重要价值会员",IF(AND(J2="低",K2="高",L2="高"),"重要唤醒会员",IF(AND(J2="高",K2="低",L2="高"),"重要深耕会员",IF(AND(J2="低",K2="低",L2="高"),"重要挽留会员",IF(AND(J2="高",K2="高",L2="低"),"潜力会员",IF(AND(J2="高",K2="低",

	G	H	I	J	K	L	M	N
1	时间间隔／天	交易笔数／笔	交易总额／元	R	F	M	会员细分类型	
2	177	7	8238.6	低	高	高	重要唤醒会员	
3	11	6	13351.5	高	高	高	重要价值会员	
4	21	7	2049.3	高	高	低	潜力会员	
5	226	7	8238.6	低	高	高	重要唤醒会员	
6	297	7	4119.3	低	高	低	一般维持会员	
7	202	9	8238.6	低	高	高	重要唤醒会员	
8	213	7	8238.6	低	高	高	重要唤醒会员	
9	49	9	10681.2	高	高	高	重要价值会员	
10	101	4	8010.9	高	低	高	重要深耕会员	
11	103	4	6189.3	高	低	低	新会员	
12	198	3	8238.6	低	低	高	重要挽留会员	
13	157	5	2670.3	低	低	低	低价值会员	
14	107	7	8238.6	高	高	高	重要价值会员	
15	104	5	8010.9	高	低	高	重要深耕会员	
16	51	4	2670.3	高	低	低	新会员	
17	22	7	2670.3	高	高	低	潜力会员	
18	147	7	6189.3	低	高	低	一般维持会员	
19	159	7	4119.3	低	高	低	一般维持会员	
20	75	7	8238.6	高	高	高	重要价值会员	

Sheet1

图 10-10　会员细分类型判断结果

（4）对每一位会员进行细分后，便可对不同类型的会员采取不同的营销策略。表 10-2 所示的细分类型和对应的营销策略具体内容仅供参考。

表 10-2　会员营销体系的 8 大消费群体

R	F	M	会员细分类型	营销策略
高	高	高	重要价值会员	倾斜更多资源，VIP 服务，个性化服务，附加销售
低	高	高	重要唤醒会员	直接联系，提供有用的资源，通过新的产品赢回他们
高	低	高	重要深耕会员	交叉销售，提高会员忠诚度，推荐其他产品
低	低	高	重要挽留会员	重点联系或拜访，提高留存率
高	高	低	潜力会员	向其销售价值更高的产品，通过口碑吸引他们
高	低	低	新会员	采用免费试用策略，提高会员兴趣，提高品牌知名度
低	高	低	一般维持会员	采用积分制，分享宝贵的资源，以折扣推荐热门产品，与他们重新取得联系
低	低	低	低价值会员	恢复会员兴趣，否则暂时放弃无价值会员

实训练习

项目实训——策划 LBS+会员营销

1. 实训背景

随着智能手机的普及和 LBS 技术的成熟，越来越多的消费者倾向于基于地理位置获取信息与消费购物。同时，会员制度作为提升消费者忠诚度和促进复购的有效手段，在各行各业中广泛应用。某连锁咖啡店决定推出“城市探索家”LBS+会员营销活动，旨在通过趣味性的城市探索任务与丰富的会员福利，吸引并留住更多年轻消费者。

2. 实训要求

（1）发散思维，设计 LBS+会员营销活动的挑战任务，吸引消费者参与活动。

（2）搭建此次营销活动的会员营销体系，提高会员的忠诚度和消费热情。

3．实训思路

（1）LBS任务设计。任务设置应简单、有吸引力并搭配奖励机制，提高消费者的参与度。例如，利用LBS，在城市的热门商圈、文化地标、历史遗迹等地点设置虚拟探索点。每个探索点对应一个与咖啡店文化或城市特色相关的小任务，如拍摄特定角度的照片、解答关于该地点的趣味问题、完成简单的社交互动（如分享至朋友圈、分享至微博并@咖啡店官方账号）等。完成每个探索点的任务后，用户可获得一定数量的探索币及电子徽章作为奖励。累积一定数量的探索币可兑换咖啡店优惠券、周边产品、会员等级等。电子徽章则用于展示用户在城市探索中的成就，增加社交分享的乐趣。

（2）搭建会员营销体系。根据任务设计搭建会员营销体系，设置不同的会员等级，为不同等级配置权益，吸引消费者进行会员升级。例如，根据消费者的消费金额、探索任务完成度、社交互动活跃度等因素，将会员分为新手探索者、资深探险家、城市领航员等不同等级。每个等级的会员享有不同的会员特权，如折扣力度、专属产品优惠、线下活动资格等。同时，可设立每月"会员日"，使当天所有会员享受额外折扣或专属福利，鼓励会员定期回访。

（3）数据分析与策略优化。在活动期间，需分析会员数据，深入了解会员的探索路径、任务偏好、消费偏好等，根据数据分析结果，不断优化探索点设置、任务难度、奖励机制及会员福利，确保活动持续吸引消费者参与。

课后练习

1．名词解释

（1）LBS营销　　　（2）会员营销

2．单项选择题

（1）企业为用户提供基于位置的服务，首先应通过LBS（　　　）。

　　A．确定用户移动设备的位置　　　　　B．发送用户地理位置

　　C．接收用户地理位置　　　　　　　　D．提供与位置相关的信息服务

（2）在饿了么订餐属于（　　　）的营销应用。

　　A．LBS+地图的餐饮模式　　　　　　B．LBS+O2O的餐饮模式

　　C．LBS+地图的商店模式　　　　　　D．LBS+O2O的商店模式

（3）在RFM模型中，消费者最近一次购买企业产品的时间是指（　　　）。

　　A．消费数量　　　　　　　　　　　　B．最近一次消费时间

　　C．消费频率　　　　　　　　　　　　D．消费金额

3．操作题

（1）在高德地图中搜索和查看附近的购物场所，体验LBS+地图营销模式的应用，分析LBS+地图营销模式的常见营销策略。

（2）在美团订购一份外卖，体验LBS+O2O营销模式的应用，分析LBS+O2O营销模式常见的营销策略。

（3）登录腾讯视频App，查看其VIP会员体系，分析其会员营销策略。

项目十一

网店营销

📖课前自学

学习目标

- **知识目标：**
1. 掌握网店定位、开通网店和发布产品的相关知识与操作。
2. 熟悉网店推广的渠道与方法。
- **技能目标：**
1. 能够顺利开通网店并发布产品。
2. 能够初步通过各种渠道推广网店。
- **素质目标：**
1. 开展网店营销时，销售合格合规的产品。
2. 开展网店营销时，实事求是，不进行虚假宣传。

引导案例　　一位电商专业学生的淘宝开店之旅

　　明玉是一名电商专业的学生，很早就"嗅"到淘宝开店的商机，经过两年的学习，他按捺不住好奇心开始创业。由于对灯具有一定的了解，也比较喜欢钻研，因此他选择灯具作为自己的主营类目。然而，明玉也知道，自己只是一个新手商家，没有雄厚的资金能够与一线网店相比拼，因此他把网店中的产品定位于靠低价吸引消费者的二、三线品牌。

　　明玉对自己有足够的信心，他的货源由厂家直供，存货充足、信用度高。但由于是新手，他并没有急着扩大网店的规模，而是仔细地为产品分类，具体细分品类有灯具配件、室内/家具照明、户外/工程照明3大类。为了先让消费者熟悉他的网店，他选择了一款外形比较别致的室内照明天花灯为主推产品，再搭配其他的灯具配件来进行销售，其余的产品暂不上架，待网店有了一些人气后再丰富产品线。

　　随后，明玉开始装修网店。由于是灯具产品，明玉特地跑到厂家那里实拍生产过程和产品图片，确保每一张图片都十分清晰，能够让消费者看到产品细节，并请设计专业的同学帮忙为他设计了一个美观的店招和海报，再按照产品的类别依次陈列产品，使消费者一进网店就能看到整洁、大方的页面布局和醒目诱人的主推产品，以刺激消费者的浏览欲望。当然，他也没有忽略产品详情页的设计，针对天花灯的特点，从大小、材质、颜色、光源、包装、安装、售后等方面进行详细说明。

这还不够，明玉知道自己的竞争对手很多，因此他制订了一些促销计划，对首次收藏网店、关注网店的消费者发放 5 元的红包；发放满 100 元减 20 元、满 300 元减 70 元、满 500 元减 150 元的优惠券；开展打折活动，使消费者在特定时间内购物可以享受半价优惠。这些促销策略极大地刺激了消费者的热情，为网店带来很多流量和订单。

有了这些准备，明玉的网店有条不紊地开了起来。经过一段时间的运营，明玉发现大家对网店的评价都比较好，这也进一步增加了他继续经营的信心。现在，明玉的网店已经积累了不少的忠实消费者。

思考

在电商高速发展的背景下，任何个人或企业都可以开设网店。要想在竞争中脱颖而出，我们需要做好哪些工作？

📖 知识掌握

任务一　网店开设

网店开设

网上开店是利用现有的电商平台注册网店账号，建立一个属于自己的网上商店，在线销售产品或服务。与开设实体店或自建电商平台相比，网上开店可以节省很多资源和时间，成为许多企业或个人开展网络营销活动，实现产品线上销售的重要途径之一。本任务主要介绍网店定位、申请开通网站、制订快递与退换货策略、发布产品等内容，帮助商家了解开通和建设网店的基础知识。

（一）网店定位

网店定位是指确定自己的网店所处的市场位置和竞争优势，以便更好地吸引目标消费者群体并实现盈利，也可以理解为先确定网店的经营方向，它是网店运营的关键环节之一。网店定位受到诸多因素的影响，主要可通过产品定位和消费人群定位两个方面进行考量。

1. 产品定位

通俗地讲，产品定位就是明确网店卖什么产品。商家一般以市场行情为导向进行产品定位，选择市场需求量大的产品，如家用电器、服装配饰、美妆个护、鞋靴箱包、母婴玩具等品类产品。同时，商家可关注具有发展潜力的新兴市场，新兴市场潜在需求大、竞争相对小，有利于网店的后期发展。例如，汉服在未受到广泛关注时，部分商家发现汉服市场具有发展前景，率先把握商机，通过打造具有特色的汉服专卖店，

> **想一想：**
> 你有开设网店的想法吗？你希望通过网店销售哪类产品？

吸引了广大消费者的注意，成功在该市场站稳脚跟。另外，个人商家还可以以兴趣为导向选择在网店销售自己感兴趣的产品。以兴趣为导向进行产品定位，商家一般对产品比较了解，对创建网店销售产品会充满激情，有利于网店的长期发展。但需注意了解自己感兴趣的产品是否适合在网店中销售。

2. 消费人群定位

通俗地讲，消费人群定位就是明确将网店产品卖给哪些人。进行消费人群定位的作用是通过分析目标人群的消费观念和消费行为等来明确网店风格和产品价位。例如，某商家预计开设一家销售儿童汉服的网店，儿童汉服的使用者虽然是儿童，但购买者（目标人群）大多是年轻父母。经过市场调查后发现，目标人群多倾向于选择高品质的汉服，同时希望汉服能够体现穿着者可爱、灵动、天真烂漫的一面。因此，商家决定提供中高档价位的汉服产品，同时网店的风格主要强调活泼、自然、童趣的形象。

> **专家点拨**
>
> 开设网店的商家不一定都有货源，没有货源的商家可以通过 1688 采购批发网、线下批发市场等渠道进货。例如，要在 1688 采购批发网上寻找优质的货源，商家可以先在 1688 采购批发网中去找对应的产品，找到后询问其发货时间、退换货、售后等详细信息。为了验证产品质量，可以先将这家店的产品买回来试用，如果满意，便可选择与该店合作。

（二）申请开通网店

商家在申请开通网店时，首先需要选择适合的开店平台，然后注册网店账号并完善网店的资料信息。

1. 选择开店平台

随着电商的不断发展，市面上涌现了很多不同类型的电商平台，这就为商家网上开店提供了更多选择。

目前，支持网上开店的主流电商平台有淘宝、天猫、京东、拼多多、抖音、快手等。不同平台的入驻条件不同。其中，淘宝、拼多多、抖音和快手支持开设个人店铺和企业店铺，天猫和京东仅支持开设企业店铺，准备开设网店的商家可进入电商平台的官方网站查看开店流程和资质要求。图 11-1 所示为拼多多官方网站展示的网店入驻流程。

图 11-1　拼多多网店入驻流程

另外，速卖通、敦煌网、TikTok、天猫国际等跨境电商平台也支持网上开店，但跨境电商平台一般不面向个人用户开放，只支持个体工商户、企业等开网店。

个人店铺虽然开通成本较低，开通便捷，但会因缺乏品牌力而只能获得相对较低的消费者信任感。因此，商家在个人店铺取得稳定的发展，有充足的资金支持后，可将个人店铺升级转型为企业店铺，或者寻机选择更适合企业和品牌发展的平台开展网店运营。

2. 注册网店账号

在开店平台中查看入驻流程和资质要求并根据要求准备所需材料后，即可注册网站账号进行开店操作。进行网上开店操作时，首先在开店平台找到开店入口，一般通过单击包含"开店"或"入驻"字样的超链接或按钮进入。

例如，在淘宝注册账号开通个人店铺，其具体操作方法为：打开淘宝官方网站，登录淘宝账号（如没有淘宝账号可使用手机号快速注册），单击网站首页上方的"免费开店"超链接，如图 11-2 所示；然后在打开的页面中单击 0元开店 按钮，如图 11-3 所示；再在打开的页面中填写网店信息，如图 11-4 所示，并根据提示进行支付宝认证、填写主体信息（即填写身份证件信息）和实人扫脸的操作即可成功开通网店。

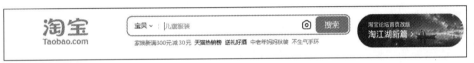

图 11-2　单击"免费开店"超链接

图 11-3　单击"0 元开店"按钮

图 11-4　填写网店信息

申请开通网店时，一般个人店铺要求填写个人身份信息并进行实人认证即可，而企业店铺不仅要填写企业法定代表人的身份信息，还要提交企业营业执照、品牌授权证明等信息。同时，成功开通网店后，还需要进入网店管理后台，更改默认的网店标志（网店头像）并上缴保证金。商家向平台缴纳保证金，是平台保护消费者权益的一项举措，保证金的多少根据产品经营类目有所不同。一般个人店铺开店后可暂时不缴纳保证金，待产生订单后，就需要及时缴纳保证金，否则可能面临资金被冻结的情况。

素养课堂

商家不可销售国家明令禁止销售或者过期、失效、变质的产品；不可销售以假充真、以次充好的产品；不得盗用、冒充他人品牌销售产品；不可在销售过程中出现缺斤少两的情况。

（三）制订快递与退换货策略

如今，网上开店的商家非常多，商家之间的竞争也比较激烈。除了重视产品本身的质量，越来越多的消费者也更加重视快递和退换货的服务体验。因此，商家需制订合理且对消费者有吸引力的快递与退换货策略，这样才能增强竞争力。

1. 快递选择

商家在选择快递公司时，首先应了解开店平台支持商家通过哪些快递公司邮寄包裹。然后综合考虑多个因素以确保物流服务的优质与高效。

（1）覆盖范围。选择能够覆盖目标消费群体的快递公司，确保包裹能够顺利送达。特别是对于农村地区或偏远地区的客户，需要特别注意快递公司的配送能力。

（2）时效性。快递的时效性直接影响消费者的满意度和网店的声誉。选择时效性高、能够快速送达包裹的快递公司，可以提高签收率和消费者满意度。

（3）价格。价格是选择快递公司时不可忽视的因素。商家需要比较不同快递公司的价格，并结合自己的产品成本和定价策略，选择性价比高的快递公司。注意，价格并非越低越好，还需要考虑服务质量和时效性的平衡。

（4）服务质量。服务质量包括快递员的服务态度、包裹的安全性、投诉处理效率等。选择服务质量好的快递公司，可以减少售后纠纷和投诉。

目前，主流的快递公司有京东快递、顺丰速运、中国邮政、圆通速递、申通快递、中通快递、韵达速递以及天天快递、百世快递、宅急送等。商家需了解发货地点周边的快递公司，对它们的业务范围、服务质量和价格等进行比较后择优选择。如果网店规模较小或刚开始运营，可以选择与一家快递公司单独合作，以便更好地控制成本和服务质量。在决定与快递公司合作后，尽量签订合同以明确双方的权利和义务。与快递公司正式合作后，需要持续关注快递公司的表现并收集客户反馈信息，根据实际情况调整与快递公司的合作策略或选择其他快递公司，以不断优化快递服务质量并提升客户满意度。

2. 退换货策略

为网店制订一套合理且对消费者友好的退换货策略，是提升消费者满意度、建立品牌信誉的关键。商家在制订退换货策略时，需注意以下4个方面。

（1）明确退换货政策。设定合理的退换货时间限制，如收到产品后的 7 天、15 天或 30 天内，确保消费者有足够的时间检查并决定是否退换；明确可退换货的产品状态，如未使用、未损坏原包装、附件齐全等，对于特殊产品（如食品、化妆品、定制产品等），需特别说明退换货政策；列出常见的退换货原因，如产品质量问题、尺寸不符、颜色差异、错发漏发等，并说明这些情况下的处理方式。

（2）简化退换货流程。提供便捷的在线退换货申请系统，消费者可以轻松提交申请并跟踪进度；提供详细的退换货操作指导，包括包装要求、寄送地址、推荐的快递公司等；设立专门的客服团队，确保在消费者提交退换货申请后尽快审核并给予反馈。

（3）明确费用承担。因产品质量问题导致的退换货，运费应由商家承担；因尺寸不符、颜色差异等非质量问题导致的退换货，可根据实际情况决定是否由消费者承担运费，一般建议由商家承担。

（4）退换货处理。对于退货申请，商家收到并确认无误后，应尽快处理退款并通知消费者退款完成；对于换货申请，商家审核通过后应及时安排发货，并向消费者反馈新的物流信息。

（四）发布产品

发布产品是指在网店管理后台将产品信息，如产品产地、规格、价格和优惠信息等，上传至网店中，消费者浏览信息后可根据需求尽心购买。为了使产品具有吸引力，提高转化率，商家在发布产品时需精心撰写产品标题、设计产品主图和产品详情页。

1. 撰写产品标题

产品标题是吸引消费者、提升产品曝光率和销量的关键因素之一。商家在撰写标题时，可以从以下 5 个方面进行综合考虑。

（1）突出核心卖点。在标题中应突出产品的核心卖点，核心卖点简单理解就是指产品最具优势、最有吸引力的特点。例如，针对一款防水手表，在标题中标注"防水深度达 100 米"或"专业级潜水手表"。

（2）说明产品规格或型号。在标题中明确说明产品的规格或型号，以快速吸引对产品规格或型号有特别要求的消费者。

（3）说明优惠信息。可以在标题中说明优惠信息，如"5 折优惠""买一送一"等，以吸引消费者购买。

（4）使用关键词。网店中产品的大部分自然流量都来自关键词搜索。在消费者使用关键词搜索产品时，关键词匹配度越高的标题，其对应的产品排名会越靠前，曝光度也就越高。产品标题的关键词分为主要关键词、次要关键词和长尾关键词。通常，主要关键词是指描述产品类别的词语，如连衣裙、衬衣、牛仔裤等；次要关键词是附加描述产品性质的词语，如新款、棉麻等；长尾关键词是指搜索量不大、竞争不激烈，但转化率较高的关键词，长尾关键词通常字数较多，由 2～3 个词语或短语组成，如"碎花半身裙两件套""10 小时超长续航"。商家可通过电商平台的搜索功能挖掘消费者常用的关键词。例如，为淘宝网店中的洗发水产品撰写标题时，在淘宝的搜索框中输入"洗发水"后，在打开的下拉列表中查看相关关键词，如图 11-5 所示。

（5）简洁明了。尽管产品标题要包含足够多的信息，但也要尽量简洁，一是电商平台对产品标题有字数的限制，二是避免冗长和复杂的句子结构，便于消费者阅读和理解。

图 11-5　挖掘关键词

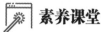

虽然产品标题能够在一定程度上提高产品吸引度、点击率，但商家在编写产品标题时，要实事求是，不能无中生有，夸大宣传。

2. 设计产品主图

在网店中发布产品时需要上传产品主图，产品主图就是产品的主要展示图片。电商平台通常允许商家上传多张主图，尺寸大小为1∶1。如淘宝和抖音小店允许商家上传最多5张主图，其中第1张主图最为关键，这张图片和产品标题将直接展示在搜索结果中，如图11-6所示。为了快速吸引消费者的注意，在主图中可简练明确地展示1个或多个具有代表性的卖点，这些卖点可以是靓丽的产品外观、卓越的性能、较低的价格、良好的品质、超值的优惠等。例如，图11-6中左上方第一个产品的主图中，"充电太快了""极速发货"和"质保两年"都是展示的该产品卖点。除了第1张主图，产品的其余主图也很重要，这些主图既可多角度地展示产品外观，也可补充说明第1张主图未能完全展示的产品特点。

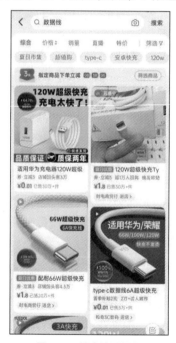

图11-6　搜索结果页面

商家可以使用美图秀秀、Photoshop等图像处理软件自行设计主图，也可以利用在线图像设计工具（如创客贴）的模板快速完成主图设计。

3. 设计产品详情页

产品详情页用于展示产品的详细情况，展示的内容是多方面的，包括产品的功能、性能、工艺、参数、材质、规格、型号、证书、优惠信息、购买和使用注意事项等。商家通过标题和主图可以吸引消费者的注意，使消费者点击标题或主图链接进入产品详情页，而消费者通过产品详情页可以全面、详细地了解产品，进而根据需求做出购买决策。需注意，展示产品详情，不是连篇累牍地使用文字和数据，宜使用图片搭配简单文案的方式，以图片为主、文案为辅，注意详情页的整体视觉效果，突出本身的特点，图 11-7 所示为某数据线产品的详情页。

图 11-7　某数据线产品的详情页

📖**案例阅读**　　　　**优化标题和主图提高转化率**

　　网店想要发展，产品质量是关键，淘宝商家阿涛深信这一点。因此，阿涛认为自己的产品品质好，刚开始经营网店时，并不重视产品标题和产品主图的优化。但"酒香也怕巷子深"，在竞争激烈的电商平台中，要想产品受到消费者的认可，首先要让消费者关注到自己的产品。阿涛较为随意设置的产品标题和主图没有多大吸引力，自然就没有多少消费者点击产品标题或主图链接进入产品详情页进一步了解产品详情，当然也就不会产生购买行为。

　　时间久了，较低的产品点击率使阿涛发现了问题所在。经过研究分析，阿涛改变了策略，每次发布产品时都会精心设计产品标题和主图，并且会设置两套标题和主图方案，在一定时期内对比两套方案的产品点击率和转化率，从而选择点击率和转化率更高的那套产品标题和主图。

　　之后，阿涛网店的产品销量和销售额明显提高不少，这也让阿涛对经营网店有了更多的信心。

　　思考：产品标题和主图在网店产品销售中扮演着什么角色？优化产品标题和主图对产品销售有什么作用？

| 任务实训 | 开通一家淘宝网店并发布产品 |

巧妹百果园是一个经营农产品的个人品牌，计划在淘宝开设网店，主要销售新鲜水果。

【任务要求】

（1）在淘宝开通一个个人网店。

（2）根据表 11-1 所示的产品信息发布产品。

表 11-1　产品信息

名称	产地	规格	价格	物流
章姬牛奶草莓	广西壮族自治区钦州市灵山县	3千克装、大果	88.5元	顺丰包邮
库存	发货时效	口感	其他信息	
100件	24小时内	奶香清甜	果园新鲜采摘，自然成熟	

【操作提示】

（1）开通个人网站。打开淘宝官方网站，通过填写个人身份信息注册个人网店，账号名称需符合农产品网店的账号定位，如"××特产店""××农产品店"。

（2）进入千牛商家工作台。开通网店后，在淘宝官方网站首页上方单击"千牛卖家中心"超链接，进入千牛商家工作台。

（3）发布产品——设置产品类目。在千牛商家工作台左侧导航栏中选择"商品"选项，打开"商品发布"页面，在"搜索发品"选项卡的搜索框中输入"草莓"以快速选择产品类目，并设置品牌、系列、型号、包装方式等信息，单击 确认，下一步 按钮，如图 11-8 所示。

图 11-8　设置产品类目

（4）发布产品——撰写标题。在打开页面的"宝贝标题"文本框中输入产品标题，如"广西新鲜章姬牛奶草莓当季头茬大果顺丰包邮"，如图 11-9 所示，在标题中突出新鲜、当季、大果、顺丰包邮等卖点。在输入标题时，可通过淘宝的搜索框输入"草莓"挖掘关键词。

图 11-9　输入产品标题

（5）发布产品——设置销售信息。在"销售属性"栏中设置产品的净含量和规格，在"销售规格"栏中设置产品的价格和数量（库存数量），如图 11-10 所示。

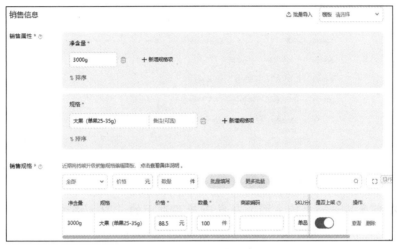

图 11-10　设置销售信息

（6）发布产品——新建运费模板。在"发货时效"栏中单击选中"24 小时内发货"单选项；在"提取方式"栏中单击选中"使用物流配送"复选框，在"运费模板"下拉列表框右侧单击"+新建"按钮，如图 11-11 所示。

图 11-11　新建运费模板

（7）发布产品——开通物流服务。在打开的页面中单击"服务商设置"选项卡，选择顺丰速运快递公司，单击 开通服务商 按钮，如图 11-12 所示。

图 11-12　开通物流服务

（8）发布产品——设置运费模板。单击"运费模板设置"选项卡，设置模板名称、发货地、是否包邮、计价方式和运送方式，完成后单击 保存并返回 按钮，如图11-13所示。返回发布产品页面，在"运费模板"下拉列表框中选择新建的运费模板。

图 11-13 设置运费模板

（9）发布产品——上传主图。在发布产品页面的"图文描述"栏中上传主图，素材参见"草莓素材"文件夹（配套资源：\素材文件\项目十一\草莓素材\主图1.png、主图2.jpg、主图3.jpg、主图4.jpg、主图5.jpg），如图11-14所示。

图 11-14 上传产品主图

（10）发布产品——上传详情页。在"详情描述"栏中单击 图片 按钮，如图11-15所示，上传产品详情页，素材参见"草莓详情页.jpg"（配套资源：素材文件/项目十一/草莓素材/草莓详情页.jpg）。完成产品信息设置后，单击 提交宝贝信息 按钮发布产品。

图 11-15 上传产品详情页

专家点拨

需要注意的是，完成本次实训任务发布产品后，需要在千牛商家工作台左侧导航栏中选择"商品/我的商品"选项，在打开的页面中立即下架发布的产品，避免有消费者下单却无法发货而产生麻烦。

任务二 网店推广

商家开设网店后,重点需要做的事情是推广网店及其产品,以促进产品销售。网店推广的手段多种多样,本任务主要介绍站内工具推广、活动推广、开展商家直播推广和网店站外推广,帮助商家熟悉常用的网店推广方法。

(一)站内工具推广

通常,电商平台为平台内的商家提供有专门的推广工具,一般需要付费使用,虽然不同电商平台的推广工具不同,但是推广原理基本是相同的。

以淘宝为例,其推广工具主要是阿里妈妈万相台·无界版,在千牛商家工作台左侧导航栏中选择"推广/推广中心"选项,在打开的页面中单击 立即体验 按钮,如图 11-16 所示,即可进入阿里妈妈万相台·无界版的工作界面,如图 11-17 所示。

图 11-16 单击"立即体验"按钮

图 11-17 阿里妈妈万相台·无界版的工作界面

阿里妈妈万相台·无界版的推广服务分为"推广商品"和"推广内容"。

(1)"推广商品"。"推广商品"主要集合了淘宝原直通车和原引力魔方的推广功能,商家可自行选择。直通车的推广形式是通过关键词推广产品,消费者搜索匹配的关键词后淘宝将在搜索结果页面中展示相关产品,产品中一般显示有"广告"字样,消费者点击产品后,淘宝按点击次数收费。引力魔方的推广形式是按人群定向投放产品广告,商家设置推广后,淘宝通过识别淘宝用户的兴趣和购买意向,从而向产品的潜在目标人群定向投放产品广告,这样可以提高广告的点击率和转化率。

（2）"推广内容"。"推广内容"主要用于推广网店发布的短视频或开展的直播活动，如图 11-18 所示。

图 11-18 "推广内容"界面

（二）活动推广

近年来，电商行业的发展越来越规模化、专业化和规范化。各大电商平台对网店营销的扶持力度也不断加大，推出了多样化的营销活动，以满足不同商家的需求。因此，为了促进网店产品销售，商家可以根据自身网店情况参与一些营销活动，采取一些促销手段吸引更多的消费者。

例如，淘宝网店商家可在千牛商家工作台左侧导航栏中选择"营销/营销活动/活动报名"选项，在打开的页面中单击"可报活动"选项卡，然后可根据活动类型、营销场景等筛选可报名的活动，接着单击界面右侧的 立即报名 按钮，如图 11-19 所示，在打开的页面中查看活动详情并报名。

图 11-19 查看可报活动

（三）开展商家直播推广

商家开展直播推广一般是通过自建直播团队，在电商平台内通过直播带货的形式销售网店内的产品。例如，淘宝商家使用网店账号通过淘宝直播进行直播带货，或抖音小店商家使用网店账号通过抖音进行直播带货。商家直播的选品大多是网店内的产品，而仅仅销售网店内本就长期出售的产品，有时难以取得好的直播推广效果。所以商家在直播模式下，选品时可采取一些策略，如选择在直播间销售网店新品、直播专供款和产品组合套装来提高直播推广效果。

（1）网店新品。即网店发布的新品，通常会同步在各个渠道销售。商家可以利用新品引流，针对此类产品还可设置新品专场直播，在直播间以新品发布会或者新品特惠的形式销售。

（2）直播专供款。直播专供款指仅在直播间售卖的产品，一般来讲还是网店内的产品，但是会经过规格或外包装的更换变成新的产品。例如，某网店热卖的消毒液有 2 种规格：1 瓶装和 2 瓶装。直播间就可以将该消毒液的规格提升至 10 瓶装，再更新包装，就使其变成了新品，直播时就可以围绕这款新品进行销售。

（3）产品组合套装。打造产品组合套装的常用方法是，梳理网店现有产品，选择相互关联的产品进行组合销售，如图 11-20 所示。产品组合可以是多个单价较低的产品组合在一起，也可以是 2～3 个单价较高的产品组合在一起。产品组合套装通常需要搭配促销活动使用，以促进产品销售。

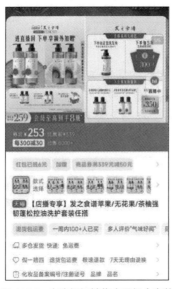

图 11-20　在直播间销售产品组合套装

（四）网店站外推广

商家可以通过微信朋友圈、微信群、微信公众号、微博、小红书等站外渠道推广网店。推广方式一般是在站外渠道发布推广文案，如描述网店近期的营销活动和优惠信息并附带网店内的商品链接或商品二维码图片，以此吸引消费者通过点击链接或扫描二维码跳转到网店内查看活动详情或商品详情。同时，为方便商家进行站外推广，电商平台提供了分享功能。例如，淘宝网店商家可在千牛商家工作台左侧导航栏中选择"商品/商品管理/我的商品"选项，在正在出售的商品下方单击"分享"超链接，在打开的对话框中单击 保存二维码 按钮可下载商品的二维码图片，单击 复制商品链接 按钮可获取商品的链接，如图 11-21 所示，之后商家可将商品的二维码图片或链接插入到站外渠道的推广文案中。

图 11-21　获取商品的二维码和链接

任务实训　　　　**使用推广工具推广网店产品**

巧妹百果园在网店内发布章姬牛奶草莓产品后，将使用阿里妈妈万相台·无界版推广该产品。

【任务要求】

在阿里妈妈万相台·无界版中使用"推广商品/关键词推广"服务推广章姬牛奶草莓产品，每日限额 100 元，推广时限 15 天。

【操作提示】

（1）添加推广产品。通过千牛商家工作台进入阿里妈妈万相台·无界版的工作界面，在"推广商品"选项卡的"套餐包"中选择"关键词推广"选项，单击 ➕添加宝贝0/30 按钮，打开"添加宝贝"界面，添加已经发布的章姬牛奶草莓产品，单击 确定 按钮，如图 11-22 所示。

图 11-22　添加推广产品

（2）创建推广计划。返回阿里妈妈万相台·无界版的工作界面，设置每日预算和投放日期后，单击 创建完成 按钮，如图 11-23 所示。创建推广计划后为账号充值即可开始推广。

图 11-23　创建推广计划

专家点拨

　　随着大数据技术、人工智能技术的发展和应用，电商平台中的推广工具越来越智能化。例如，使用阿里妈妈万相台·无界版推广时，可使用其提供的 AIGC 功能自动生成内容素材，借助其依靠的大模型智能精准匹配产品潜在目标人群，提升产品转化效率。

实训练习

项目实训——策划水果上市营销活动

1. 实训背景

　　新一季的柠檬快成熟了，一家销售鲜果的淘宝网店为了更好地销售柠檬，提高网店的整体形象，准备策划一场柠檬上市营销活动。

2. 实训要求

（1）在微信朋友圈、微信公众号等平台发布推广文案为水果产品上市造势。

（2）设计产品标题、主图和详情页，在网店中发布产品，产品信息如表 11-2 所示。

表 11-2　产品信息

名称	产地	规格	价格	物流
柠檬	四川省资阳市安岳县	5 千克装大果，单果重 200～250g	8 元/千克	顺丰包邮
库存	发货时效	其他信息		
500 件	24 小时内	果园新鲜采摘、自然成熟、皮薄多汁，现摘现发		

（3）使用阿里妈妈万相台·无界版"推广商品/关键词推广"服务推广水果产品。

（4）利用微信朋友圈、微信公众号等推广水果产品。

3. 实训思路

（1）产品上市预热。在柠檬上市前一段时间（如前 7～15 天），通过微信朋友圈、微信公众号等为柠檬上市销售宣传造势。例如，拍摄柠檬产地的照片、采摘或采购新鲜柠檬的照片，撰写文案在微信朋友圈、微信公众号中发布，进行前期造势。图 11-24 所示为在微信公众号发布的柠檬推广文章，强调柠檬自然成熟、无污染的特点，宣传产品。

图 11-24 在微信公众号发布推广文章

（2）设计产品标题。通过淘宝搜索挖掘关键词。例如，分别在淘宝 App 搜索框中输入"柠檬"和"新鲜柠檬"挖掘关键词，如图 11-25 所示，然后结合产品信息撰写标题，如"安岳新鲜黄柠檬皮薄多汁一级大果产地现摘现发"。

（3）设计产品主图。拍摄柠檬的实景图片，根据图片素材通过创客贴等在线设计工具制作产品主图，如图 11-26 所示。

图 11-25 挖掘关键词

图 11-26 产品主图示例

（4）设计产品详情页。拍摄柠檬的实景图片，根据图片素材通过创客贴等在线设计工具制作产品详情页，如图 11-27 所示。

图 11-27 产品详情页示例

（5）发布产品。登录淘宝网店账号，进入千牛商家工作台，发布产品。图 11-28 所示为设置的销售信息。

图 11-28　设置的销售信息

（6）站内推广产品。发布产品后，在阿里妈妈万相台·无界版中选择"关键词推广"套餐包，并添加产品，设置每日预算和投放日期，如图 11-29 所示。

图 11-29　站内推广产品

（7）站外推广产品。利用微信朋友圈、微信公众号、微博等发布植入柠檬产品链接的推广文案，推广产品。图 11-30 所示为微博推广文案示例。

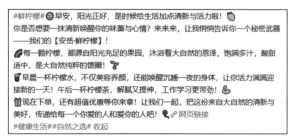

图 11-30　微博推广文案示例

课后练习

1. 名词解释

（1）网店定位　　　（2）发布产品　　　（3）产品主图

2. 单项选择题

（1）在网店定位中，明确将产品卖给哪些人是指（　　）。

　　A. 产品定位　　B. 目标人群定位　　C. 价格定位　　D. 竞争对手定位

（2）为了使产品能够送达偏远地区的消费者手中，网店商家选择快递公司时需要重点考察快递公司快递服务的（　　）。

　　A. 覆盖范围　　B. 时效性　　　　　C. 价格　　　　D. 质量

（3）下列关于撰写产品标题的说法错误的是（　　）。

　　A. 撰写产品标题应突出产品的核心卖点

　　B. 撰写产品标题时不能说明优惠信息

　　C. 撰写产品标题时应融入尽量多的关键词

　　D. 撰写产品标题时应使标题便于消费者阅读和理解

（4）（　　）主要用于展示产品的详细情况，包括产品功能、性能等。

　　A. 产品标题　　B. 产品主图　　　　C. 产品详情页　　D. 产品推广文案

3. 操作题

（1）小季是一名在校大学生，平时省吃俭用、勤工助学，攒下了几万元。现在，他想把这些钱作为创业启动资金，在淘宝上开店进行创业实践。下面请结合你的认识并通过收集资料制作一张网上开店的思维导图，梳理网上开店创业的相关事项，思维导图示例参见"网店开设与运营.jpg"（配套资源：\效果文件\项目十一\网店开设与运营.jpg）。

（2）某淘宝网店将发布新鲜沃柑水果产品，请根据表 11-3 所示的产品信息和素材图片（配套资源：\素材文件\项目十一\"主图与详情页素材"文件夹），设计产品标题和制作第 1 张主图与产品详情页，示例参见"沃柑主图.jpg""沃柑详情页.jpg"（配套资源：\效果文件\项目十一\沃柑主图.jpg、沃柑详情页.jpg），并在网店中发布产品。

表 11-3　产品信息

名称	产地	规格	价格	物流
沃柑	广西壮族自治区钦州市灵山县	9 千克装大果，果径 75mm～80mm	54.9 元	中通包邮
库存	**发货时效**	**口感**	**其他信息**	
500 件	24 小时内	皮薄多汁，美味香甜	果园种植、自然培育；营养丰富、老少皆宜；新鲜采摘、坏果包赔	

项目十二

网络营销数据分析

 课前自学

学习目标

- 知识目标：
1. 了解常见的网络营销数据分析指标。
2. 熟悉常见的网络营销数据分析工具。
- 技能目标：
1. 能够根据数据指标的含义分析数据。
2. 能够使用数据分析工具进行数据分析。
- 素质目标：
1. 确保数据的真实性和可靠性。
2. 确保数据的安全性，保护数据隐私。

引导案例 小米直销模式与数据分析

在科技飞速发展的当下，智能电子产品市场竞争激烈。一路走来，小米凭借直销模式和出色的营销策略，成功在智能电子产品市场中占据一席之地。小米的网络直销渠道包括小米官网、小米商城以及在京东、天猫、苏宁易购等电商平台上开设的官方旗舰店。直销模式为小米进行营销数据分析带来便利，通过直销渠道，小米能够及时、准确地收集和分析消费者的购物行为和消费数据，从而准确把握市场需求，实现精准生产。

在小米发展历程中，社交媒体营销则是小米企业营销战略中不可或缺的一部分。社交媒体营销搭建起了小米与用户之间紧密沟通的桥梁，有利于增强用户黏性和品牌认知度。同时小米通过分析社交媒体账号上用户的评论、点赞、分享等行为，还可以了解消费者的需求和期望，从而快速调整营销策略和产品服务，以更好地满足市场需求。

思考

数据分析对企业开展网络营销有何作用？

网络营销数据分析指标

📖 知识掌握

任务一　网络营销数据分析指标

　　网络营销数据分析旨在全面了解网络营销活动的效果、用户行为、市场趋势等关键信息，为调整营销策略提供决策参考。网络营销数据分析的维度是多元化的，本任务主要介绍流量指标、用户画像和转化指标这3个维度的数据分析指标。

（一）流量指标

　　网络营销中的"流量"一词指的是，在一定时间内，用户访问网站、网店、App、社交媒体平台、直播平台等网络营销平台时产生的数据量。流量指标是用于分析网络营销平台的流量情况的指标，主要指标包括访问量、访客数、流量来源、平均访问时长、跳出率等。

1. 访问量

　　访问量是指用户访问网络营销平台的总次数，同一用户多次访问平台，访问量会累计。例如，同一用户退出网站后再次进入网站，访问量计为两次，以此类推。

> **想一想：**
> 　　访问量越大是不是访问的用户数量就越多？访问量和访客数有何联系？

2. 访客数

　　访客数指的是访问网络营销平台的用户数量，统计时间内同一用户多次访问网络营销平台只计入1个访客。访客数是衡量网络营销效果的关键流量指标之一。访客数越多，代表访问网络营销平台的用户数量越多，则营销效果可能越好。

3. 流量来源

　　流量来源即指用户访问时进入网络营销平台的途径。商家分析流量来源可以了解获取用户的主要渠道，以制订具有针对性的营销策略。以网店的流量来源分析为例，用户进入网店的途径较多，归纳起来，包括以下4种类型。

　　（1）直接访问。直接访问带来的用户流量非常稳定并且转化率也很高，因为这些用户通常是之前已经在网店中有过成功的交易经历，因此才会通过网店或产品收藏、购物车、已购买的产品等渠道直接进入网店。同时，用户会再次进店购物，也说明他们对网店中的产品很满意，这时商家只要维护好与这些老用户的关系，无疑会提高这些用户的复购率并且能促使他们将网店介绍给自己的亲戚朋友，为网店带来更多流量。

　　（2）搜索进入。搜索进入是指用户通过平台的搜索功能和分类导航功能搜索产品进入网店。通过搜索进入的用户流量，是网店通过关键词优化、主图优化等方式获取到的自然流量。这类流量的获取成本较低，流量的精准度比较高。通常，通过该方式进入网店的用户有很强的购物意向，但是他们在购物过程中容易受到产品价格、功能、详情页效果等因素的影响，从而影响成交转化率。

　　（3）付费推广引流进入。付费推广引流进入是指用户通过付费推广工具或平台进入网店。例如，用户通过点击商家使用付费推广投放的广告图片进入网店。这类流量精准度高，容易吸引有相应需求的用户，但会增加获取流量的成本。

（4）外部平台引流进入。外部平台引流进入是指商家在微信、微博等网店的外部平台上开展营销推广活动，用户通过商家分享的链接进入网店。如今，在网店运营中，获取站内流量的竞争越来越激烈，获取流量的成本越来越高，外部平台引流受到更多商家尤其是竞争力相对弱一些的中小商家的重视。

经过对以上用户进入网店途径的分析，商家可以了解用户通过不同途径进入网店的数量占比。例如，付费推广引流进入的用户占比较高，说明付费推广的效果较好，如此在合理控制成本的基础上，商家可以加大付费推广的力度，或者商家需要优化关键词和主图等，以提高通过搜索进入网店的用户数量，获取更多的自然流量，以减少付费推广的成本投入。

4. 平均访问时长

平均访问时长指用户平均每次访问在网络营销平台上的停留时长，即平均访问时长等于总访问时长与访问次数的比值。平均访问时长是非常重要的用户黏性指标，它反映了用户对网络营销平台内容的感兴趣程度，也反映了流量质量。平均访问时长越长，则说明用户停留在网络营销平台上的时间越长。如果用户对网络营销平台的内容不感兴趣，则会较快退出网络营销平台，那么平均访问时长就短；如果用户对网络营销平台的内容很感兴趣，在网络营销平台停留了很长时间，平均访问时长就长，这些用户也越可能是网络营销平台的有效用户、忠实用户。

5. 跳出率

跳出率也称跳失率，指用户只浏览了一个页面便离开了的访问次数占总的访问次数的百分比。跳出率显示了用户对页面内容的感兴趣程度，它可以直接用来评估网络营销推广页面的效果。例如，某网站对某产品网页进行了搜索引擎竞价排名，用户在搜索界面中单击链接进入产品网页后，若跳出率较高，说明该产品网页的页面内容对用户的吸引力不大。

（二）用户画像

用户画像是根据用户年龄、性别、地域、兴趣等信息构建的虚拟人物形象。常见的用户画像指标包括用户性别分布、用户年龄分布、用户兴趣分布、用户地域分布等。其中，用户性别分布反映网络营销平台男女用户的比例；用户年龄分布反映网络营销平台不同年龄段用户的占比；用户兴趣分布反映网络营销平台不同兴趣标签用户的占比；用户地域分布反映网络营销平台用户分布地区及不同地区的用户占比等。

用户画像能够真实地反映用户的特征，企业可以根据用户画像的刻画，将用户划分为不同的类型，从而实现个性化服务和精准营销。例如，不同地区的用户消费习惯和消费水平不同，风俗或气候条件也不同，这些因素都会影响当地用户的购物需求和偏好。例如，一款羽绒服，不同地区的销售情况是不同的，如处于热带气候的地区根本就没有需求。因此，根据用户分区情况，商家在分地区投放广告时便可以忽略这类地区，否则，既增加营销成本又毫无收获。

（三）转化指标

转化指标主要是转化率，转化率一般指访客数与完成目标动作（如收藏、加购、支付、注册等）的用户数量的比值，不同网络营销平台对转化率的评估方式可能存在差异，有的网络营销平台将转化率定义为访问量与完成目标动作的用户数量的比值。转化率的计算与营销目标和效果有关。例如，开展直播营销时，营销目标是用户观看直播达到 3 分钟以上，观看直播 3 分钟以上的用户人数与观看直播的用户总数的比值就是该场直播营销的转化率。又如，在网店运营中，营销目标是用户支付下单，完成支付的用户数与网店的访客数的比值就是该网店的支付转化率。

> **📖 案例阅读　　数据分析是网店经营中不可或缺的一部分**
>
> 　　数据分析在网店经营中无处不在，它贯穿于市场洞察、产品管理、营销推广、客户服务、成本控制等各个环节，为网店的持续发展和盈利增长提供有力支持。小玲刚在淘宝开店时，完全是凭借直觉经营，从来不会分析网店数据。小玲的网店主要出售果园现摘的特色时令水果，主打原生态，比较能够迎合用户的喜好，误打误撞之下，也还是有一些流量。
>
> 　　但是好景不长，网店近段时间内的流量忽然少了一半。小玲很奇怪，自己既没有改过主图和标题，又没有编辑过页面，怎么流量忽然就少了这么多？没有流量就没有销量，果园里的果子马上就要成熟了，正是销售的好时节，这个时候没有流量，对网店的打击非常大。
>
> 　　不得已之下，小玲开始仔细查看并分析网店数据。这一分析才发现，网店的流量下滑得非常厉害，并且两个星期前就有了这种趋势。流量下滑严重，可能是行情有变或产品选款、产品主图、产品价格、产品关键词等出了问题。小玲依次对每个可能的因素进行分析排查，查询了当前行业的热搜词，查看了同类目网店的销售情况，发现换季之后，用户纷纷开始搜索应季鲜果，网店之前的主打水果成了换季的"淘汰品"，搜索人数也就下降了一大部分。市场行情变了，但自己网店的主推品依然是上个季节的水果，不仅主推品的流量损失很大，还影响了网店的整体排名。
>
> 　　找出问题之后，小玲立刻着手整改网店，重新编辑当季鲜果的产品标题、主图、详情页和价格等，又设置好橱窗推荐和产品上下架时间，通过数据分析工具密切关注编辑后的流量动向，并慢慢调整，总算扭转了网店流量减少的趋势。
>
> 　　**思考**：为什么数据分析是网店经营中不可或缺的一部分？

> **🔍 专家点拨**
>
> 　　除了流量指标、用户画像、转化指标，比较常用的网络营销数据分析指标还有互动指标。互动指标常见于社交媒体营销和直播营销等场景中，用于反映用户的活跃度。主要的互动指标有点赞数、评论量、转发量及互动率。互动率一般指参与互动（点赞、评论、转发）的用户数与访客数的比值。

了解淘宝网店数据分析指标的含义

　　进入自己在完成项目十一的任务实训时开通的淘宝网店，查看网店数据，了解数据指标的含义。

【任务要求】

　　进入千牛商家工作台查看网店数据分析指标的含义。

【操作提示】

　　（1）查看网店数据。打开淘宝官方网站，登录网店账号，单击"千牛卖家中心"超链接，进入千牛商家工作台，在其首页的"店铺数据"栏中查看网店的概览数据，如图12-1所示，图中显示了今日的统计数据和昨日的统计数据。

店铺数据 数据更新时间：2024-08-23 17:57:50			⊕ 指标 >
支付金额 5639.54 昨日 26616.02	访客数 1448 昨日 3668	支付子订单数 18 昨日 90	支付转化率 0.83% 昨日 1.64%
浏览量 8158 昨日 13568	加购人数 51 昨日 135	客单价 469.96 昨日 443.60	支付买家数 12 昨日 60

图 12-1　网店数据

　　（2）查看数据指标的注释。单击"店铺数据"栏中的"支付金额"超链接，打开生意参谋的"实时概况"页面，将鼠标指针移动到"实时总览"栏中"访客数"右上角的⑦按钮上，在打开的对话框中查看该数据分析指标的注释，如图12-2所示，然后通过此方法查看其他数据分析指标的注释。

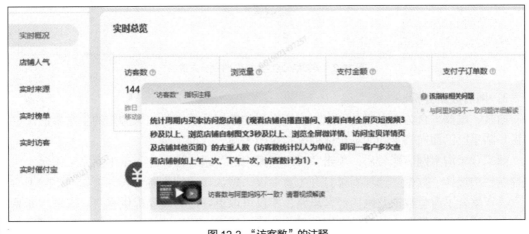

图 12-2　"访客数"的注释

任务二　运用网络营销数据分析工具

用于网络营销数据分析的工具有很多，除了网络营销平台提供的后台数据分析工具，还有专门用于网络营销数据分析的第三方工具。本任务主要介绍运用网络营销平台内的数据分析工具和通过第三方数据分析工具分析网络营销数据的相关知识和操作。

（一）运用平台内的数据分析工具分析

网络营销平台内的数据分析工具常用于分析企业运营账号的数据。商家一般可通过网络营销平台的账号管理后台启用相关工具进行数据分析。下面介绍使用平台内部数据分析工具分析社交媒体数据、网店数据和直播数据的方法。

1. 社交媒体数据分析

通常，社交媒体在其管理后台都提供有数据分析工具，方便用户查看相关数据。例如，登录微信公众号的管理后台，通过"数据"栏可进行账号的内容分析、用户分析、菜单分析、消息分析和接口分析，图 12-3 所示为某微信公众号用户的性别分布情况。

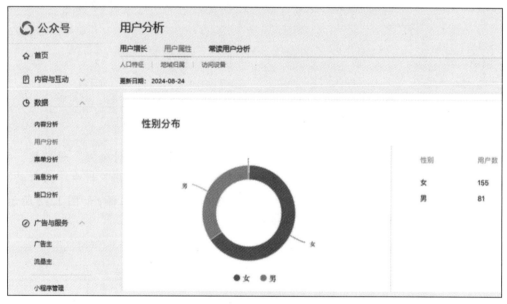

图 12-3　某微信公众号用户的性别分布情况

2. 网店数据分析

通常，电商平台为平台上的商家提供有专属的数据分析工具，如淘宝的生意参谋。生意参谋是阿里巴巴面向淘宝和天猫全体商家提供的一站式数据工具。

商家登录淘宝网店账号后，单击"千牛卖家中心"超链接，进入千牛商家工作台，在左侧导航栏中选择"数据"选项即可打开生意参谋，默认显示的生意参谋首页如图 12-4 所示。生意参谋整合了海量数据及网店经营思路，不仅可以更好地为商家提供客户、流量、商品、内容、直播等网店经营全链路的数据披露、分析、解读、预测等功能，还能更好地指导商家的数据化运营。

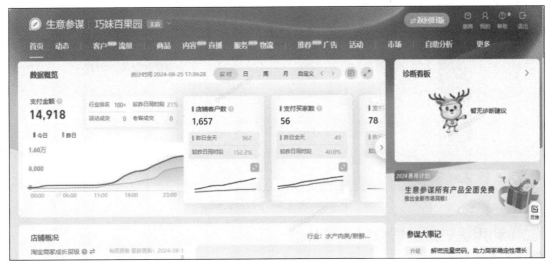

图 12-4　生意参谋首页

3. 直播数据分析

直播数据分析可以通过手机端的直播软件和 PC 端的直播管理后台实现。例如，商家对于抖音直播可以通过抖音 App 和巨量百应分析直播数据；对于淘宝直播可以通过淘宝主播 App 和淘宝直播中控台分析直播数据。以淘宝直播为例，商家可以使用直播账号登录淘宝主播 App，在其中通过"数据分析"栏或点击"我的直播"按钮进行直播数据分析，如图 12-5 所示；或者在 PC 端打开淘宝直播官方网站，将鼠标指针移到"立即直播"选项卡上，在打开的下拉列表中选择"直播中控台"选项，如图 12-6 所示，打开淘宝直播中控台，登录直播账号后，通过左侧的"数据"栏可查看直播分析数据，如图 12-7 所示。

图 12-5　淘宝主播 App

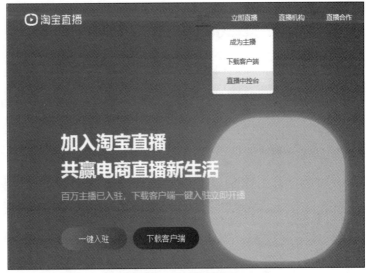

图 12-6　选择"直播中控台"选项

图 12-7　淘宝直播中控台数据栏

（二）利用第三方数据分析工具分析

除了借助网络营销平台内的数据分析工具，一些第三方数据分析工具也可用于分析网络营销数据。下面主要介绍第三方网站数据分析工具、第三方 App 数据分析工具和第三方直播数据分析工具。

想一想：

你知道哪些网络营销第三方数据分析工具？请列举一二。

1. 第三方网站数据分析工具

常用的网站数据分析工具有百度统计等。百度统计是百度推出的一款免费的网站数据统计和分析工具。要使用百度统计分析网站，首先打开百度统计官方网站登录百度账号，然后单击上方的 我的报告 按钮，如图 12-8 所示。进入账号管理后台后，单击上方的"使用设置"选项卡，此时默认打开"网站列表"页面，在其中单击 +新增网站 按钮，如图 12-9 所示，再在打开的"新增网站"对话框中根据提示填写网站域名、网站名称、行业类型等，将需要分析的网站添加到百度统计中。

图 12-8　单击"我的报告"按钮

图 12-9　单击"新增网站"按钮

添加网站后，在"概况"页面默认显示网站概况数据，如图 12-10 所示，在该页面左侧单击对应选项，可查看网站的流量分析、来源分析、访问分析、访客分析等数据。

图 12-10　查看网站概况数据

2. 第三方 App 数据分析工具

常用的第三方 App 数据分析工具有百度移动统计等。百度移动统计支持 iOS 和 Android 系统。使用百度移动统计，首先通过百度账号登录百度移动统计网站，然后单击 我的报告 按钮。此时将打开"新增应用-创建应用"对话框，填写应用的基本信息，单击 创建应用 按钮，如图 12-11 所示，然后在打开的"新增应用-集成 SDK"页面中按照提示完成 SDK 接入配置（SDK 指软件开发工具包，即开发应用软件时的相关文档和工具的集合），如图 12-12 所示。

图 12-11　创建应用

图 12-12　SDK 接入配置

完成配置进入百度移动统计平台后，系统默认显示"应用概况"页面，如图 12-13 所示。在该页面左侧选择对应选项，可查看 App 的用户分析、渠道分析等统计分析数据。

图 12-13　"应用概况"页面

3. 第三方直播数据分析工具

第三方直播数据分析工具主要提供直播行业分析数据，数据统计与分析维度多元化，既可以用于达人选品，也可以用于商家选择合作主播时查看达人的数据表现，从而选择合适的主播，还可以用于商家了解对比账号的直播数据状况，为自身开展直播营销活动提供参考。目前，市面上用于分析直播数据的第三方数据分析工具较多，且多数数据分析工具需要付费使用，才能获得更多的功能权限。常用的第三方直播数据分析工具有灰豚数据、飞瓜数据、蝉妈妈等。

素养课堂

营销人员进行数据分析时，一方面要不篡改、不伪造、不隐瞒任何数据或分析结果，确保数据的真实性和可靠性；另一方面要注重数据安全，不得擅自泄露或滥用个人信息和敏感数据。

任务实训　　**在抖音 App 中分析直播账号的粉丝数据**

某抖音达人主播在策划直播营销活动前，在抖音 App 中查看直播账号的粉丝数据，以此了解关注直播账号的用户的特征。

【任务要求】

在抖音 App 中登录直播账号，通过数据中心进行粉丝数据分析。

【操作提示】

（1）进入数据中心。打开抖音 App，登录直播账号，在账号个人主页点击"主播中心"按钮，打开"主播中心"界面，点击"数据中心"选项。

（2）查看粉丝数据。打开"数据中心"界面，点击"粉丝分析"选项卡，在打开的界面中查看近 7 日的粉丝数据，主要包括粉丝变化趋势和粉丝画像，如图 12-14 所示。其中，近 7 天的粉丝量没有变化，累计粉丝 438 人；粉丝活跃时间段为 8:00—23:00，活跃时间的峰值是晚上 21:00；粉丝性别分布中男性用户数略高于女性用户数；在粉丝年龄分布方面，24 岁以下和 31～40 岁的用户占比最高，均为 21.9%（点击图表中的数据系列将显示具体的数值）；在粉丝地域分布方面，湖南、黑龙江和广东是用户量占比前 3 的省份。

图 12-14　查看粉丝分析数据

实训练习

项目实训——直播营销数据分析

1. 实训背景

利用蝉妈妈筛选出对比账号，查看对比账号的直播数据表现，与本账号的直播数据表现进行对比，为本账号的直播营销提供参考。

2. 实训要求

（1）在蝉妈妈中筛选日用百货产品分类下，粉丝量在 11 万左右，以直播带货为主的达人主播账号。

（2）按场均销售额降序排列账号，选择满足筛选条件的第一个账号，查看该账号近 30 天的直播概览数据，与本账号进行比较分析。本账号近 30 天直播概览数据如图 12-15 所示。

图 12-15　本账号近 30 天直播概览数据

3. 实训思路

（1）筛选达人主播账号。打开蝉妈妈网站注册并登录账号（首次注册账号可获得企业版会员免费使用机会，可用于任务练习时获得更多的操作权限），在蝉妈妈网站首页单击"找达人"超链接，打开达人库页面，在"带货分类"中选择"日用百货"选项，在"达人信息"栏中设置粉丝量为"10 万~100 万"，在"带货信息"栏中设置带货方式为"直播带货为主"，设置筛选条件后，在筛选结果的"场均销售额"列中单击 ▼ 按钮，按场均销售额降序排列，如图 12-16 所示。

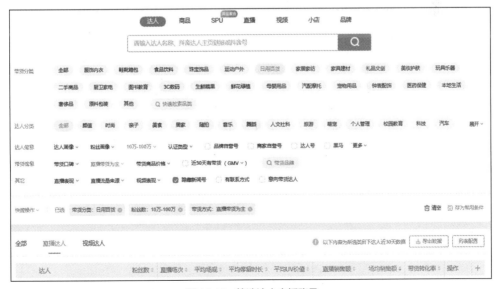

图 12-16　筛选达人主播账号

（2）分析直播营销数据。查看达人主播账号的概览数据，如图 12-17 所示。从数据上看，两个账号近 30 天直播的直播场次、带货转化率相近，表明两个直播账号的带货能力相当。但本账号与对比账号的场均销量和场均销售额却相差甚远，因为对比账号的场均观看人次是本账号场均观看人次的两倍多，因此在带货转化率相近的情况下，对比账号的销量翻倍，且对比账号的场均销售额远高于本账号，同时其客单价和场均 UV 价值均高于本账号。因此，本账号要加大引流力度，同时要提高客单价，常用方法是关联销售产品、组合配套销售产品等。

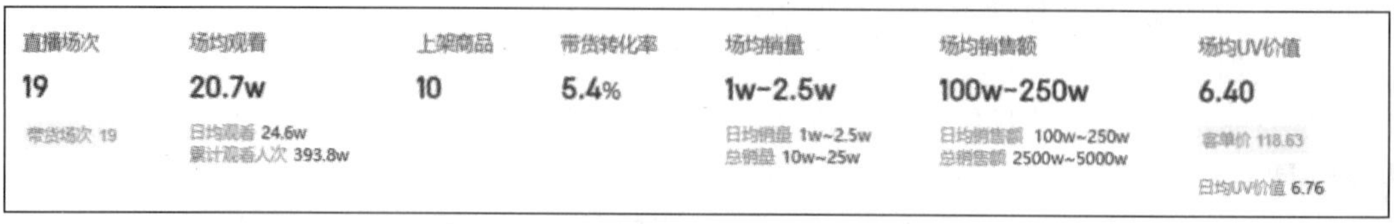

直播场次	场均观看	上架商品	带货转化率	场均销量	场均销售额	场均UV价值
19	20.7w	10	5.4%	1w-2.5w	100w~250w	6.40
带货场次 19	日均观看 24.6w 累计观看人次 393.8w			日均销量 1w~2.5w 总销量 10w~25w	日均销售额 100w~250w 总销售额 2500w~5000w	客单价 118.63 日均UV价值 6.76

图 12-17　达人主播账号近 30 天直播概览数据

课后练习

1. 名词解释

（1）访客数　　　（2）流量来源　　　（3）转化率

2. 单项选择题

（1）用户通过产品收藏、购物车、已购买的产品等渠道进入网店，这种流量来源方式属于（　　　）。

　　A. 直接访问　　　　　　　　　　B. 搜索进入

　　C. 付费推广引流进入　　　　　　D. 外部平台引流进入

（2）访问网络营销平台的用户数量越多，代表（　　　）。

　　A. 该网络营销平台的互动率越高　　B. 该网络营销平台的转化率越高

　　C. 该网络营销平台的流量越大　　　D. 以上都不是

（3）通常，要了解网络营销平台用户的平均年龄，主要查看的数据分析指标是（　　　）。

　　A. 用户性别分布　　　　　　　　B. 用户年龄分布

　　C. 用户地域地区　　　　　　　　D. 用户兴趣分布

（4）在统计周期内，某淘宝网店的支付金额为 5000 元，访问量为 2500 次，访客数为 1000人，支付用户数为 100 人，该网店的支付转化率为（　　　）。

　　A. 20%　　　　　　B. 10%　　　　　　C. 2%　　　　　　D. 4%

3. 操作题

（1）登录微信公众号管理后台，查看账号分析数据。

（2）在百度统计中添加网站，分析网站数据。

（3）在淘宝主播 App、抖音 App 或快手 App 中查看账号数据。